이 책을 먼저 본 선배맘들의 '생생 리뷰'

이 책은 단순하다. 내용이 단순하다는 것이 아니다. 이 책에는 기본적인 수 세기부터 분수와 통계까지 포함하고 있는데, 가르치는 방법이 단순하다. 누구라도 쉽게 가르칠 수 있는 방법이라는 것이다. 아이들은 재미있게 잘 따라하고 이해했다. 가베를 사용한 순간, 수학은 공부가 아닌 놀이가 됐다.
— 써니**

수학이 제일 재미있다는 초등학교 1학년 아들. 받아 올림을 하는 덧셈과 뺄셈 등 깊은 사고력을 요하는 문제들을 접하던 시기에 이 책을 만나게 됐다. 아무리 설명해도 이해가 안 된다더니 이 책의 덧셈과 뺄셈 편을 따라한 후 "이제 이해가 된다. 이제 이해가 된다."를 연발한다. 이 책에는 가베와 집에 있는 간단한 도구와 재료를 이용해 엄마표 수학 공부를 할 수 있는 방법이 가득하다. 학년도 구분되어 있어서 1학년인 아들은 이제 2학년 과정을 예습하고 있다. 이런 책을 이제야 만나다니!
— 스따*

3학년 수학 교과서를 보니 도형 돌리기가 나왔다. 미리 문제를 접해본 딸이 한숨을 쉬면서 "너무 어렵다"를 반복했다. 어떻게 하면 좀 더 쉽게 알려줄 수 있을까 생각하다가 이 책을 만났다. 미리 책을 보고 준비물을 챙겨주면 아이가 하나씩 따라 해 보면서 "아! 이렇게 되는 거구나!"를 외치더니 도형 뒤집기를 이제 조금은 알 것 같다고 한다.
— hj****

가베를 사놓고 활용을 못하고 있다가 이 책을 보면서 방법을 배울 수 있었다. 이 책에는 아이와 할 수 있는 간단한 놀이법이 많이 들어 있다. 사진과 설명이 상세해서 이해하기 쉽다. 무엇보다 가베가 없어도 집에 있는 물건을 가지고 연산 공부를 할 수 있는 방법까지 상세하게 설명되어 있어서 활용하기가 좋다.
— 자**

덧셈, 뺄셈, 시계, 길이, 분수, 통계 등 그 모든 것을 가베로 풀어보니 정말 답이 쏙쏙 들어올 정도로 이해가 잘 된다. 초등학교 저학년 이후에도 충분히 활용해 볼 수 있을 듯하다. 어렵다고만 생각되는 수학과 공부인 줄 모르고 그저 재미있게 즐기던 가베가 결합하니 정말 이상적인 조합이다. 주변 엄마들에게도 이 책을 많이 소개했다. 이 책을 보여주며 가베를 활용해 보라고 하니 엄마들이 너무나 좋아한다.
— 유**

'가베로 초등 수학을 어떻게 설명해줄까?'를 고민해서 만든 가베 놀이 책이다. 해당 활동을 몇 학년 때 배우는지, 놀이를 할 때 주의사항이 무엇인지, 엄마가 어떻게 조언하고 활용하면 좋은지 하나하나 알려준다. 개념을 추상적으로 배우는 것이 아니라 가베를 통해 직접 만지면서 개념을 이해할 수 있게 해준다.
— dl*****

저학년부터 고학년까지 가베를 이용해 재미있게 수학을 배울 수 있도록 다양한 놀이와 교과서 실전 문제를 추가해 아이도 엄마도 쉽게 할 수 있도록 자세하게 설명되어 있어서 참 좋다. 아이가 스트레스 받지 않고 수 개념을 자연스레 배우기를 원한다면 이 책을 적극 추천한다.
— 나도****

아이들과 학부모를 배려하는 마음이 담긴 책이다. 아이와 엄마가 놀면서 공부할 수 있어서 정말 좋은 것 같다. 이 책은 수준별, 학년별, 필요한 부분을 골라서 보며 전 단계를 마스터할 수 있도록 구성되어 있다. 일상생활에서 물건을 활용해서 공부할 수 있어서 아이들이 더 좋아하는 것 같다. 엄마표 수학을 원하는 많은 분들에게 이 책을 권해주고 싶다.
— tp**********

이 책에는 초등학교 전 학년에 걸친 수학 교과과정을 충분히 밑받침해줄 수 있는 여러 형식의 가베 놀이가 들어 있다. 간단한 도형부터 길이, 각도, 공간 등 놀이를 통해 생각해볼 수 있는 정말 필요한 가베 놀이만 모아 만들어 놓은 것 같다. 가베 선생님의 도움 없이도 책을 보고 생각하고 응용할 수 있도록 설명이 친절하다. 엄마가 학교 수업 내용을 다 파악해서 가르쳐줄 순 없지만 이 책만 있다면 집에서 아이가 재미있게 수학을 공부하는 데 큰 도움을 줄 수 있을 것 같다.
— 오**

가베 선생님을 구해야 하나 고민하다가 이 책을 만났다. 가베는 가르치는 사람의 능력에 따라 다양하게 활용할 수 있다고 하는데, 나는 아무것도 몰랐던 엄마인지라 책을 따라할 수밖에 없었다. 이 책은 설명이 쉽고, 사진도 생생하고, 학년별 수학 교과서 내용과 접목해서 수학 개념을 깨치게 해준다. 일단 엄마가 책을 먼저 본 후 아이 수준에 맞는 것부터 하나씩 해봤다. 평면 도형과 입체 도형을 활용해 전개도나 각, 곱셈과 나눗셈 등의 연산으로도 응용할 수 있어 수학 가베가 무엇인지 알 것 같았다. 처음에 부담스러웠던 수학 가베를 이제 엄마표로 할 수 있게 됐다.
— 멀리****

이 책에는 초등 저학년부터 고학년까지의 수학 내용이 재미있게 담겨 있다. 다소 접근하기 힘든 도형의 대칭이나 각, 모양, 부피 등을 가베를 이용한 재미있는 놀이로 다가간다. 이렇게 놀이로 개념을 확실히 잡아준다면 아이가 수학에 흥미를 잃지 않고 재미있는 과목으로 인식하게 될 것 같다. 아이 초등 수학 교재로 이 책을 두고두고 사용해야겠다.
— 늘푸***

이 책을 통해 가베 교구를 다시 꺼내어 활용할 수 있어서 반가웠다. 책에는 수와 연산, 시간, 길이 재기, 나눗셈, 통계 등 총 106가지의 가베 놀이가 소개되어 있으니 아이가 좋아할 만한 놀이를 골라서 함께 하면 좋을 것 같다. 매일 책에서 알려주는 놀이를 한두 가지씩 하다보면 수학에 대한 흥미를 잃지 않도록 도와줄 수 있을 것 같다.
—사랑**

초등학생은 가베를 쓸 일이 없다고 생각했다가 이 책을 보고 놀랐다. 초등 1학년부터 6학년까지 가베를 가지고 수학 놀이를 할 수 있다니! 책에는 1가베부터 10가베까지 활용할 수 있는 방법이 들어 있다. 단순한 수부터 시계, 덧셈, 뺄셈, 분수 등 무려 106가지 수학 놀이를 재미있게 해볼 수 있다. 학년별로 놀이가 묶여 있어서 수준에 맞는 놀이를 선택한다면 많은 도움이 될 것이다.
—po****

수의 개념부터 시작하게 되는 초기 가베가 아닌 교과와 연계된 가베 책이 절실히 필요했던 터에 이 책을 만났다. 학년별로 교과 연계가 확실히 되어 있어서 학년에 맞게 활용할 수 있어서 편하다. 무엇보다 초등 2학년으로 올라가는 딸아이가 1학년 수학을 복습하고 새 학년에 맞게 예습할 수 있게 구성되어 있어서 마음에 든다.
—무석**

수학은 아이의 눈높이에서 이해하기 쉽게 설명해줘야 하는데 아무래도 엄마는 티칭 스킬이 부족하다. 가베를 통해서 수학을 배우게 되면 눈으로 직접 보고 배우고 이해할 수 있기 때문에 사고력도 함께 키울 수 있어서 좋다. 이 책은 초등 1학년부터 6학년까지의 교과과정을 연계하여 체계적으로 수학 가베를 지도할 수 있도록 이끌어준다. 엄마표 수학 가베 교재로 아주 만족스럽다.
—자신****

초등수학에 가베를 적용시켜 볼 수 있는 다양한 팁이 수록되어 있다. 저자가 가베를 어떻게 활용해야 할지 모르는 엄마들을 위해 책을 쓴 듯하다. 주제에 대한 구체적이고 자세한 예시들이 있어서 필요에 따라 골라서 쓰면 된다. 또 교과서 내용을 가베로 쉽게 접근할 수 있도록 했다. 딱딱한 설명이 아닌 놀이처럼 느낄 수 있게 내용을 진행되어 아이가 지루해 하지 않는다.
—딸기*

4살 때 처음 접한 후 잘 가지고 놀다가 초등학생이 되면서 모셔만 두었던 가베. 먼지만 쌓여가던 가베를 활용해 어려운 수학을 쉽게 접해주고 싶어서 이 책을 보기 시작했다. 전 학년 교과서 진도를 활용하여 학교에서 배울 수학 개념을 가베 놀이로 활용하는 구성이 맘에 든다. 수학 때문에 답답했던 엄마와 아이들이 가베 놀이를 통해 수학 개념을 즐겁고 재미있게 배울 수 있게 해주는 책이다.
—진**

초등 2학년 되는 아이에게 딱 필요한 수학 가베 책이다. 유아기 때는 신나게 가베 놀이를 즐겼는데 초등생이 되면서 연산이 많아지자 수학을 지루해하기 시작했다. 그래서 이 책을 보게 됐다. 교과서의 수학 개념을 가베 놀이로 설명해주고, 몇 학년에 배우는 내용인지, 놀이할 때 주의할 건 무엇인지, 어떻게 가르쳐야 하는지 등이 들어 있다. 이제 지루한 수학은 그만! 초등 수학을 재미있게 즐기면서 신나게 공부할 수 있게 챙겨줄 수 있어서 기쁘다.
—릴리**

가베로 수학을 한다고 하면 막연히 연산이나 도형만 생각하기 쉬운데, 이 책에서는 시각, 길이 등 측정까지도 활용할 수 있게 다양한 놀이를 소개하고 있어서 참 놀라웠다. 이 책 한 권만 있으면 초등 전 학년에 걸쳐 골고루 활용할 수 있어서 활용도가 아주 높다. 자세한 설명과 사진은 엄마표 가베를 진행하는 데 굉장히 도움이 된다. 이제부터 아이들 수학 공부는 이 책을 활용해서 학습지가 아닌 가베로 자연스럽고 깊이 있게 이끌어주어야겠다.
—준이****

초등 저학년 때는 평면 도형을 배우지만 고학년이 되면 입체 도형과 도형의 움직임을 배운다. 머릿속으로 도형을 뒤집기란 쉽지 않다. 그래서 도형을 친근하게 만들어주는 교구가 없을까 고민하다가 이 책을 접하게 됐다. 꼭 가베가 없어도 주변의 소재를 이용해서 얼마든지 활용할 수 있도록 설명되어 있어서 정말 좋았다. 무작정 '도형이란 이런 것이다'식의 설명이 아니라 각 학년별로 나오는 문제 유형과 문제를 풀기 위한 방법을 놀이로 설명해주니 아이와 함께하면서 수학이 즐거워졌다.
—라비**

초등수학 가베놀이 바이블

5~10세

통합판

· 박현이 지음 ·

BM 황금부엉이

추천사

프뢰벨의 가베가 이젠 우리나라에서도 많이 알려지면서 그 교육적 효과도 높이 인정받고 있습니다. 가베 놀이는 아이의 나이에 따라 놀이, 창의, 수학가베로 진행되는데 창의가베가 많은 자료와 서적들로 쉽게 접근할 수 있는 반면 수학가베는 그 필요성에 대한 인식도, 구체적인 학습 방법도 많지 않은 것이 사실입니다. 수학은 놀이가 아니라 학원에서 제대로 공부하는 과목이라는 선입관 때문입니다.

이 책을 통해 수학가베의 새로운 방향이 제시되고, 가베의 활용성이 다시금 빛을 발하는 계기가 될 것을 믿습니다. 기존의 문제집과 같은 수학가베 교재 형식에서 벗어나 놀이를 통해 아이와 엄마, 교사가 직접 따라해 볼 수 있다는 점에서 이 책이 수학가베의 대중성에 기여할 것이라 기대합니다.

— 지원교육 대표이사 김봉환

초등학생 수학은 공부라는 생각에서 벗어나, 아이가 가베를 만지고 탐구하며 수학이라는 커다란 문을 스스로 두드리고 생각하며 접근할 수 있는 창의수학 교재를 이제야 만난 것 같습니다.

자녀를 가르치다 보면 답을 알려 주는 것은 쉽지만 답이 나오기까지 아이가 이해할 수 있는 수준으로 적당히 설명하는 것은 어렵기 마련인데, 이 책의 전체적인 형식과 놀이가 수학적 개념을 쉽게 이해시킬 수 있도록 세심하게 배려되었다는 것이 눈에 띄었습니다.

아이들이 흔히 접하는 교과서 문제를 직접 가베를 통해 풀어내므로 학부모님과 교사들에게 직접적인 도움이 되고, 이렇게 수학을 놀이로 시작하는 아이들이 많아져서 더 이상 수학이 무조건 싫거나 힘든 과목이 아니기를 바랍니다.

— 한국가베교육협회 협회장 유용웅

머리말

5년 전, 첫 번째 가베놀이 책을 만들며 고민했던 일들이 아직도 생생합니다. 문화센터에서, 또 개별 수업에서 쌓인 노하우들과 아이디어들이 너무 많아 어떻게 한 권의 책에 그 많은 것들을 전달할 수 있을까? 어떻게 해야 엄마랑 아이랑 수업 없이 책만으로도 이 내용들을 다 알 수 있을까? 하는 것들이 고민이었고, 나름대로 어느 정도는 해냈다고 생각합니다.

저는 이제 꽤 진하고 깊어진 아줌마가 되었습니다. 아줌마가 되고 이 책을 다시 잡아 보니 이 책…. 바쁘고 바쁘고 또 바쁜 우리네들이 보기엔 어려운 책이란 걸 알았습니다. 조금이라도 자세히 알려 줘야겠다는 마음으로 넣었던 엄마와 아이의 대화, 길고 긴 설명은 놀이를 쉽게 따라하기보다는 복잡해 보이게 만들었던 것 같습니다. 그래서 이번 개정판 작업은 무조건 가볍게 무조건 짧고 쉽게 알려 주자는 생각으로 진행되었습니다.

'가베는 늘 만만해야 한다'가 제 생각입니다.
만만한 가베로 수학을 다뤄야 수학도 쉬워집니다.

원리를 알아야 한다고 강조하는 가베를 접목한 수학가베에서 제일 중요한 사람은 아이입니다. 자신감도 필요하고 이해력과 집중력 등도 필요합니다. 무엇보다 가베를 들고 시작하는 만큼 들고 있는 가베라는 무기가 아이에게 쉬워야 합니다. 가베가 쉬우려면 이 책이 쉬워 보여야겠다고 생각했습니다.

자녀를 위해 애쓰시는 모든 부모님들께, 또 아이들을 위해 늘 노력해 주시는 고마운 여러 선생님들께 이 책을 바칩니다. 엄마와 선생님 중간의 입장에서 만든 이 책이 만만하게 아무 때나 책장에서 꺼내지길 바랍니다.

여보, 후니들. 고마워요. 세상에서 가장 사랑합니다.

저자 박현이

이 책은 이런 점이 달라요

이 책은 초등학교 교과서를 기반으로 아이들이 배울 수학 개념을 가베놀이로 설명해요.
하지만 아무리 쉽게 가르친다고 해도 공부는 공부! 마냥 재밌을 수는 없잖아요? 그래서 꼭 필요한 위치에 Spacial 페이지, 잔소리 풍선과 팁, 손으로 써서 설명하는 손글씨, 교과서에서 설명하는 방식 보여 주기, 배운 것을 식으로 나타내기, 정리할게요, 노래 등 다양한 구성으로 지루하지 않게 공부할 수 있도록 준비되었어요.

❶ 단원 소개
지금부터 배울 내용과 관련된 놀이 소개가 들어 있어요.

❷ 놀이
학교에 가면 몇 학년 때 배우는 내용인지, 놀이할 때 주의할 건 무엇인지, 어떻게 가르쳐야 하는지 엄마한테 주는 힌트가 들어 있어요. 또 다 사진으로 되어 있어 한눈에 쫘~악 들어오니 보기 편해요.

❸ 교과서 문제
학교에 가면 이런 문제를 풀어요. 이 문제를 가베놀이로 배우는 거래요.

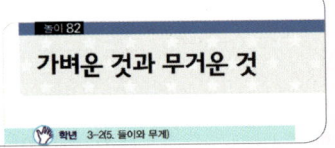
○ 더 자세한 설명은 스페셜 페이지

○ 피가 되고 살이 되는 잔소리 풍선과 팁

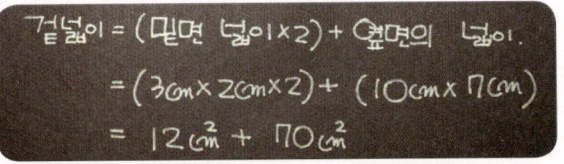
○ 꾹꾹 손으로 직접 써봐야 할 부분은, 진짜 손글씨!

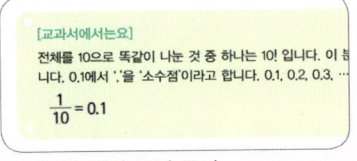
○ 교과서 설명 보여 주기

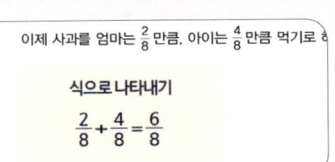
○ 지금까지 배운 걸 식으로 나타내기

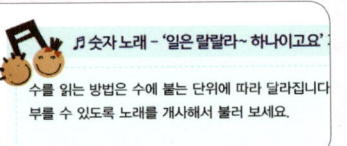
○ 순식간에 공부를 놀이로 바꾸는 재밌는 노래들

우리 아이에게 딱 맞게 이 책을 보는 방법

아이를 가르치는 일은 힘겹습니다. 돈도 많이 들고, 모든 엄마가 다 선생님 수준으로 할 수 있는 것도 아니고요. 이 책은 그런 엄마 입장에서 만들어졌으니 잘 활용하여 수학 때문에 답답했던 엄마와 아이들의 마음이 조금은 편해졌으면 좋겠습니다.

수준별로 보기 : 1학년이라도 재밌게 잘 따라오면 다른 학년 내용까지 봐도 좋아요

이 책은 기본적으로 단원별로 구성되어 있습니다. 예를 들어 도형 단원이라면 1학년에서 배우는 점부터 5학년에서 배우는 원주 구하기 공식까지 도형에 관한 대부분의 것이 한 단원에서 설명되어 있는 거죠. 아이가 잘 따라온다면 1학년이라도 3학년 부분까지 진도를 나가도 좋고, 3학년이라도 기본에 대한 이해가 없다면 1학년 과정부터 천천히 복습하며 올라가면 됩니다. 아이의 이해도나 흥미에 따라 원하는 부분까지 자유롭게 진행하세요.

PART 4 꼭꼭 숨은 각

1. 선이 합체하면 각!		100
3학년 놀이26 이게 먼저 필요해요	선분과 직선의 차이 알기	101
3학년 놀이27 각 안에 뭐가 있나요?	변과 꼭짓점 이해하기	102
3학년 놀이28 변과 모서리는 뭐가 다를까요?	변과 모서리의 차이 알기	103
2. 각에도 종류가 있다	각의 종류 이해하기	104
3. 똑바로 숙이면 직각		106
3학년 놀이29 직각 인사를 알고 있나요?	직각 모양 이해하기	107
3학년 놀이30 직각 인사하는 삼각형?	직각삼각형 이해하기	108
4. 직각보다 둔한 각, 예리한 각		109
4학년 놀이31 무딘 산과 뾰족 산	둔각과 예각의 차이 알기	110
5. 각도 더하기와 빼기		112
전학년 Special 각도기를 알아야 각도를 재지	각도기 사용법 알기	113
4학년 놀이32 각도 재기부터 숨은 각 찾기까지!	각도의 합과 차 구하기	114
4학년 놀이33 삼각형은 항상 180도, 왜일까요?	삼각형 세 각의 합 이해하기	116
4학년 놀이34 사각형은 항상 360도, 왜일까요?	사각형 네 각의 합 이해하기	118
4학년 놀이35 째깍째깍, 시계에서 각 찾기	각 찾기 연습하기	120

필요한 부분만 보기 : 꽉 막혔을 때 찾아보세요

아이를 가르치다 보면 딱 막히는 고비가 있습니다. 10 안의 수는 아무 문제없다가 10 자체는 잘 이해하지 못하기도 하고, 받아올림 받아내림에서 막히기도 하고 '이걸 어떻게 모를 수 있지?' 싶은, 엄마가 보기에 모르는 게 더 이상한 여러 가지 경험들이 있을 거예요. 이럴 때 목차나 놀이 소개를 보고 필요한 부분만 보면 힘든 고비를 쉽게 넘어갈 수 있습니다.

놀이로 찾아보기

6, 7살쯤 되면 슬슬 학교 보낼 걱정이 되기 시작하죠? 이 책에는 초등 수학 교과서와 연계된 많은 놀이가 소개되어 있어요. 어떤 수학 개념에 어떤 놀이를 해야 하는지 어떻게 설명해야 할지 답답한 엄마에게도, 다양한 놀이 방법을 찾고 있는 노력하는 가제 신생님께게도 모두 도움이 될 거랍니다.
이곳은 이 책의 전체 놀이를 한눈에 볼 수 있고, 필요한 놀이가 어디에 있는지, 교과서에서 배우는 학습목표는 무엇인지까지 바로 그림으로 찾을 수 있어 편리하니 잘 활용해 보세요.

이 책을 활용하는 방법 ❶

놀이로 찾아보기

6, 7살쯤 되면 슬슬 학교 보낼 걱정이 되기 시작하죠? 이 책에는 초등 수학 교과서와 연계된 많은 놀이가 소개되어 있어요. 어떤 수학 개념에 어떤 놀이를 해야 하는지 어떻게 설명해야 할지 답답한 엄마에게도, 다양한 놀이 방법을 찾고 있는 노력하는 가베 선생님에게도 모두 도움이 될 거랍니다.
이곳은 이 책의 전체 놀이를 한눈에 볼 수 있고, 필요한 놀이가 어디에 있는지, 교과서에서 배우는 학습목표는 무엇인지까지 바로 그림으로 찾을 수 있어 편리하니 잘 활용해 보세요.

놀이01 1학년
모여라, 점! – 점, 선, 면, 평면도형 이해하기 45쪽

놀이02 2학년
고무줄 도형 만들기 – 평면도형을 알고 만들기 47쪽

놀이03 2학년
평면도형 도장 찍기 – 입체도형 속의 평면도형 찾기 49쪽

놀이04 2학년
야채 도장 찍기 – 입체도형을 자른 단면 이해하기 51쪽

놀이05 1학년
화분에 쑥쑥 도형 키우기 – 점에서 입체도형까지 이해하기 52쪽

놀이06 2,3학년
칠교놀이 – 평면도형의 조합과 분할 이해하기 54쪽

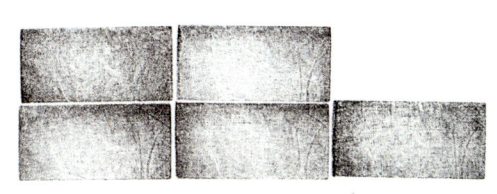

놀이07 **3학년**
내 눈엔 다 보이는 사각형 – 도형 세기 규칙 알기
56쪽

놀이08 **3학년**
도형을 실수 없이 셀 수 있는 노하우! – 도형 세기 규칙 알기 **58쪽**

놀이09 **5학년**
도형의 울타리는 둘레 – 도형의 둘레 구하기 **60쪽**

놀이10 **5학년**
도형의 땅 크기는 넓이 – 도형의 넓이 구하기 **61쪽**

놀이11 **3학년**
종이 컴퍼스 만들기 – 원의 구성 개념 잡기 **63쪽**

놀이12 **3학년**
원 안에 뭐가 있나요? – 원의 구성 알기 **64쪽**

놀이13 **6학년**
원의 울타리는 어떻게 잴까요? – 원주율과 원의 둘레 구하기 **66쪽**

놀이14 **6학년**
원의 땅 크기는 어떻게 잴까요? – 원의 넓이 구하기 **68쪽**

놀이15 3학년
요리조리 밀어도 같아요 – 도형 밀기 규칙 알기
75쪽

놀이16 3학년
뒤집기하며 자는 나 – 도형 뒤집기 규칙 알기 77쪽

놀이17 3학년
주전자 뒤집기, 도장 쿡! – 도형 뒤집기 규칙 알기 79쪽

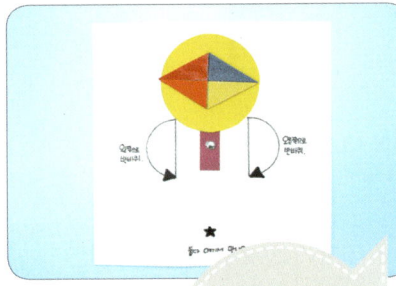

놀이18 3학년
일단, 반만 돌리기 – 반 바퀴 돌리기 82쪽

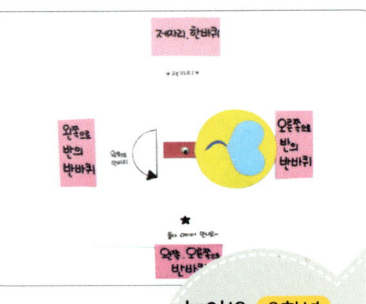

놀이19 3학년
이번엔 반의 반 돌리기 – 반의 반 바퀴 돌리기 85쪽

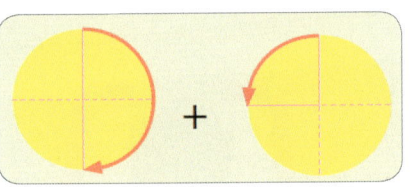

놀이20 3학년
회전기호도 더하고 뺄 수 있다고요? – 회전기호 계산하기 88쪽

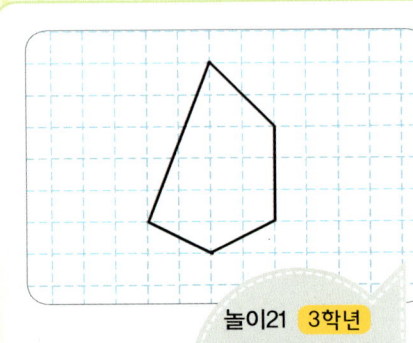

놀이21 3학년
도형 돌리기의 비밀 무기, 모눈종이! – 도형 움직이기 규칙 알기 90쪽

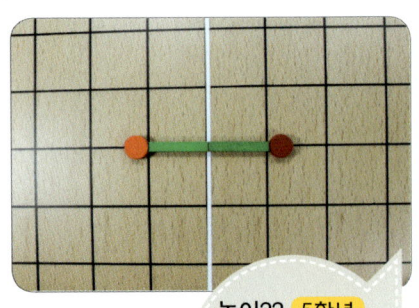

놀이22 5학년
선에 딱! 붙은 대칭 – 선대칭 도형 이해하기 98쪽

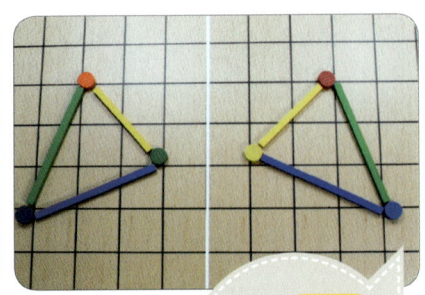

놀이23 5학년
선에서 떨어진 대칭 – 선대칭 위치에 있는 도형 이해하기 100쪽

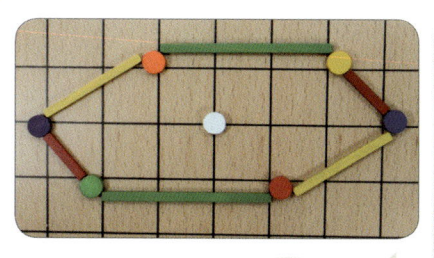

놀이24 **5학년**
점에 딱! 붙은 대칭
– 점대칭 도형
이해하기 **101**쪽

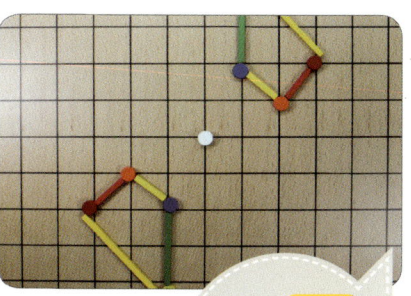

놀이25 **5학년**
점에서 떨어진 대칭
– 점대칭 위치에 있
는 도형 이해하기
103쪽

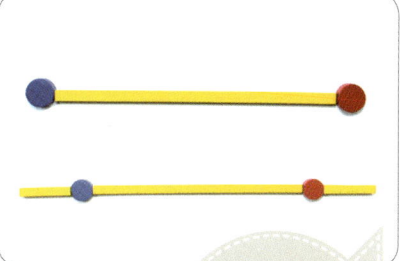

놀이26 **3학년**
이게 먼저 필요해요
– 선분과 직선의
차이 알기 **109**쪽

놀이27 **3학년**
각 안에 뭐가 있나
요? – 변과 꼭짓점
이해하기 **110**쪽

놀이28 **3학년**
변과 모서리는 뭐가
다를까요? – 변과 모
서리의 차이 알기
111쪽

놀이29 **3학년**
직각 인사를 알고 있
나요? – 직각 모양
이해하기 **115**쪽

놀이30 **3학년**
직각 인사하는 삼각
형? – 직각삼각형
이해하기 **116**쪽

놀이31 **4학년**
무딘 산과 뾰족 산
– 둔각과 예각의
차이 알기
118쪽

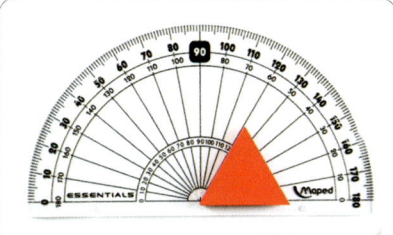

놀이32 **4학년**
각도 재기부터 숨은
각 찾기까지! – 각도
의 합과 차 구하기
122쪽

9

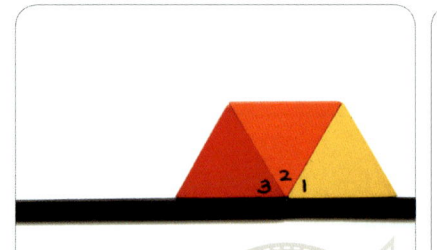

놀이33 4학년
삼각형은 항상 180도, 왤까요? – 삼각형 세 각의 합 이해하기 124쪽

놀이34 4학년
사각형은 항상 360도, 왤까요? – 사각형 네 각의 합 이해하기 126쪽

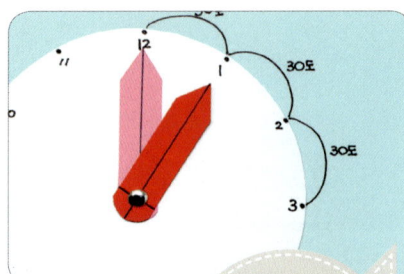

놀이35 4학년
째깍째깍, 시계에서 각 찾기 – 각 찾기 연습하기 128쪽

놀이36 1학년
도형 탐정대, 출발! – 여러 가지 모양 찾아보기 133쪽

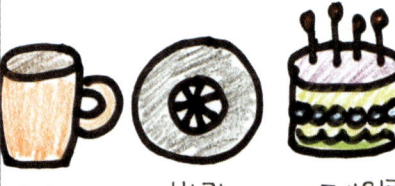

놀이37 1학년
닮은 친구 그리기 – 입체도형과 평면도형 구분하기 134쪽

놀이38 2학년
곰돌이 정육면체 – 상자 모양의 방향 알기 137쪽

놀이39 2학년
별별별, 색색색, 보이는 대로 그리기 – 위치에 따라 보이는 모양 그리기 138쪽

놀이40 2학년
쌓기나무 따라쟁이 – 쌓기나무 따라 만들고 수 세기 140쪽

놀이41 2학년
쌓기나무 퍼즐 – 여러 가지 방법으로 쌓기나무 만들기 142쪽

놀이42 5학년
나는 직육면체 옷 디자이너 - 직육면체 전개도 만들기
145쪽

놀이43 5학년
패션리더 정육면체 - 정육면체 전개도 만들기 147쪽

놀이44 6학년
상자 모양은 각기둥 - 각기둥의 면, 모서리, 꼭짓점의 수 알아보기 152쪽

놀이45 6학년
뿔 모양은 각뿔 - 각뿔의 면, 모서리, 꼭짓점의 수 알아보기 154쪽

놀이46 6학년
직육면체 옷 크기를 알아봐요 - 직육면체의 겉넓이 구하기 157쪽

놀이47 6학년
직육면체 몸 크기를 알아봐요 - 직육면체의 부피 구하기 159쪽

놀이48 1학년
엄마, 우리 게임해요 - 9까지 수 세기 167쪽

놀이49 1학년
줄~을 서시오! - 수의 순서 알기 170쪽

놀이50 1학년
우리는 사이좋은 짝꿍친구 - 10보수 알기 172쪽

놀이51 1학년
10보수 게임하기
- 10보수 알기
173쪽

놀이52 1학년
세기 쉽게 묶기
- 10씩 묶어서 세고 99까지 수 읽기
176쪽

놀이53 1학년
큰 수 만들기 게임
- 십의 자리와 일의 자리 알기
178쪽

놀이54 1학년
100까지 누가 먼저 도착할까?
- 100까지의 수 알기 **179쪽**

놀이55 1학년
더해요, 빼요
- 한 자리수의 덧셈과 뺄셈 **182쪽**

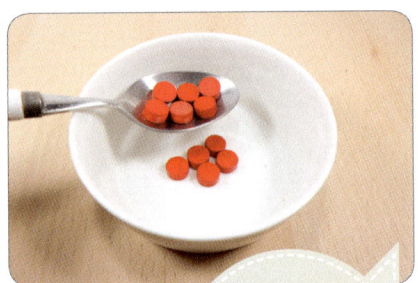

놀이56 1학년
10을 넘어가면 어떻게 더하지?
- 받아올림 알기
184쪽

놀이57 1학년
낱개가 부족한데 어떻게 빼지?
- 받아내림 알기
185쪽

놀이58 2학년
두 자리수도 문제 없이! - 두 자리수의 덧셈과 뺄셈
186쪽

놀이59 2학년
배에 싣고 가자
- 배수 개념 알기
191쪽

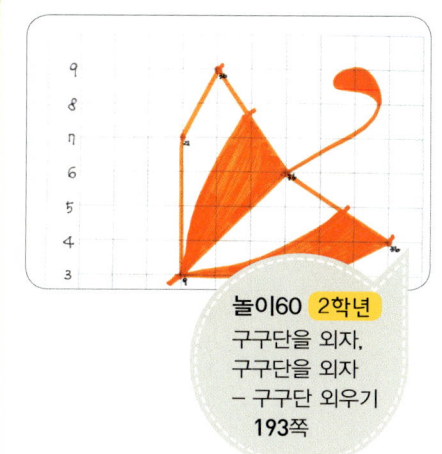

놀이60 **2학년**
구구단을 외자,
구구단을 외자
- 구구단 외우기
193쪽

놀이61 **3학년**
똑같이 나눠 주세요
- 나누어 떨어지는
나눗셈
196쪽

놀이62 **3학년**
도넛을 나눠 먹어요
- 나머지가 있는
나눗셈
198쪽

놀이63 **1학년**
빙글빙글 바늘시계
만들기 – 정각과
30분 읽기 **203쪽**

놀이64 **2학년**
편리한 전자시계
만들기 – 5분 단위의
시각 읽기 **206쪽**

놀이65 **2학년**
하루 생활계획표
만들기 – 시간의
흐름 알기 **210쪽**

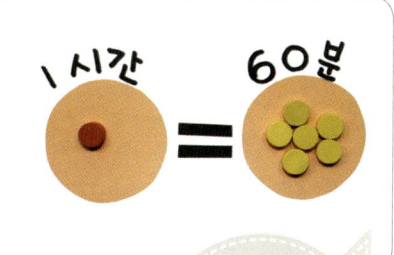

놀이66 **2학년**
60분은 1시간이
래요 – 시간 구하기
212쪽

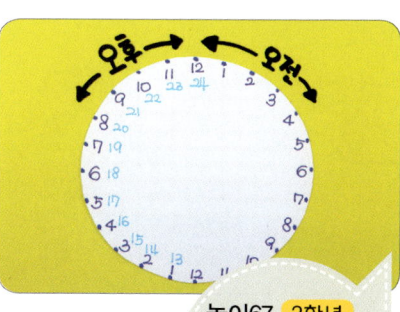

놀이67 **2학년**
하루는 24시간이래
요 – 오전과 오후를
알고 하루의 시간
나타내기 **213쪽**

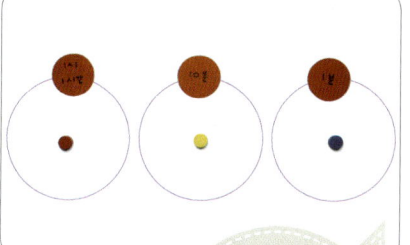

놀이68 **3학년**
몇 시에 도착할까?
– 시각+시간=시각
216쪽

놀이69 3학년
1시간 30분 전은
몇 시 몇 분?
– 시각–시간=시각
218쪽

놀이70 2학년
여러 가지 물건
으로 길이 재기
– 단위길이 재기
223쪽

놀이71 2학년
우리 몸으로 길이
재기 – 단위길이의
어림재기 224쪽

놀이72 2학년
우리가 만들어
보는 '자'
– cm 감 잡기
226쪽

놀이73 2학년
누가 더 기나,
cm 길이 게임
– cm 알기 228쪽

놀이74 3학년
mm는 모래알
만큼의 길이
– mm 알기 230쪽

놀이75 2학년
내 키를 재 보자
– m 알기
233쪽

놀이76 3학년
걸을 수 있는 거리,
차를 타야 하는
거리 – km 알기
234쪽

놀이77 2학년
떡볶이 사러 출발!
– m끼리 더하기
237쪽

놀이78 3학년
어느 쪽이 더 멀지?
– km와 m의 빼기
238쪽

놀이79 3학년
단위가 같아야 계산을 하지! – 단위가 서로 다른 거리 계산하기 239쪽

놀이80 3학년
경훈이와 형이 자전거를 탄 총 거리는?
– 거리 계산하기
241쪽

놀이81 3학년
음료수병의 크기는 어떻게 읽을 수 있을까? – 들이 알기
242쪽

놀이82 3학년
가벼운 것과 무거운 것 – 무게 알기
244쪽

놀이83 3학년
조각으로 나눠요
– 분수의 개념 이해하기 249쪽

놀이84 3학년
모양은 달라도 크기는 똑같은 조각들!
– 분수 이해하기
250쪽

놀이85 3학년
오늘은 피자 먹는 날
– 똑같이 나누었을 때 전체와 부분의 크기 비교하기
252쪽

놀이86 3학년
여러 개를 나눠요
– 자연수에 대한 분수만큼을 알아보기 254쪽

놀이87 3학년
피자 많이 가져가기 게임 – 자연수에 대한 분수만큼을 알아보기 **255쪽**

놀이88 3학년
내가 몇 배나 더 먹은 거지? – 분수의 크기 비교하기 **258쪽**

놀이89 3학년
양이 많은 쪽 찾기 – 양과 부피로 분수의 크기 비교하기 **260쪽**

놀이90 3학년
조금만 나눠서 큰 떡 먹기 – 분수의 크기 비교하기 **261쪽**

놀이91 3학년
얼마큼인지 분수로 말해요 – 전체의 얼마큼인지를 분수로 나타내기 **262쪽**

놀이92 3학년
무겁고 큰 분수, 바꿔 줘요! – 가분수를 대분수로 바꾸기 **264쪽**

놀이93 3학년
똑같이 나누어 더하고 빼기 – 분모가 같은 분수의 덧셈과 뺄셈 **266쪽**

놀이94 5학년
엄마 수를 똑같게 만들어요 – 분모가 다른 분수의 덧셈, 통분 **268쪽**

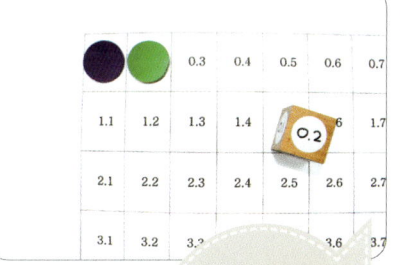

놀이95 **5학년**
엄마 수가 같으면 빼기도 쉬워요 – 분모가 다른 분수의 뺄셈, 통분 270쪽

놀이96 **3학년**
1cm보다 더 작은 수가 있다고? – 소수 알기 272쪽

놀이97 **4학년**
칸 채우기 게임 – 소수의 덧셈과 뺄셈 273쪽

놀이98 **2학년**
기준대로 버스 타기 – 기준에 따라 분류하기 279쪽

놀이99 **2학년**
복잡한 5가베 차곡차곡 정리하기 – 표와 그래프로 나타내기 281쪽

놀이100 **4학년**
일주일 동안의 날씨는? – 막대그래프 알기 285쪽

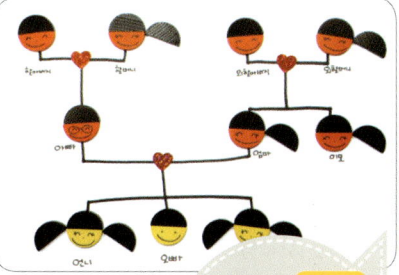
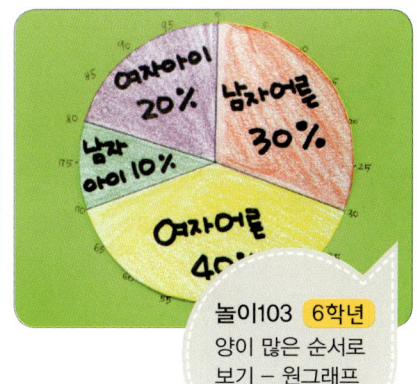

놀이101 **4학년**
일 년 동안 쑥~쑥 자란 내 키 – 꺾은선그래프 알기 287쪽

놀이102 **6학년**
수치가 높은 순서로 보기 – 띠그래프와 백분율 알기 289쪽

놀이103 **6학년**
양이 많은 순서로 보기 – 원그래프 알기 291쪽

이 책을 활용하는 방법 ❷

단원별로 보기

이 책은 기본적으로 단원별로 구성되어 있어요. 예를 들어 도형 단원이라면 1학년부터 6학년까지 배우는 것이 모두 모여 있지요. 아이가 재밌게 잘 따라오면 다른 학년 내용까지 봐도 괜찮습니다.

머리말 / 3
이 책을 활용하는 방법 ❶ 놀이로 찾아보기 / 6
이 책을 활용하는 방법 ❷ 단원별로 보기 / 18

PART 1 수학도 재밌을 수 있다?

1. 창의가베와 수학가베, 뭐가 다르죠? / 28
2. 초등학생에게 수학가베가 어떤 도움이 되나요? / 30
3. 우리 아이 수학, 어떡하죠? / 32
4. 초등수학 전 학년 교과서 진도 보기(2015년 최신 개정 적용) / 36

PART 2 납작납작 평면도형

1. 납작 누른 평면도형   44

1학년	놀이01 모여라, 점!	점, 선, 면, 평면도형 이해하기	45
2학년	놀이02 고무줄 도형 만들기	평면도형을 알고 만들기	47
2학년	놀이03 평면도형 도장 찍기	입체도형 속의 평면도형 찾기	49
2학년	놀이04 야채 도장 찍기	입체도형을 자른 단면 이해하기	51
1학년	놀이05 화분에 쑥쑥 도형 키우기	점에서 입체도형까지 이해하기	52

2. 평면도형 헤쳐 모여!   53

2,3학년	놀이06 칠교놀이	평면도형의 조합과 분할 이해하기	54
3학년	놀이07 내 눈엔 다 보이는 사각형	도형 세기 규칙 알기	56
3학년	놀이08 도형을 실수 없이 셀 수 있는 노하우!	도형 세기 규칙 알기	58

3. 평면도형의 울타리와 땅 크기?   59

- **5학년** 놀이09   도형의 울타리는 둘레   도형의 둘레 구하기   60
- **5학년** 놀이10   도형의 땅 크기는 넓이   도형의 넓이 구하기   61

4. 동글동글 원   62

- **3학년** 놀이11   종이 컴퍼스 만들기   원의 구성 개념 잡기   63
- **3학년** 놀이12   원 안에 뭐가 있나요?   원의 구성 알기   64
- **6학년** 놀이13   원의 울타리는 어떻게 잴까요?   원주율과 원의 둘레 구하기   66
- **6학년** 놀이14   원의 땅 크기는 어떻게 잴까요?   원의 넓이 구하기   68
- **전학년** Special   평면도형, 모두 모여라!   평면도형 이름 알기   70

PART 3   움직이는 도형

1. 으라차차! 도형 밀기   74

- **3학년** 놀이15   요리조리 밀어도 같아요   도형 밀기 규칙 알기   75

2. 휙 뒤집는 도형 프라이   76

- **3학년** 놀이16   뒤집기하며 자는 나   도형 뒤집기 규칙 알기   77
- **3학년** 놀이17   주전자 뒤집기, 도장 쿡!   도형 뒤집기 규칙 알기   79

3. 정말 돌리고 싶지 않은, 도형 돌리기   81

- **3학년** 놀이18   일단, 반만 돌리기   반 바퀴 돌리기   82
- **3학년** 놀이19   이번엔 반의 반 돌리기   반의 반 바퀴 돌리기   85
- **3학년** 놀이20   회전기호도 더하고 뺄 수 있다고요?   회전기호 계산하기   88
- **3학년** 놀이21   도형 돌리기의 비밀무기, 모눈종이!   도형 움직이기 규칙 알기   90

4. 헷갈려! 선대칭, 점대칭   97

- **5학년** 놀이22   선에 딱! 붙은 대칭   선대칭 도형 이해하기   98
- **5학년** 놀이23   선에서 떨어진 대칭   선대칭 위치에 있는 도형 이해하기   100
- **5학년** 놀이24   점에 딱! 붙은 대칭   점대칭 도형 이해하기   101
- **5학년** 놀이25   점에서 떨어진 대칭   점대칭 위치에 있는 도형 이해하기   103

PART 4 꼭꼭 숨은 각

1. 선이 합체하면 각!   108

3학년 놀이26 이게 먼저 필요해요	선분과 직선의 차이 알기	109
3학년 놀이27 각 안에 뭐가 있나요?	변과 꼭짓점 이해하기	110
3학년 놀이28 변과 모서리는 뭐가 다를까요?	변과 모서리의 차이 알기	111

2. 각에도 종류가 있다   각의 종류 이해하기   112

3. 똑바로 숙이면 직각   114

3학년 놀이29 직각 인사를 알고 있나요?	직각 모양 이해하기	115
3학년 놀이30 직각 인사하는 삼각형?	직각삼각형 이해하기	116

4. 직각보다 둔한 각, 예리한 각   117

4학년 놀이31 무딘 산과 뾰족 산	둔각과 예각의 차이 알기	118

5. 각도 더하기와 빼기   120

전학년 Special 각도기를 알아야 각도를 재지	각도기 사용법 알기	121
4학년 놀이32 각도 재기부터 숨은 각 찾기까지!	각도의 합과 차 구하기	122
4학년 놀이33 삼각형은 항상 180도, 왜일까요?	삼각형 세 각의 합 이해하기	124
4학년 놀이34 사각형은 항상 360도, 왜일까요?	사각형 네 각의 합 이해하기	126
4학년 놀이35 째깍째깍, 시계에서 각 찾기	각 찾기 연습하기	128

PART 5 울퉁불퉁 입체도형

1. 닮은 친구 찾기   132

1학년 놀이36 도형 탐정대, 출발!	여러 가지 모양 찾아보기	133
1학년 놀이37 닮은 친구 그리기	입체도형과 평면도형 구분하기	134
전학년 Special 모서리는 어디 있나? 여~기!	모서리 이해하기	135

2. 착착! 쌓기나무　　　　　　　　　　　　　　　136

2학년	놀이38	곰돌이 정육면체	상자 모양의 방향 알기	137
2학년	놀이39	별별별, 색색색, 보이는 대로 그리기	위치에 따라 보이는 모양 그리기	138
2학년	놀이40	쌓기나무 따라쟁이	쌓기나무 따라 만들고 수 세기	140
2학년	놀이41	쌓기나무 퍼즐	여러 가지 방법으로 쌓기나무 만들기	142

3. 상자모양! 직육면체, 정육면체　　　　　　　　　　　　　　　144

5학년	놀이42	나는 직육면체 옷 디자이너	직육면체 전개도 만들기	145
5학년	놀이43	패션리더 정육면체	정육면체 전개도 만들기	147
전학년	Special	공간 지각력을 키워요 Ⅰ – 테트리스		149

4. 생긴 대로 부르는 기둥 모양, 뿔 모양　　　　　　　　　　　　　　　151

| 6학년 | 놀이44 | 상자 모양은 각기둥 | 각기둥의 면, 모서리, 꼭짓점의 수 알아보기 | 152 |
| 6학년 | 놀이45 | 뿔 모양은 각뿔 | 각뿔의 면, 모서리, 꼭짓점의 수 알아보기 | 154 |

5. 각기둥의 옷 크기와 몸 크기　　　　　　　　　　　　　　　156

6학년	놀이46	직육면체 옷 크기를 알아봐요	직육면체의 겉넓이 구하기	157
6학년	놀이47	직육면체 몸 크기를 알아봐요	직육면체의 부피 구하기	159
전학년	Special	공간 지각력을 키워요 Ⅱ – 소마큐브		161

PART 6　수와 연산

1. 숫자야, 놀자!　　　　　　　　　　　　　　　166

1학년	놀이48	엄마, 우리 게임해요	9까지 수 세기	167
1학년	놀이49	줄~을 서시오!	수의 순서 알기	170
1학년	놀이50	우리는 사이좋은 짝꿍친구	10보수 알기	172
1학년	놀이51	10보수 게임하기	10보수 알기	173

2. 100까지의 수　　　　　　　　　　　　　　　175

1학년	놀이52	세기 쉽게 묶기	10씩 묶어서 세고 99까지 수 읽기	176
1학년	놀이53	큰 수 만들기 게임	십의 자리와 일의 자리 알기	178
1학년	놀이54	100까지 누가 먼저 도착할까?	100까지의 수 알기	179

3. 올라가고 내려오는 덧셈과 뺄셈　　　　　　　　　　　　　　　**181**

1학년	놀이55 더해요, 빼요	한 자리수의 덧셈과 뺄셈	182
1학년	놀이56 10을 넘어가면 어떻게 더하지?	받아올림 알기	184
1학년	놀이57 낱개가 부족한데 어떻게 빼지?	받아내림 알기	185
2학년	놀이58 두 자리수도 문제없어!	두 자리수의 덧셈과 뺄셈	186
전학년	Special 받아올림과 받아내림의 실수 줄이기 노하우		188

4. 더하기가 빨라지면 곱셈구구　　　　　　　　　　　　　　　　　**190**

2학년	놀이59 배에 싣고 가자	배수 개념 알기	191
2학년	놀이60 구구단을 외자, 구구단을 외자	구구단 외우기	193

5. 똑같이 나누는 건 나눗셈　　　　　　　　　　　　　　　　　　　**195**

3학년	놀이61 똑같이 나눠 주세요	나누어 떨어지는 나눗셈	196
3학년	놀이62 도넛을 나눠 먹어요	나머지가 있는 나눗셈	198

PART 7　시간이야? 시각이야?

1. 아직 시계 볼 줄 모른다고?　　　　　　　　　　　　　　　　　　**202**

1학년	놀이63 빙글빙글 바늘시계 만들기	정각과 30분 읽기	203
2학년	놀이64 편리한 전자시계 만들기	5분 단위의 시각 읽기	206
2학년	놀이65 하루 생활계획표 만들기	시간의 흐름 알기	210

2. 전혀 다른 말! 시각과 시간　　　　　　　　　　　　　　　　　　**211**

2학년	놀이66 60분은 1시간이래요	시간 구하기	212
2학년	놀이67 하루는 24시간이래요	오전 오후를 알고 하루의 시간 나타내기	213

3. 더하고 뺄 수 있는 시각과 시간　　　　　　　　　　　　　　　　**215**

3학년	놀이68 몇 시에 도착할까?	시각+시간=시각	216
3학년	놀이69 1시간 30분 전은 몇 시 몇 분?	시각−시간=시각	218

PART 8 길이 재기

1. 기준이 필요해! ... 222

학년	놀이	제목	주제	쪽
2학년	놀이70	여러 가지 물건으로 길이 재기	단위길이 재기	223
2학년	놀이71	우리 몸으로 길이 재기	단위길이의 어림재기	224

2. 작은 물건 길이는 cm와 mm ... 225

학년	놀이	제목	주제	쪽
2학년	놀이72	우리가 만들어 보는 '자'	cm 감 잡기	226
2학년	놀이73	누가 더 기나, cm 길이 게임	cm 알기	228
3학년	놀이74	mm는 모래알만큼의 길이	mm 알기	230

3. 아주 많이 길어지면 m와 km ... 232

학년	놀이	제목	주제	쪽
2학년	놀이75	내 키를 재 보자	m 알기	233
3학년	놀이76	걸을 수 있는 거리, 차를 타야 하는 거리	km 알기	234

4. 얼마나 먼지 거리 계산! ... 236

학년	놀이	제목	주제	쪽
2학년	놀이77	떡볶이 사러 출발!	m끼리 더하기	237
3학년	놀이78	어느 쪽이 더 멀지?	km와 m의 빼기	238
3학년	놀이79	단위가 같아야 계산을 하지!	단위가 서로 다른 거리 계산하기	239
3학년	놀이80	경훈이와 형이 자전거를 탄 총 거리는?	거리 계산하기	241
3학년	놀이81	음료수병의 크기는 어떻게 읽을 수 있을까?	들이 알기	242
3학년	놀이82	가벼운 것과 무거운 것	무게 알기	244

PART 9 나눗셈과 친한 분수

1. 분수가 뭐지? 왜 필요할까? ... 248

학년	놀이	제목	주제	쪽
3학년	놀이83	조각으로 나눠요	분수의 개념 이해하기	249
3학년	놀이84	모양은 달라도 크기는 똑같은 조각들!	분수 이해하기	250
3학년	놀이85	오늘은 피자 먹는 날	똑같이 나누었을 때 전체와 부분의 크기 비교하기	252

2. 헉, 사과 6개의 $\frac{1}{2}$?   253

- 3학년 놀이86 여러 개를 나눠요   자연수에 대한 분수만큼을 알아보기   254
- 3학년 놀이87 피자 많이 가져가기 게임   자연수에 대한 분수만큼을 알아보기   255

3. 헷갈려! 분수의 크기   257

- 3학년 놀이88 내가 몇 배나 더 먹은 거지?   분수의 크기 비교하기   258
- 3학년 놀이89 양이 많은 쪽 찾기   양과 부피로 분수의 크기 비교하기   260
- 3학년 놀이90 조금만 나눠서 큰 떡 먹기   분수의 크기 비교하기   261
- 3학년 놀이91 얼마큼인지 분수로 말해요   전체의 얼마큼인지를 분수로 나타내기   262

4. 가분수를 대분수로 바꾸기   263

- 3학년 놀이92 무겁고 큰 분수, 바꿔 줘요!   가분수를 대분수로 바꾸기   264

5. 더하고 뺄 수 있는 분수   265

- 3학년 놀이93 똑같이 나누어 더하고 빼기   분모가 같은 분수의 덧셈과 뺄셈   266
- 5학년 놀이94 엄마 수를 똑같게 만들어요   분모가 다른 분수의 덧셈, 통분   268
- 5학년 놀이95 엄마 수가 같으면 빼기도 쉬워요   분모가 다른 분수의 뺄셈, 통분   270

6. 분수와 소수는 친구   271

- 3학년 놀이96 1cm보다 더 작은 수가 있다고?   소수 알기   272
- 4학년 놀이97 칸 채우기 게임   소수의 덧셈과 뺄셈   273

PART 10 통계는 정말 편리해!

1. 우리 편끼리 모여라 — 278
- 2학년 놀이98 기준대로 버스 타기 — 기준에 따라 분류하기 — 279
- 2학년 놀이99 복잡한 5가베 차곡차곡 정리하기 — 표와 그래프로 나타내기 — 281

2. 여러 가지 그래프 — 284
- 4학년 놀이100 일주일 동안의 날씨는? — 막대그래프 알기 — 285
- 4학년 놀이101 일 년 동안 쑥~쑥 자란 내 키 — 꺾은선그래프 알기 — 287
- 6학년 놀이102 수치가 높은 순서로 보기 — 띠그래프와 백분율 알기 — 289
- 6학년 놀이103 양이 많은 순서로 보기 — 원그래프 알기 — 291

3. 평균이란 중간이라는 뜻! — 292
- 5학년 놀이104 패턴 만들기 왕 게임 — 평균 구하기 — 293

4. 내가 칭찬받을 경우의 수와 확률은? — 296
- 5학년 놀이105 모든 방법을 동원해 봐! — 경우의 수 이해하기 — 297
- 5학년 놀이106 경우의 수와 확률 — 경우의 수와 확률 알아보기 — 299

PART 1

수학도 재밌을 수 있다?

수학, 대한민국의 엄마아빠를 부모와 학부모로 나누는 과목이죠? 수학가베가 뭔지, 어떤 도움이 되는지, 우리 아이 실력이 왜 늘지 않는 것 같은지 등 아이 수학과 관련된 여러 가지 문제 해결 방법과 도움이 될 내용이 들어 있어요.

1. 창의가베와 수학가베, 뭐가 다르죠?
2. 초등학생에게 수학가베가 어떤 도움이 되나요?
3. 우리 아이 수학, 어떡하죠?
4. 초등수학 전 학년 교과서 진도 보기(2015년 최신 개정 적용)

수학가베 01 창의가베와 수학가베, 뭐가 다르죠?

요즘 유치원생에게 가베는 간단하게라도 꼭 하고 넘어가는 필수 놀이가 되었습니다. 예전엔 "가베가 뭐야?"라고 물었다면 "요즘은 가베를 어디서 할 건데?"라고 묻곤 하지요. 이렇게 완전하게 자리를 잡은 듯 보이는 가베지만 아직도 가베는 어렵다는 생각이 많은 것 같습니다. 집에서 언제든 꺼내 놀이하는 블록 장난감 중의 하나로 생각하면 어떨까요?

■ 창의가베는 유아기의 재밌는 장난감

가베는 아이의 왕성한 호기심에 따라 자신의 생각을 마음껏 표현하면서 놀 수 있도록 도와주는 완성되지 않은 장난감이에요. 특히 유아기의 가베놀이는 교사 없이 곰인형이나 자동차 장난감처럼 그냥 언제든지 마음대로 가지고 놀아도 좋은 수업이 됩니다. 인형에게 이름을 지어 주고, 보살피며, 정을 나누는 것이 정서발달에 도움이 되는 것처럼 완성되지 않은 재료들로 자기 스스로 뭔가를 만들고 부수는 과정을 끊임없이 반복하면서, 도형의 조합과 분할, 도형들의 연계성 같은 공부뿐만 아니라 호기심과 뭔가를 만들 때마다의 만족감, 주위의 칭찬을 받으면서 생기는 자존감과 자신감 등 정서적인 측면까지 도움이 되는 것이죠. 생각을 눈에 보이는 물건으로 만드는 과정에서 구체적인 표현력을 기르게 되고, 생각이 커지면서 창의력을 키우게 됩니다.

창의 놀이가 끝나고 학교에 갈 즈음이 되면, 지금까지 '장난감'으로 가지고 놀던 가베가 조금 달라집니다. 가베로 학습을 하게 되지요. 자연 관찰 책을 읽기만 하는 것이 아니라 조사하고, 만들어 보면서 간접 경험을 더욱 증대시키는 자연(과학) 가베, 세계 여러 나라에 대해 이야기하고 자료를 수집하여 만들고 이해하는 문화(역사) 가베, 건축물의 아름다움이나 패턴의 미, 중심 무늬, 색감의 조화를 표현하는 미술 가베 등이 있어요.

■ 수학가베는 학교 갈 즈음 수학 개념 도우미!

수학 공부라고 하면 일단 고개를 절래절래 흔드는 아이가 많죠? 수학가베란 말 그대로 수학 공부를 가베로 진행하는 것입니다. 수학은 어렵고 지겨운 것이라는 생각을 벗어나, 놀이를 통해 재미있게, 어렵지 않게, 외우지 않고 이해하며 공부할 수 있어요.

아이들의 수학 공부 패턴을 볼까요? 보통 유치원을 다니기 시작하면 수 세기 같은 간단한 수학 공부를 시작으로, 집에서 학습지나 문제지를 풀고, 조금 잘 한다 싶으면 놀이 수학이나 수학 학원을 다닙니다. 문제지는 앞에서 간단히 설명하고 몇 장 연습한 다음, 뒤에 가면 꼭 평가단원이 있지요. 잘 이해하지 못했더라도 그때그때 100점만 맞으면 되기 때문에, 외워서 풀었어도 어른들은 좋아합니다. 하지만 외우는 것에는 한계가 있습니다. 다음 학년을 올라가면 다 이해를 못했으니 외울 것이 누적되고 그것이 포화 상태가 되면, 수학이 지겹고 싫어지다가 결국 포기하게 되는 거지요. 이 과정은 수학을 싫어하는 사람들의 공통된 부분입니다.

수학가베는 아이들이 부담 없이 수학에 입문하기 좋은 도구입니다. 어떤 아이든 창의가베 단계 없이도 수학가베부터 시작할 수 있고, 오히려 학교에 들어가 수학 공부에 어려움을 겪는 아이들이 쉽고 재미있게 '다시 시작할 수 있는' 기회가 되기 때문입니다. 망설이지 말고 이 책에 있는 단 하나의 놀이라도 아이와 함께 해 보세요.

TIP 가베를 만든 프뢰벨!

1782년 4월 21일 독일의 튀링겐 지방에서 프뢰벨은 목사의 아들로 태어났어요. 어머니가 일찍 돌아가시면서 외삼촌 손에서 자란 프뢰벨은 자연과 벗 삼으며 유년시절을 보냈지요. 23살이 되던 1805년 외삼촌이 돌아가시고 프뢰벨은 페스탈로치의 제자인 그루너를 만나 학교 교사가 되었습니다. 이런 운명 같은 만남이 페스탈로치까지 만나게 하고 그 영향으로 프뢰벨은 유아교육자가 됩니다. 이런 유아교육의 중요성을 깨달은 프뢰벨의 열정에 의해 1837년 가베를 고안하게 되지요. 가베를 이용하여 어린이와 놀이를 시작하고 보육하면서 세계 최초의 유치원인 킨더가르텐을 창시하였습니다. 그는 유아교육뿐만 아니라 아이를 보육하는 보모 양성을 위해 여성 교육에도 많은 공을 들였다고 합니다.

수학가베 02
초등학생에게 수학가베가 어떤 도움이 되나요?

어떤 부모님들은 너무 많은 선행으로 아이들을 질리게 만들어 정작 공부에 빠져야 할 시기에 엇나가게 만드는가 하면, 또 어떤 부모님들은 '그런 건 크면 다 저절로 하게 돼, 나도 그랬어.' 하면서 기본 없이 방치하다가 아이들을 좌절하게 만들기도 합니다. 아이 공부, 어떻게 해야 정답일까요?

■ 초등학생은 손으로 직접 해 보는 구체적 조작기!

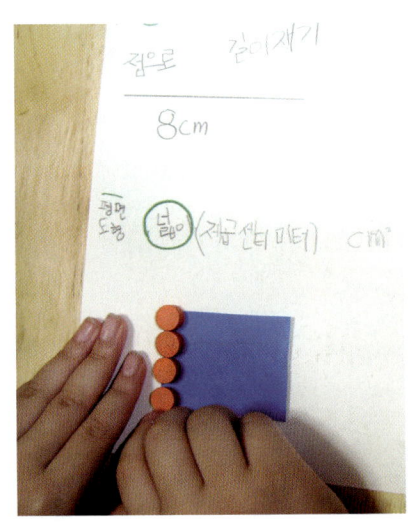

아이들이 어떻게 지식을 구성하고 이해하는지에 대한 피아제의 인지발달 이론에 따르면, 아이들의 성장 상태는 태어나면서부터 4단계로 나눠진다고 합니다. 그중 세 번째 단계인 7~12세 정도의 초등학생 시기를 '구체적 조작기'라 하는데, 이 시기의 특성은 매우 구체적인 사실이나 사물로 사고가 국한된다고 했습니다. 아이들마다 개인차는 있지만 이 시기에 해당하는 대부분의 아이들은 새로운 것을 받아들이고자 할 때 추상적인 사고보다 도구를 사용하면 훨씬 이해하기 쉽다는 의미입니다.

쉽게 말하면 7~12세 정도의 초등학생에게 책만 주고, 완벽하게 이해하라고 하는 것은 자연스럽지도 쉬운 일도 아니라는 말입니다. 특히 수학은 이해하면 재밌지만, 이해가 안 되면 외워야 할 과목일 뿐입니다. 수학 규칙이나 공식 등 일정 부분 외워야 할 것은 분명히 있습니다. 그러나 그 공식이, 그 규칙이 왜 그렇게 만들어졌는지 이해하고 외우느냐, 무작정 외우느냐는 큰 차이가 있죠. 요즘 교육 방법이 점차 놀이나 활동, 스토리텔링 중심으로 바뀌어 가는 이유이기도 합니다.

영어 공부는 실제로 보고, 듣고, 말하고, 써 보면서 문화적 체험을 하는 것이 효과적이라는 건 다들 알죠? 과학은 실험을 하지요. 수학만 다를까요? 수학 역시 수학적 개념들을 이해할 수 있는 구체적인 사물이 필요합니다. 도형 단원은 도형을 만져 봐야 하고, 공식이 만들어지는 단원은 공식이 왜 그렇게 만들어지는지 구체물을 가지고 경험해 봐야 한다는 것이지요. 이런 이유로 가베를 이용한 수학 공부는 만져 보고 비교 탐색하면서 수학의 전반적인 개념들을 이해할 수 있는 좋은 도구라고 할 수 있습니다.

■ 가베도 없고, 창의가베도 해 본 적 없는데 수학가베놀이를 할 수 있나요?

수학가베를 대하기 전에 창의가베놀이를 했던 아이들의 경우 가베는 놀이라는 생각이 강해서 더 쉽고 편하게 받아들이는 것이 사실입니다. 저와 함께 공부했던 아이들 역시 유아기 때부터 창의가베놀이를 하다가 자연스럽게 수학가베로 진도를 나가면, 수학에 대한 선입관 없이 그저 새로운 놀이로 받아들이곤 했습니다.

창의가베놀이에서 만들었던 다양한 사물들은 수학가베놀이를 할 때도 사용됩니다. 시계와 저울처럼 창의가베에서 만들며 놀이하던 것들이 이젠 아이의 수준과 학교 과정에 맞춰 좀 더 구체적인 지식을 전달하는 놀이로 확장되는 것이지요. 이런 이유로 수학가베는 공부가 아닌 즐거운 놀이가 되는 것입니다.

물론 수학가베부터 시작해도 충분히 할 수 있습니다. 처음에 가베들의 명칭이 다소 어색할 수 있지만 놀이를 하다 보면 천천히 알 수 있고, 심지어 가베가 없다고 해도 집에 있는 여러 사물을 이용해도 되지요. 책에 소개된 수많은 놀이들은 대부분 과일이나 블록, 바둑돌 등 무엇을 가지고도 할 수 있도록 제안된 것입니다. 교구가 아니라 아이가 수학에 대한 흥미와 호기심을 가지게 할 수 있느냐 없느냐가 문제이니 천천히 놀이 내용을 살펴보세요.

수학가베 03
우리 아이 수학, 어떡하죠?

수학은 모든 아이들이 겪어야 할 산입니다. 누구든지 수학을 하지만 누구나 수학을 쉽게 하진 못하지요. 수학의 재미를 느끼지 못하는 아이이거나 이미 질려서 거부하는 아이들, 거부하다 못해 포기한 아이들. 왜 싫어하는지 무엇 때문에 거부하는 것인지 정확하게 파악하는 것이 중요합니다. 다음 내용들은 수학을 배울 때 대부분의 아이들이 한 번쯤 겪고 가는 문제들입니다. 고비가 생겼을 때 어떻게 넘어갈 수 있는지 참고해 보세요.

Q. 수학 자체가 싫어서 거부해 버리는 아이. 어떡하죠?

A. 경험보다 좋은 것은 없습니다. 생활 속에서 수학을 찾아 재미를 더해 보세요. 당근을 싫어하는 아이에게 동그랑땡에 왕창 넣고 안 보이게 만들어 먹이는 것과 같아요.

요즘 부모님들은 아이들에게 관심이 많고, 대부분 교육에 대한 열의도 높기 때문에 나름대로 교육 방법도 구체적이고 정보력과 수준도 높습니다. 그러나 교육 방법을 너무 밖에서만 찾으려는 경향이 있습니다.

집에서 아이와 즐기는 모든 것이 수학이고 과학이고 국어입니다. 피자를 먹을 때 가족들과 나누면서 조각의 개념인 분수를 이해할 수 있고, 식탁에 식구들 젓가락을 놓을 때 한 사람에게 2개씩 필요한 젓가락을 몇 쌍 놓아야 하는지로 배수 개념을 알 수 있습니다. 흔하지만 그냥 넘어가는 상황들을 생활 속에서 찾아 엄마가 적절하게 질문해 주는 것만으로도 아이들은 수학을 훨씬 자연스럽게 받아들일 수 있게 됩니다.

아이가 어릴수록 수학을 꼭 교과서나 문제집과 같은 형태로만 가르치려 하지 말고, 생활 속에서 찾아 그때그때의 경험을 놓치지 않도록 엄마가 문제를 제시해 주세요. 경험했던 것은 이해하기 쉽고, 한 번 접했던 상황을 수학 문제로 만나면 거부감 대신 재미가 생깁니다.

Q. 문제를 대충대충 읽는 아이. 끝까지 읽지도 않아요.

A. 문제에서 핵심이 되는 곳에 동그라미하는 습관을 만들어 주세요.
내 아이만 그런 것 같지만 생각보다 문제를 제대로 읽지 않고 푸는 아이들이 많습니다. 한 문장으로 이루어진 질문에서도 '~그렇지 않은 것을 고르시오.'라고 할 때 '않은'에 밑줄이 그어져 있음에도 불구하고 앞만 읽고 문제를 빨리 풀려다 보니 실수를 하게 되는 것이지요. 또 긴 서술형 문제를 대할 때 계산은 고사하고, 문제 파악도 안 되는 경우도 많습니다. 문제에서 핵심이 되는 곳에 동그라미를 하는 습관을 기르게 해 보세요.

이 문제를 풀려면 어떤 것들을 정확히 알고 있어야 할까요? 이런 식으로 동그라미를 해 놓으면 동그라미한 것만 가지고도 문제를 해결할 수 있고, 틀린 문제를 봐 줄 때도 아이가 무엇을 놓치고 문제를 풀었는지 파악하기도 쉽습니다.

먼저 아이가 여러 번 문제를 읽고 무엇을 묻는 문제인지 이해하게 하세요. 중요하다고 생각되는 곳에 동그라미를 해 보라고 하고, 그 다음에 도와주는 것이 요령입니다. 여러 번 반복하다 보면 문제에서 핵심을 요약하는 기술도 생기고 실수도 줄어들게 되지요.

> 아롱이가 바라보는 방향으로 걸어갈 때 제일 처음에 나온 갈림길에서 오른쪽으로 모퉁이를 돌아 걸어가면 세 번째 있는 가게는 무엇입니까?

 Q. 매번 같은 문제를 틀리는 아이. 속상해요!

A. 이해가 중요하답니다. 난이도를 낮춰서 개념부터 다시 설명해 주세요.
같은 문제를 반복해서 틀린다는 건 아직 완벽하게 이해하지 못했기 때문이지요. 혹시 이럴 때 익숙하게 만들겠다고 같은 문제를 한 페이지 가득 만들어서 풀라고 하진 않는지 모르겠습니다. 전혀 좋은 해결책이 아닌 것이, 아이가 문제의 패턴만 통째로 외워 버리게 됩니다. 이럴 때는 차근차근 앞에서 배운 것부터 다시 구체적인 사실이나 사물들로 정리하면서, 문제 푸는 방법이 아니라 개념을 설명해 주세요.

예를 들어 곱셈 문제를 틀리는 경우 구구단을 처음부터 다시 외우라고 하지요? 이때는 답을 내는 요령이 아니라 구구단의 수들이 왜 그렇게 커지는지를 제대로 이해시키는 것이 중요합니다. 6×6=36까지 잘 하던 아이가 6×7을 헷갈려 하면, 6을 6번 더한 것이 36이니까 그 다음에 6을 한 번 더 더한 6×7=42가 되는 것을 알려줘야 한다는 것이지요.

Q. 설명해 줘도 멍한 아이. 아는 건지, 모르는 건지...

A. 일단 접어두었다가 엄마가 제대로 정리한 후 천천히 다시 설명하세요.

대부분 아이가 어떤 문제를 틀리면 엄마는 무조건 '선생님 모드'로 들어가 다시 설명을 합니다. 아이들 문제라고 해서 부모가 다 아는 것은 아니지요. 너무 오래 전에 대했던 문제이기 때문에 잊었을 수도 있고, 정말 어려워서 문제를 풀 수 없을 때도 있고, 나는 이해가 가지만 가르치는 기술이 부족해서 설명이 어려울 때도 있어요.

엄마가 정리되지 않은 상태라면 우왕좌왕 문제와 상관없는 것까지 마구잡이로 얘기하게 됩니다. 또는 아이 수준은 생각지도 않고, 어른 수준으로 설명하기도 하구요. 그럼 아이는 뭐가 뭔지 더 헷갈리게 됩니다. 일단 설명이 어렵거나 이해가 안 되는 문제는 나중에 설명해 주겠다고 하세요. 엄마가 완전히 이해가 된 다음 차근차근 문제를 같이 해결해 보세요.

이때 잊지 말아야 할 중요한 원칙이 있습니다. 틀린 문제를 무조건 다 풀어 주면 안 된다는 것입니다. 사실 아이 스스로 문제를 해결하는 것이 가장 좋으니까요.

 Q. 수학에 쓰는 시간도 많고 문제집도 많이 푸는데 모르는 것 투성이인 아이. 어쩌죠?

A. 문제집 양을 적당히 줄이고 문제마다 충실할 수 있는 시간을 주세요.

'왜 그럴까?'라는 호기심을 자극하는 것이 중요합니다. 호기심이 발동되면 그 다음부터는 자연스럽게 그것이 아이 몫이 되기 때문입니다. 아이가 어렸을 때를 생각해 보세요. 말문이 트이기 시작하면 엄마가 숨 쉴 틈을 주지 않고 질문 쏟아내기 기계마냥 하루 종일 질문을 하곤 하죠? 또 뭐든 자기가 해 본다고 떼를 쓰지요.

풀어야 할 문제집이 너무 많으면 호기심이 생길 수가 없고, 하루에 정해진 양을 모두 채워야 하므로 생각하는 시간보다 빨리 하는 요령만 느는 경우가 많습니다. 그러니 문제집 양을 적당히 줄이고 문제마다 충실할 수 있는 시간을 주세요. 문제를 풀고 난 후 맞다 틀리다 체크하고, 점수만 매겨 주지 말고 왜 그렇게 생각하고 풀었는지 문제에서 물어보는 것은 무엇인지 아이와 이야기를 나누세요. 기계처럼 문제를 읽고 답만 찾던 아이들이 생각을 하게 됩니다. 왜 그럴까? 하고 말이지요. 그리고 잘한 것에 대한 칭찬은 '내일도 스스로 해야지'라는 자세를 만들어 줍니다. 칭찬을 아끼지 마세요.

Q. 다른 아이들은 전부 선행 중인데, 우리 아이는?

A. 레벨에 연연하지 말고 아이가 제대로 이해하고 넘어가는 데 목적을 두세요.
"옆집 아이는 곱셈도 하던데 우리 애는 아직 더하기도 헷갈려 해요." 부모님들의 조급한 마음이 이해는 갑니다. 하지만 이제껏 많은 아이들과 수업을 해 보니 부모님의 마음가짐이 가장 중요했습니다. 엄마가 조급해 하면 아이에게 그 조급한 마음이 그대로 전달되고, 아이까지 조급해지면 문제는 더 이해하기 어려워집니다. 레벨에 연연하지 말고 아이가 제대로 이해하고 넘어가는 것에 목적을 두고 수학을 대해 보세요. 엄마 마음이 조금만 바뀌면 아이가 편하게 수학을 즐길 수 있습니다.

또 아이들이 싫어하는 것을 다시 좋아하게 만드는 것은, 못하는 것을 잘하게 만드는 것보다 몇 배나 어렵다는 것을 잊지 마세요. 이럴 땐 과감하게 전 단원을 다시 한 번 진행하는 것도 나쁘지 않습니다. 어려워하는 것은 반복해서 설명하고, 쉬운 것부터 시작해서 이해할 때까지 계속해 보세요. 초등학교 때는 높은 레벨로 빨리 가는 것보다 얼마나 탄탄하게 가고 있나가 중요하기 때문입니다.

 Q. 선행은 잘하면서 정작 자기 수준의 문제는 모른다는 아이. 왜 이런지?

 A. 선행도 좋지만 너무 많은 시간을 선행에만 집중하는 실수는 하지 마세요.
"얘네 학원은 5학년인데 6학년 것을 가르쳐."
"적어도 1년 선행은 해야 해. 요즘은 1년도 너무 늦어. 2년은 우습게 한다니까."

요즘은 선행이 대세입니다. 부모님들은 대부분 복습은 그다지 중요하게 여기지 않습니다. 더 높은 단계를 하고 있으니 당연히 알 거라 생각하는 거죠. 그러나 선행은 복습과 함께 나갈 때 제대로 된 것이라고 할 수 있습니다.

예습, 복습, 선행보다 더 중요한 한 가지가 있습니다. 바로 '지금 배우고 있는 단원'이죠. 그때그때 완벽한 이해는 복습 분량을 최소화시키면서, 따로 예습 없이도 다음 단원을 충분히 잘 이해할 수 있는 준비가 되기 때문입니다. 전체 수학 학습량을 100으로 했을 때 현재 단원을 50%, 복습을 30~40%, 선행을 10~20%로 잡고 진행해 보세요. 무엇보다 지금의 단원이 가장 중요합니다. 그때그때 이해하지 못하면 복습해야 할 분량이 많아지기 때문이지요. 아이가 현재 풀고 있는 문제집이나 아이가 다니는 학원의 스타일, 시간 등을 모두 종합하여 나누면 됩니다.

수학 가베 04

초등수학 전 학년 교과서 진도 보기
(2015년 최신 개정 적용)

	1학년	
1학기	**1. 9까지의 수** 1부터 5까지의 수 6부터 9까지의 수 몇째 수의 순서 1 큰 수와 1 작은 수 두 수의 크기 비교 **2. 여러 가지 모양** 여러 가지 모양 찾기 여러 가지 모양 알아보기 여러 가지 모양으로 만들기 **3. 덧셈과 뺄셈** 모으기와 가르기 이야기 만들기 덧셈식 쓰고 읽기 덧셈하기 뺄셈식 쓰고 읽기	뺄셈하기 0을 더하거나 빼기 덧셈과 뺄셈하기 **4. 비교하기** 길이 비교하기 무게 비교하기 넓이 비교하기 담을 수 있는 양 비교하기 **5. 50까지의 수** 9 다음 수 십 몇 모으기와 가르기 10개씩 묶어 세기 50까지의 수 세기 수의 순서 두 수의 크기 비교
2학기 (2017년 하반기 교체 예정)	**1. 100까지의 수** 60, 70, 80, 90 99까지의 수 수의 순서 두 수의 크기 비교 **2. 여러 가지 모양** 여러 가지 모양 찾기 여러 가지 모양 알아보기 같은 모양끼리 모으기 여러 가지 모양으로 만들기 **3. 덧셈과 뺄셈(1)** (몇십)+(몇) (몇십 몇)+(몇) (몇십)+(몇십) (몇십 몇)+(몇십 몇) (몇십)-(몇십) (몇십 몇)-(몇) (몇십 몇)-(몇십) (몇십 몇)-(몇십 몇) 세 수 계산하기 덧셈과 뺄셈의 관계	**4. 시계 보기** 몇 시 몇 시 30분 **5. 덧셈과 뺄셈(2)** 10을 두 수로 가르기 10이 되도록 두 수를 모으기 10이 되는 더하기 10에서 빼기 세 수 더하기 덧셈 뺄셈 **6. 규칙 찾기** 규칙을 찾고 말하기 규칙을 찾아 여러 가지 방법으로 나타내기 규칙을 만들어 늘어놓기 무늬에서 규칙을 찾아 색칠하기 규칙을 만들어 무늬 꾸미기 수 배열에서 규칙 찾기 수 배열표에서 규칙 찾기 규칙을 만들어 수 배열하기

아이를 가르치다 보면 도대체 학년이 올라가면 뭘 배우게 되는지, 초등학교 과정에서는 어디까지 공부하는지 궁금할 때가 있습니다. 어떻게 어디까지 준비해야 하는 건지 필요할 때도 있고요. 그럴 때 다음 진도표를 참고하세요.

※ 2015 개정 교육과정은 2017년에 초등 1~2학년, 2018년에 초등 3~4학년, 2019년에 초등 5~6학년에 반영됩니다. 여기서 사용된 초등 1, 2학년의 1학기 진도표는 2017년에 개정된 수학 교과서를 바탕으로 작성되었습니다.

2학년

1학기

1. 세 자리 수
- 90보다 10 큰 수
- 몇 백
- 세 자리 수
- 각 자리 숫자가 나타내는 값
- 뛰어서 세기
- 두 수의 크기 비교

2. 여러 가지 모양
- ○ 알기
- △ 알기
- □ 알기
- 칠교판으로 모양 만들기
- ⬠◯ 알기
- 똑같은 모양으로 쌓기
- 여러 가지 모양으로 쌓기

3. 덧셈과 뺄셈
- 덧셈하기
- 여러 가지 방법으로 덧셈하기
- 뺄셈하기
- 여러 가지 방법으로 뺄셈하기
- 덧셈과 뺄셈의 관계
- □의 값 구하기
- 세 수의 계산

4. 길이 재기
- 여러 가지 단위로 길이 재기
- 1cm
- 자로 길이 재기
- 길이 어림하기

5. 분류하기
- 기준에 따라 분류하기
- 분류하여 세기
- 분류한 결과 말하기

6. 곱셈
- 여러 가지 방법으로 세기
- 묶어 세기
- 몇의 몇 배
- 곱셈식 알기
- 곱셈식으로 나타내기

2학기 (2017년 하반기 교체 예정)

1. 네 자리 수
- 천
- 몇 천
- 네 자리 수
- 자릿값
- 뛰어서 세기
- 두 수의 크기 비교

2. 곱셈구구
- 2단와 5의 단 곱셈구구
- 3단와 4의 단 곱셈구구
- 6단와 7의 단 곱셈구구
- 8단와 9의 단 곱셈구구
- 1단의 단 곱셈구구와 0과 어떤 수의 곱
- 곱셈구구표 만들기
- 곱셈구구 활용
- 곱셈구구표에서 규칙 찾기

3. 길이재기
- cm보다 더 큰 단위
- 1m가 어느 정도인지 알아보기
- 길이의 합
- 길이의 차
- 내 몸의 일부를 이용하여 길이 어림재기

4. 시각과 시간
- 시각 읽기
- 시각을 모형 시계로 나타내기
- 몇 시 몇 분 전
- 시간
- 하루의 시간
- 달력

5. 표와 그래프
- 자료를 보고 표로 나타내기
- 그래프로 나타내기
- 표와 그래프이 내용 알아보기
- 표와 그래프로 나타내기

6. 규칙 찾기
- 규칙을 정하여 무늬 만들기
- 규칙 알아보기
- 표에서 규칙 찾기
- 똑같은 모양으로 쌓기
- 여러 가지 모양으로 쌓기

	3학년
1학기	**1. 덧셈과 뺄셈** 여러 가지 방법으로 덧셈하기 덧셈 여러 가지 방법으로 뺄셈하기 뺄셈 **2. 평면도형** 선분, 반직선, 직선 각 직각 직각삼각형 직사각형 정사각형 도형 밀기 도형 뒤집기 도형 돌리기 도형 뒤집고 돌리기 규칙적인 무늬 **3. 나눗셈** 똑같이 나누기 곱셈과 나눗셈의 관계 곱셈식에서 나눗셈의 몫 곱셈구구로 나눗셈의 몫 구하기 **4. 곱셈** (몇십)×(몇) 올림이 없는 (두 자리 수)×(한 자리 수) 올림이 있는 (두 자리 수)×(한 자리 수) **5. 시간과 길이** 1분보다 작은 단위 시간의 합과 차 1cm보다 작은 단위 1m보다 큰 단위 길이의 합과 차 **6. 분수와 소수** 똑같이 나누기 전체와 부분의 크기 분수 분수로 나타내기 몇 개인지 알아보기 분수의 크기 비교 소수 소수의 크기 비교하기
2학기	**1. 곱셈** 올림이 없는 (세 자리 수)×(한 자리 수) 올림이 있는 (세 자리 수)×(한 자리 수) (몇십)×(몇십), (몇십 몇)×(몇십) (한 자리 수)×(두 자리 수) (두 자리 수)×(두 자리 수) 곱셈 활용 **2. 나눗셈** 내림이 없는 (몇십)÷(몇) 내림이 있는 (몇십)÷(몇) 내림이 없는 (몇십 몇)÷(몇)(1) 내림이 없는 (몇십 몇)÷(몇)(2) 내림이 있는 (몇십 몇)÷(몇)(1) 내림이 있는 (몇십 몇)÷(몇)(2) 나눗셈의 검산 **3. 원** 원 만들기 원의 중심과 반지름 컴퍼스로 원 그리기 원의 지름 원을 이용하여 여러 가지 모양 그리기 **4. 분수** 분수로 나타내기(1) 분수만큼은 얼마인지 알아보기 분수로 나타내기(2) 분수를 수직선 위에 나타내기 진분수와 가분수 분수의 합 분수의 차 대분수 **5. 들이와 무게** 들이 비교하기 들이의 단위 들이를 어림하고 재기 들이의 합과 차 무게 비교하기 무게의 단위 무게를 어림하고 재기 무게의 합과 차 **6. 자료의 정리** 자료 정리하기 그림그래프 그림그래프 그리기 달력에 나타난 규칙 찾기 규칙을 찾아 수와 식으로 나타내기 규칙을 추측하고 확인하기

4학년

1학기

1. 큰 수
만, 다섯 자리 수
십만, 백만, 천만
억
조
수를 뛰어서 세고 크기 비교

2. 곱셈과 나눗셈
(몇백)×(몇십)
(세 자리 수)×(두 자리 수)
몇십으로 나누기
(두 자리 수)÷(두 자리 수)
(세 자리 수)÷(두 자리 수)

3. 각도와 삼각형
각의 크기 비교
각의 크기 재기
각을 크기에 따라 분류
주어진 각과 크기가 같은 각 그리기
각의 크기 어림하기 / 각도의 합과 차
삼각형의 세 각의 크기의 합
사각형의 네 각의 크기의 합
삼각형을 크기에 따라 분류
삼각형을 변의 길이에 따라 분류
이등변삼각형의 성질
정삼각형의 성질

4. 분수의 덧셈과 뺄셈
분모가 같은 분수끼리의 덧셈
분모가 같은 분수끼리의 뺄셈
(자연수)-(분수)
분모가 같은 대분수끼리의 뺄셈

5. 혼합 계산
덧셈과 뺄셈이 섞여 있는 식
곱셈과 나눗셈이 섞여 있는 식
덧셈, 뺄셈, 곱셈이 섞여 있는 식
덧셈, 뺄셈, 나눗셈이 섞여 있는 식
덧셈, 뺄셈, 곱셈, 나눗셈이 섞여 있는 식
괄호가 있는 식
계산에서 규칙성 찾기
규칙을 찾아 계산하기

6. 막대그래프
막대그래프
막대그래프 그리기
막대그래프의 내용 알아보기
막대그래프 이용하기

2학기

1. 소수의 덧셈과 뺄셈
소수 두 자리 수
소수 세 자리 수
소수 사이의 관계
소수의 크기 비교
소수 한 자리 수의 덧셈
소수 두 자리 수의 덧셈
1보다 큰 소수 두 자리 수의 덧셈
소수 한 자리 수의 뺄셈
소수 두 자리 수의 뺄셈
1보다 큰 소수 두 자리 수의 뺄셈
자릿수가 다른 소수의 계산

2. 수직과 평행
수선
수선 긋기
평행선
평행선 긋기
평행선 사이의 거리
평행선으로 무늬 만들기

3. 다각형
사다리꼴
평행사변형
마름모
직사각형의 성질
다각형, 정다각형
대각선
여러 가지 모양 만들기

4. 어림하기
이상과 이하
초과와 미만
수의 범위를 알고 문제 해결하기
어림하기
올림
버림
반올림

5. 꺾은선그래프
꺾은선그래프
꺾은선그래프 그리기
꺾은선그래프 해석하기
물결선을 사용한 꺾은선그래프
물결선을 사용한 꺾은선그래프 그리기
알맞은 그래프로 나타내고 해석하기

6. 규칙과 대응
규칙이 있는 두 수 사이의 대응 관계 말하기
규칙을 찾아 식으로 나타내기
생활 속에서 규칙을 찾아 식으로 나타내기

5학년

1학기

1. 약수와 배수
약수
배수
약수와 배수의 관계
최대공약수와 최소공배수
공약수와 최대공약수
공배수와 최소공배수

2. 직육면체
직육면체
직육면체의 겨냥도 그리기
정육면체
직육면체의 성질
직육면체의 전개도 그리기

3. 약분과 통분
크기가 같은 분수
크기가 같은 분수 만들기
약분
통분
두 분수를 통분하기
분수의 크기 비교

4. 분수의 덧셈과 뺄셈
분수의 덧셈
분수의 뺄셈

5. 다각형의 넓이
직사각형의 둘레 구하기
단위넓이/1cm^2 보다 더 큰 단위
직사각형의 넓이 구하기
직각으로 이루어진 도형의 넓이 구하기
평행사변형의 넓이 구하기
삼각형의 넓이 구하기
사다리꼴의 넓이 구하기
마름모의 넓이 구하기
다각형의 넓이 구하기

6. 분수의 곱셈
(진분수)×(자연수)
(대분수)×(자연수)
(자연수)×(진분수)
(자연수)×(대분수)
(단위분수)×(단위분수)
(진분수)×(진분수)
(대분수)×(대분수)
세 분수의 곱셈

2학기

1. 소수의 곱셈
분수를 소수로, 소수를 분수로 나타내기
(소수)×(자연수)
(자연수)×(소수)
곱의 소수점의 위치
(소수)×(소수)

2. 합동과 대칭
합동인 도형
합동인 도형의 성질
합동인 삼각형 그리기
선대칭도형
선대칭도형의 성질/선대칭도형 그리기
점대칭도형
점대칭도형의 성질/점대칭도형 그리기

3. 분수의 나눗셈
나눗셈을 곱셈으로 나타내기
나눗셈의 몫을 분수로 나타내기
(진분수)÷(자연수)
(가분수)÷(자연수)
(대분수)÷(자연수)

4. 소수의 나눗셈
(소수)÷(자연수)(1)
(소수)÷(자연수)(2)
(소수)÷(자연수)(3)
(소수)÷(자연수)(4)
(자연수)÷(자연수)

5. 여러 가지 단위
넓이의 단위 a/ha
넓이의 단위 km2
넓이 단위 사이의 관계
무게의 단위 t

6. 자료의 표현
평균
평균을 이용하여 문제 해결하기
사건이 일어날 가능성
그림그래프
목적에 알맞은 그래프로 나타내기

	6학년	
1학기	**1. 각기둥과 각뿔** 각기둥 각뿔 각기둥의 전개도 각기둥의 전개도 그리기 **2. 분수의 나눗셈** (자연수)÷(단위분수) 분모가 같은 진분수끼리의 나눗셈 분모가 다른 진분수끼리의 나눗셈 (자연수)÷(분수) 대분수의 나눗셈 **3. 소수의 나눗셈** 소수의 나눗셈 (자연수)÷(소수) 소수의 나눗셈의 결과 어림하기 소수의 나눗셈에서 나머지 구하기 반올림하여 몫 구하기	**4. 비와 비율** 두 수 비교하기 비와 비율 백분율/사건이 일어날 가능성 비교하는 양과 기준량 구하기 비율이 사용되는 경우 **5. 원의 넓이** 원주율 지름 구하기 원주 구하기 원의 넓이 어림하기 원의 넓이 구하는 방법 알기 여러 가지 원의 넓이 구하기 **6. 직육면체의 겉넓이와 부피** 직육면체의 겉넓이 알아보기 전개도를 이용하여 직육면체의 겉넓이 구하기 직육면체의 부피 비교 부피의 단위(1) 직육면체의 부피 구하기 부피의 단위(2)
2학기	**1. 쌓기나무** 쌓기나무의 수 위, 앞, 옆에서 본 모양 그리기 전체 모양 연결큐브 **2. 비례식과 비례배분** 비례식과 비의 성질 간단한 자연수의 비로 나타내기 비례식의 성질/비례식을 이용하여 문제 해결하기 비례배분/비례배분을 이용하여 문제 해결하기 **3. 원기둥, 원뿔, 구** 원기둥/원기둥의 전개도 원기둥의 겉넓이 원기둥의 부피 원뿔 구/여러 가지 모양 만들기 **4. 비율 그래프** 띠그래프/띠그래프 그리기 띠그래프 해석하기 원그래프/원그래프 그리기 원그래프 해석하기 조사한 자료를 그래프로 나타내기	**5. 정비례와 반비례** 두 수 사이의 대응 관계 정비례/정비례의 활용 반비례/반비례의 활용 정비례와 반비례 구별하기 **6. 여러 가지 문제** 분수와 소수의 계산 사각형 안에 숫자 배열하기/종이접기 도형 나누기/선분으로 모양 만들기 간단한 각도기/팬파이프 문제 만들기

PART 2

납작납작 평면도형

동그라미와 원, 공과 구의 차이는 무엇일까요?
1학년 때는 재미나기만 했던 도형 부분이 학년이 높아질수록 엄마와
아이를 괴롭히는 '적군'이 되고 마는 이유, 이해 없이 문제지만
열심히 풀었기 때문입니다. 원과 구의 차이부터 무작정 외우던
원주율의 원리까지 어려운 수학 개념을 가베놀이로
재미있게 풀 수 있는 방법을 알려 드릴게요.

1. 납작 누른 평면도형
2. 평면도형 헤쳐 모여!
3. 평면도형의 울타리와 땅 크기?
4. 동글동글 원

평면도형 01 납작 누른 평면도형

가베 강좌 도중에 예비 선생님들에게 2가베 구를 들고 질문을 던집니다. "이게 뭘까요?" 물어보면 "동그라미요~, 원이요, 공(구)이잖아요."라는 여러 가지 대답을 듣게 됩니다. 생각해 보세요. 뭐가 정답일까요? 쉬운 것 같아 보이지만 막상 질문을 받으면 어른들도 많이 헷갈리는 부분입니다.

교과서에서 도형 단원을 보면 먼저 컵 모양, 상자 모양과 같은 입체도형을 익히고, 그 모양을 대고 그려서 원과 사각형 같은 평면도형을 공부합니다. 그렇게 만들어진 평면도형은 입체도형과 분명히 구분되어야 하는데, 정확히 짚어 주지 않기 때문에 아이들이 혼동하게 되죠. 결국 네모와 상자 모양이 뭐가 다른지, 세모와 삼각기둥, 원과 구 모두 정확히 구분하기 힘들어집니다.

도형 부분은 학년이 올라갈수록 점점 어려워지기 때문에, 아리송한 것들이 쌓이게 되면 아이가 수학을 포기하는 원인이 되곤 합니다. 기본을 꼼꼼하고 재미있게 짚어 주고 시작하면, 아무래도 훨씬 도움이 되겠죠? 교과서와 달리 이 책에서 평면도형 단원을 따로 만든 이유입니다. 지금부터 아이들에게 다양한 평면도형을 알려주고, 평면도형의 크기를 재는 것까지 알아보겠습니다.

TIP 입체도형과 평면도형을 구분하여 연상 놀이를 하는 것도 도움이 됩니다. '구' 하면 지구, 풍선, 공 등이 되고, '원' 하면 동전, 접시 등이 되지요.

놀이01 1학년
모여라, 점!

점, 선, 면, 평면도형 이해하기

놀이02 2학년
고무줄 도형 만들기

평면도형을 알고 만들기

놀이05 1학년
화분에 쑥쑥 도형 키우기

점에서 입체도형까지 이해하기

입체도형 속의 평면도형 찾기

놀이03 2학년
평면도형 도장 찍기

놀이04 2학년
야채 도장 찍기

입체도형을 자른 단면 이해하기

놀이 01

모여라, 점!

 학년 1-1(2. 여러 가지 모양)

 준비물
7가베, 8가베, 10가베

 학습 목표
점, 선, 면, 평면도형 이해하기

 이 놀이를 할 때는요
최소 단위인 '점'에서 시작해서 '평면도형'까지 만들어지는 과정을 알아볼게요. 따라하다 보면 자연스럽게 평면도형의 구성 요소인 점과 선도 알게 된답니다.

○ 점

10가베 '점'을 소개합니다.

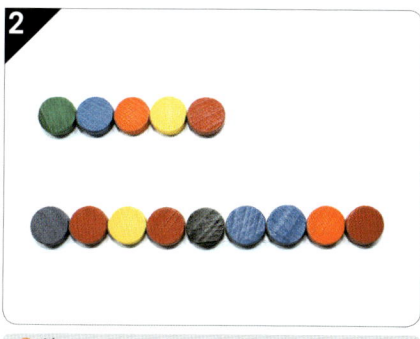

○ 선

점들을 길게 이어서 선을 만듭니다.

○ 면

선을 여러 개 만들어 평면도형을 만듭니다.

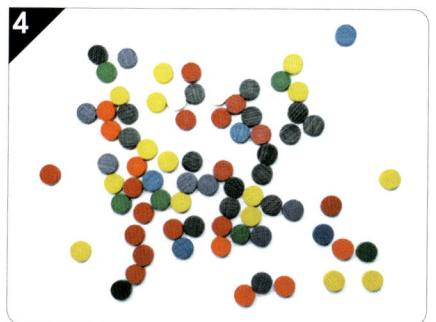

이번에는 점들을 바닥에 모두 쏟아 보세요.

  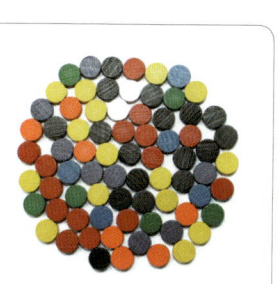

○ 다양한 면 만들기

손바닥으로 세모, 네모, 동그라미 등 다양한 평면도형을 만들어 보세요.

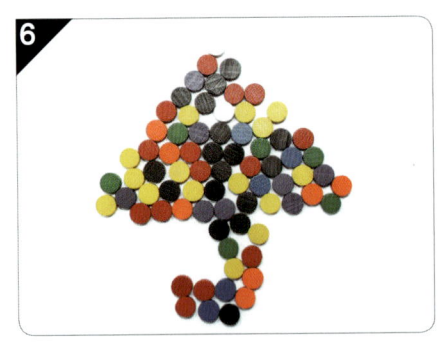  

 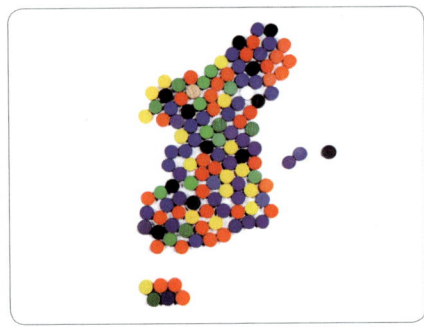 

○ 자유롭게 모양 만들기

만든 것으로 끝내지 말고, 평면도형을 재미있게 꾸며 보면 놀이를 즐겁게 마무리할 수 있습니다.

 '바윗돌 깨뜨려'를 개사해서 노래해 보세요

점들이 모이면 선되고(바윗돌 깨뜨려 돌덩이)
선들이 모이면 평면도형(돌덩이 깨뜨려 돌멩이)
평면도형 모이면 입체면(돌멩이 깨뜨려 자갈돌)
우리 모두 함께 만들어 봐요.(자갈돌 깨뜨려 모래알)
라라라라라 라라라
랄라라 랄라라

놀이 02

고무줄 도형 만들기

 학년 2-1(2. 여러 가지 도형)

 준비물
준가베 2, 고무줄

 학습 목표
평면도형을 알고 만들기

 이 놀이를 할 때는요
여기 저기 흩어져 있는 점들을 선으로 이어 보면서 다양한 평면도형의 이름을 알아보는 놀이입니다. 선의 개수에 따라 달라지는 도형의 이름을 쉽게 이해할 수 있습니다.

 **교과서 문제**

다음 점판 위에 세모 2개와 네모 2개를 그려 보시오.

준가베 2 점판 위에 유닛 3개를 마음대로 꽂아 보세요.

유닛 3개를 고무줄로 이어 보세요.

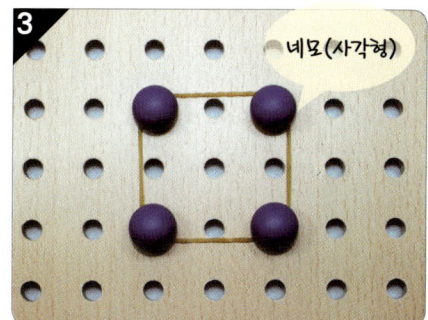

이번에는 유닛 4개를 꽂아 보세요.

같은 방법을 이용하여 점의 수를 점점 늘려 가며 도형의 이름을 알아보세요.

다양한 모양도 만들어 보세요.

🅣🅘🅟 별자리 놀이를 해 보세요

검은색 도화지를 투명비닐로 싸세요. 10가베 점을 테이프로 붙이면서 여러 가지 도형 모양이나 별자리를 만드는 놀이를 할 수 있어요.

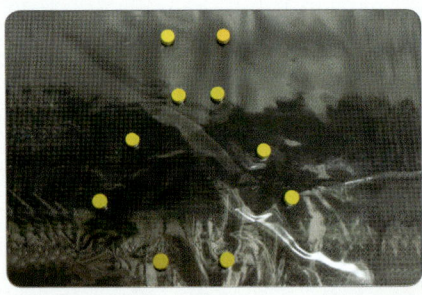 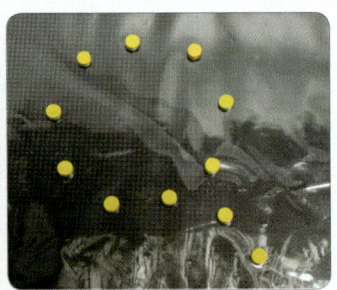

호리병 별자리 　　　막대사탕 별자리

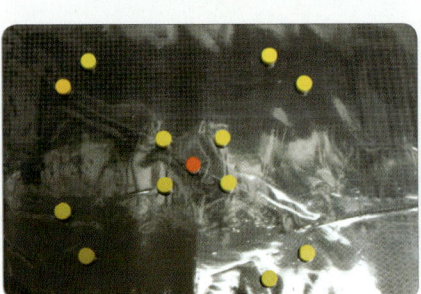 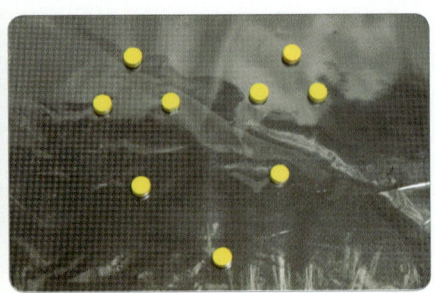

바람개비 별자리 　　　스마일 별자리

놀이 03

평면도형 도장 찍기

- **학년** 2-1(2. 여러 가지 도형)
- **준비물**
  2가베 구, 원기둥, 정육면체, 5가베, 6가베, 랩이나 비닐, 스탬프, 스케치북
- **학습 목표**
  입체도형 속의 평면도형 찾기

○ **교과서 문제**

다음 물건으로 본뜰 수 있는 모양은 무엇입니까?
1. 공책으로 본 뜰 수 있는 모양은?
2. 컵으로 본 뜰 수 있는 모양은?

이 놀이를 할 때는요

입체도형에 있는 평면도형을 알아봅니다. 아이들이 재미있어 하는 도장 찍기 놀이를 하면서 도형에 대해 흥미도 갖게 하고, 찍기 전에 어떤 모양이 나올지 생각하다 보면 유추하는 능력도 키워집니다.

랩이나 비닐로 가베를 싸고 위쪽을 고무줄로 고정시킵니다. 스탬프도 준비하세요.

원기둥을 찍으면 원이 나와요.

스케치북에 찍어 보세요. 원기둥부터 해 볼까요?

점이 나왔어요.

구를 찍어 보세요.

정사각형이 나왔어요.

정육면체를 찍어 보세요.

PART 2 납작납작 평면도형

5

직육면체-직사각형,
정육면체-정사각형,
삼각기둥-삼각형

위와 같은 방법으로 다른 입체면들도 찍어 보세요.

6

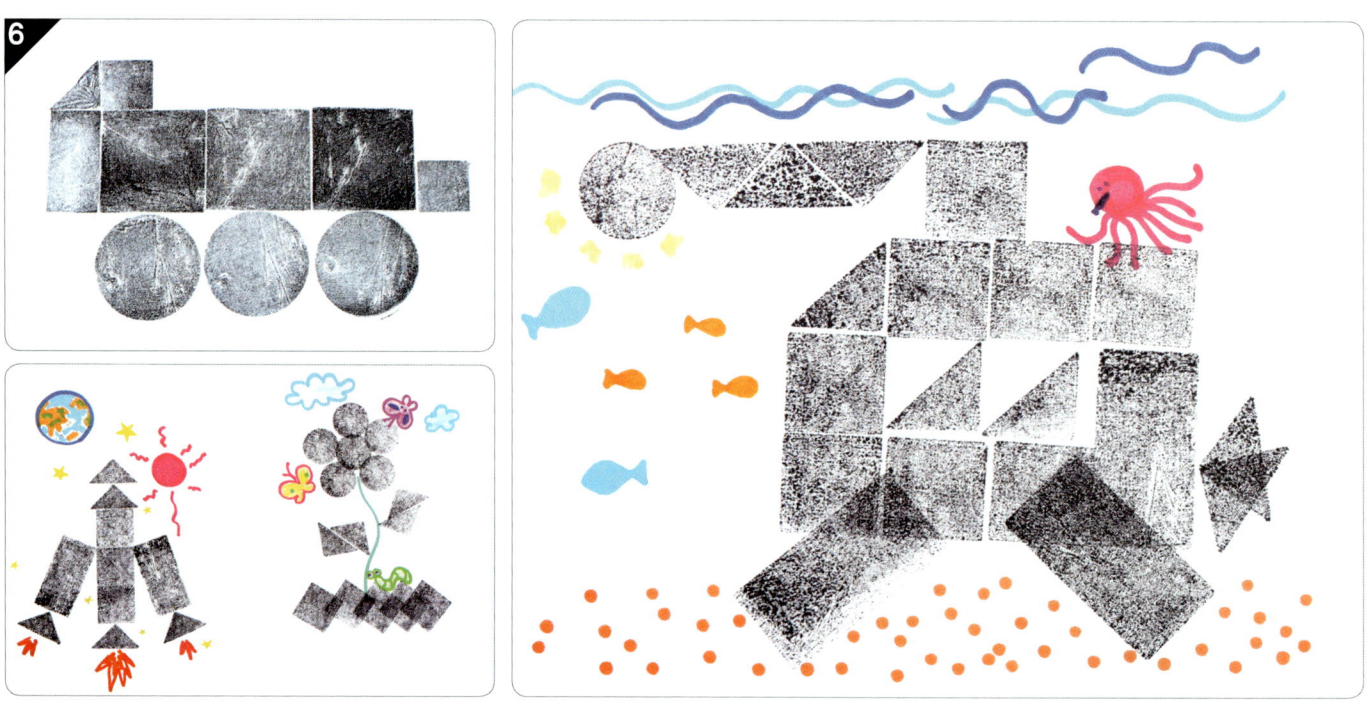

만들어진 가베 도장들로 그림 찍기 놀이를 하며 도형과 친해져 보세요.

놀이 04

야채 도장 찍기

 학년 2-1(2. 여러 가지 도형)

 준비물

당근, 무, 감자, 스탬프

 학습 목표

입체도형을 자른 단면 이해하기

 이 놀이를 할 때는요

입체 도형을 잘라 단면을 알아보는 놀이입니다. 가로와 세로 자르기는 쉽게 이해하는데 비해 대각선으로 자르기는 아이들에게 익숙하지 않기 때문에, 여기서는 주로 대각선 자르기를 해 보겠습니다.

감자-구, 당근-원기둥, 무-정육면체

단단한 야채를 가지고 입체도장을 만듭니다.

자르면 어떤 모양이 나올지 먼저 생각해 본 후 잘라서 확인하세요.

잘라진 단면을 스케치북에 찍어 어떤 평면도형이 되는지 알아보세요.

그냥 끝내지 말고 아이 마음껏 그림을 그려 보면서, 도형과 친해질 시간을 주세요.

놀이 05

화분에 쑥쑥 도형 키우기

 학년 1-1(2. 여러 가지 모양)

 준비물
10가베

 학습 목표
점에서 입체도형까지 이해하기

 이 놀이를 할 때는요
아이들이 재미있게 따라하는 놀이 하나를 소개합니다. '씨, 씨, 씨를 뿌리고~'로 시작하는 노래 '씨앗'은 대부분 다 알고 있죠? 이 노래에 맞춰 점부터 입체까지 복습하는 놀이입니다.

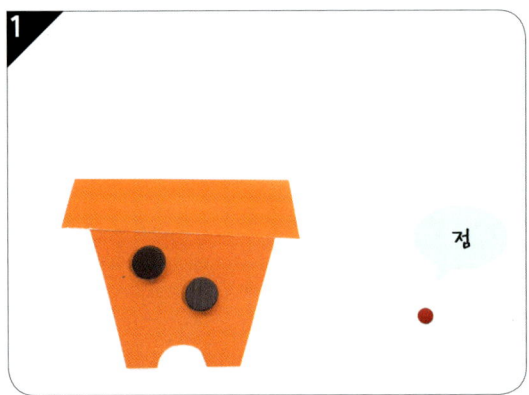

○ 점 – 씨앗 뿌리기

♪씨, 씨, 씨를 뿌리고~ 꼭꼭 물을 주었죠.

○ 선 – 줄기(싹) 나오기

♪하룻밤 이틀 밤 쉿쉿쉿~. 뽀드득 뽀드득 뽀드득 싹이 났어요.

○ 평면 – 꽃 피우기

♪싹 싹 싹이 났어요~. 또또 물을 주었죠~.
하룻밤 이틀밤 쉿쉿쉿~.
뽀로롱 뽀로롱 뽀로롱 꽃이 폈어요~.

○ 입체(구) – 열매 맺기

♪꽃 꽃 꽃이 폈어요~. 또또 물을 주었죠~.
하룻밤 이틀밤 쉿쉿쉿~.
뽀로록 뽀로록 뽀로록 열매 맺었어요.

> 이 부분은 개사한 것이니 음에 맞춰 그대로 노래하면 됩니다.

평면도형 02

평면도형 헤쳐 모여!

주어진 평면도형을 여러 크기로 잘라 새로운 도형들을 만들고, 자른 도형들을 조합하여 다양한 모양으로 바꿔 보겠습니다. 이 놀이는 사고를 유연하게 해 줄 뿐만 아니라 다양한 방법으로 조합하고 분할하면서 도형을 쉽고 만만하게 생각할 수 있도록 도와줍니다.

이 단원에서 하는 칠교놀이는 오래 전 중국에서 집에 손님이 왔을 때, 음식을 만드는 동안 손님이 지루하지 않도록 했던 놀이입니다. 미국이나 유럽에서는 '탱그램'이라 하여 대유행했었죠. 이 지혜 놀이는 정사각형 모양을 잘라 7개의 조각들로 사람이나 동물, 도형, 사물, 숫자 모양 등 여러 가지 독창적인 모양을 만드는 게임입니다. 이것이 우리나라 교과서에 도입된 것은 1980년대 초입니다. 그 유래가 놀이이니 재미있게 해 보세요.

평면도형의 조합과 분할 이해하기

놀이06 2, 3학년
칠교놀이

놀이07 3학년
내 눈엔 다 보이는 사각형

도형 세기 규칙 알기

놀이08 3학년
도형을 실수 없이 셀 수 있는 노하우!

도형 세기 규칙 알기

놀이 06

칠교놀이

2, 3학년

 학년
2-1(2. 여러 가지 도형) / 3-1(2. 평면도형)

 준비물
칠교놀이판, 7가베 직각이등변삼각형, 스카치테이프

 학습 목표
평면도형의 조합과 분할 이해하기

 이 놀이를 할 때는요
이번 놀이에서는 정사각형에서 잘라진 여러 가지 모양의 평면도형을 알아보고, 그것을 조합하여 새로운 도형을 만들어 보겠습니다.

○ **교과서 문제**

다음 정사각형 모양의 색종이에 아래와 같이 선을 그리고, 선을 오렸습니다. 물음에 답하시오.

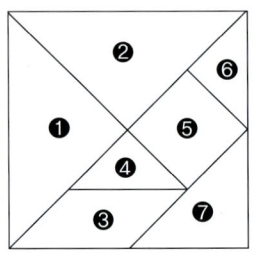

1. 정사각형은 몇 개입니까?
2. 직각삼각형은 몇 개입니까?
3. 2개의 조각을 이용하여 직각삼각형을 만드는 방법은 2가지입니다. 어느 조각을 이용해야 합니까?
4. 도형 중 ③번과 다른 두 조각을 조합하여 직사각형을 만들려고 합니다. 어느 조각이 필요합니까?

칠교놀이판을 그려 준비합니다.

직각이등변삼각형으로 채우고, 만든 조각들은 붙여 주세요.

앞의 예시된 문제 1번의 정사각형 2개를 만들어 봅니다.

이번에는 직사각형을 만들어요.

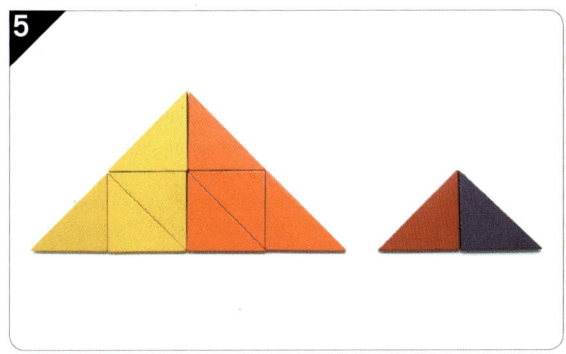

교과서 문제 3번을 풀어 봅니다. 위 그림처럼 직각이등변삼각형을 만들어 보세요.

교과서 문제 4번을 푸는 방법입니다.

이제껏 수업하면서 이 문제를 한 번에 해결하는 아이는 없었습니다. 아이들은 평행사변형의 긴 변을 가로로 놓고 움직이지 않기 때문에 계속 더 긴 평행사변형만 만들곤 하죠.

TIP 칠교놀이판 만들기

2.5cm 가베인 경우 7.5×7.5cm 정사각형을 종이에 대고 그린 다음 문제의 그림처럼 나눕니다.

3cm 가베인 경우는 9×9cm 정사각형에 그리고 나누면 됩니다.

놀이 07

내 눈엔 다 보이는 사각형

 학년 3-1(2. 평면도형)

 준비물
정육면체와 직육면체, 랩이나 비닐, 스탬프

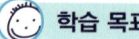 **학습 목표**
도형 세기 규칙 알기

 이 놀이를 할 때는요
간단한 규칙을 제대로 가르치면 실수를 줄일 수 있는 문제입니다. 먼저 '규칙에 따라 차근차근 센다.'를 기억하세요. 규칙은 다음과 같습니다.

> **도형 세기 규칙**
> 1. 크기가 가장 작은 것부터 센다.
> 2. 가로로 개수를 늘려 센다.
> 3. 세로로 개수를 늘려 센다.
> 4. 가로와 세로 개수가 같이 늘어난 것을 센다.

교과서 문제

다음의 문제를 해결해 보시오.

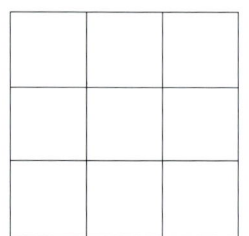 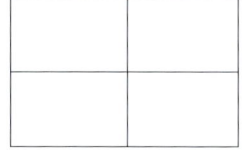

1. 위의 그림에서 정사각형은 모두 몇 개입니까?

2. 위의 그림에서 직사각형은 모두 몇 개입니까?

1
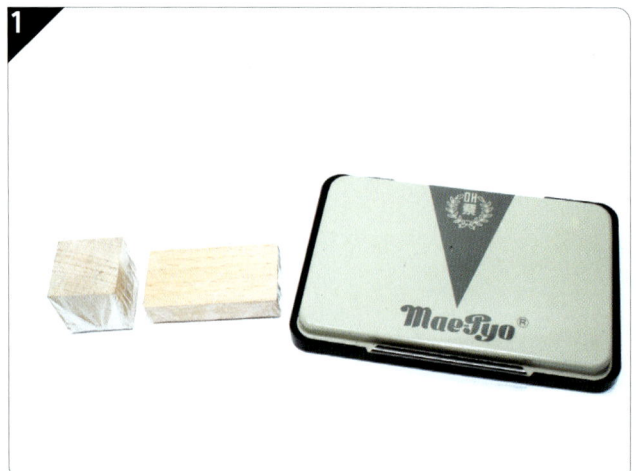
정육면체와 직육면체를 랩으로 싸고, 스탬프를 준비하세요.

2

○ 9개!

교과서 문제 1번부터 시작합니다. 제일 작은 정사각형 하나를 찍고 몇 개 있는지 찾아보세요.

◯ 4개!

그 다음으로 큰 정사각형을 찍어 보고 문제 1에서 같은 모양을 찾아 세어 보세요.

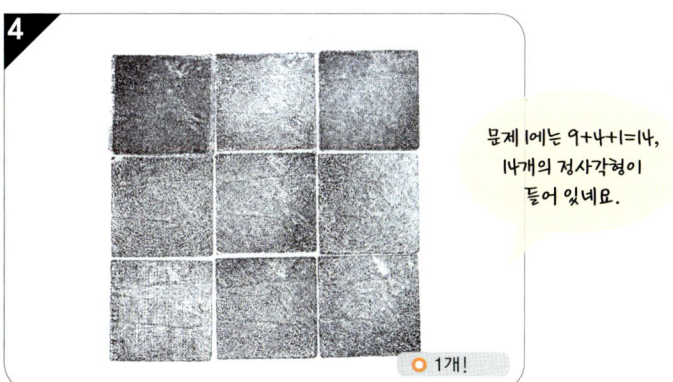

◯ 1개!

마지막으로 제일 큰 정사각형을 찍고 찾아 세어 보세요.

문제 1에는 9+4+1=14, 14개의 정사각형이 들어 있네요.

◯ 4개!

교과서 문제 2번입니다. 개수가 제일 작은 직사각형 한 개를 찍고 찾아 세어 보세요.

◯ 2개!

가로로 직사각형 2개를 찍을 차례입니다.

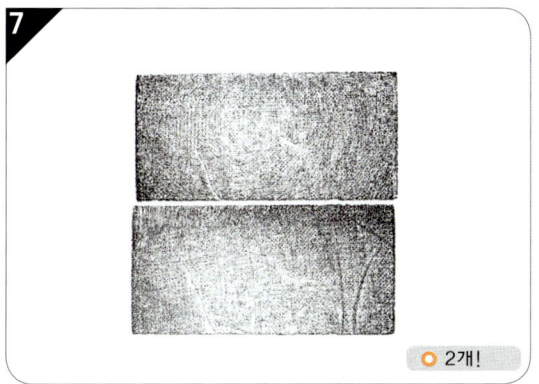

◯ 2개!

세로로 2개 늘린 사각형을 찍어 보세요.

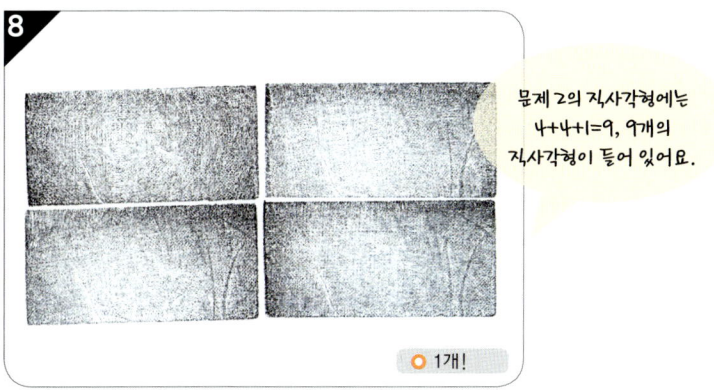

◯ 1개!

가로, 세로가 모두 2개씩 늘어난 직사각형을 찍어 보세요.

문제 2의 직사각형에는 4+4+1=9, 9개의 직사각형이 들어 있어요.

놀이 08

도형을 실수 없이 셀 수 있는 노하우!

 학년   3-1(2. 평면도형)

 준비물

정육면체와 직육면체, 랩이나 비닐, 스탬프

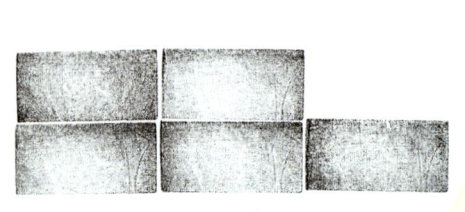

이 그림 안에는 사각형이 몇 개 있을까요?

학습 목표

도형 세기 규칙 알기

이 놀이를 할 때는요

한 번 해봤지만 아직 익숙하지 않죠? 이번에는 문제 풀이가 아니라 정확한 규칙을 연습하겠습니다.

도형 세기 규칙
1. 크기가 가장 작은 것부터 센다.
2. 가로로 개수를 늘려 센다.
3. 세로로 개수를 늘려 센다.
4. 가로와 세로 개수가 같이 늘어난 것을 센다.

1

직사각형 1개 : 5개

2

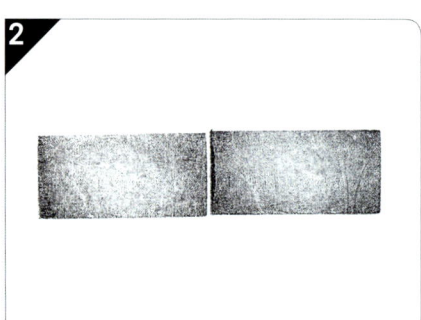

직사각형 2개 가로 : 3개

3

직사각형 2개 세로 : 2개

4

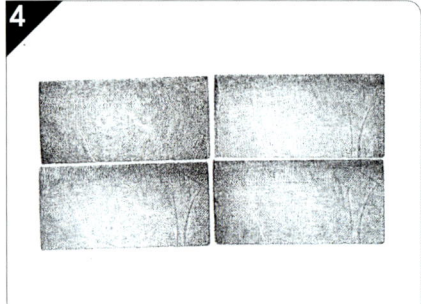

직사각형 2개 가로세로 : 1개

5

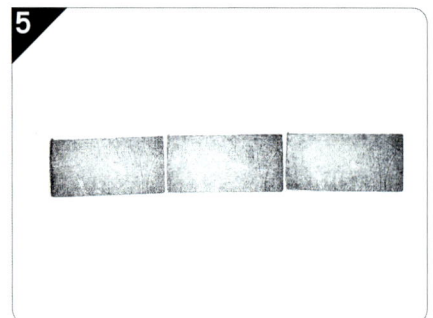

직사각형 3개 가로 : 1개

6

3개 세로부터는 없죠? 그러니 이 도형의 직사각형은 5+3+2+1+1=12 해서 모두 12개가 됩니다. 잘 이해되었나요?

직사각형 1개 : 5개
직사각형 2개 가로 : 3개
직사각형 2개 세로 : 2개
직사각형 2개 가로세로 : 1개
직사각형 3개 가로 : 1개

평면도형 03
평면도형의 울타리와 땅 크기?

땅에 집을 지으려면, 우리 집이 이만큼이라고 영역을 표시할 수 있는 울타리가 필요하겠죠? 또 울타리 안에 집을 세울 땅의 크기도 알아야 하구요. 평면도형을 측정할 때도 이 두 가지를 생각하면 됩니다.

우리 집 울타리 길이는 둘레가 되고, 울타리 안의 땅 크기는 넓이가 되니까요. 아이들과 놀이할 때 삼각형 둘레는 "우리, 삼각형 울타리를 재어 볼까?" 하고 시작하고, 삼각형 넓이를 잴 때는 "삼각형 땅 크기를 알아보자"라고 해 보세요. 아이가 익숙해지면 그때 둘레와 넓이라는 정확한 용어를 알려주면 됩니다.

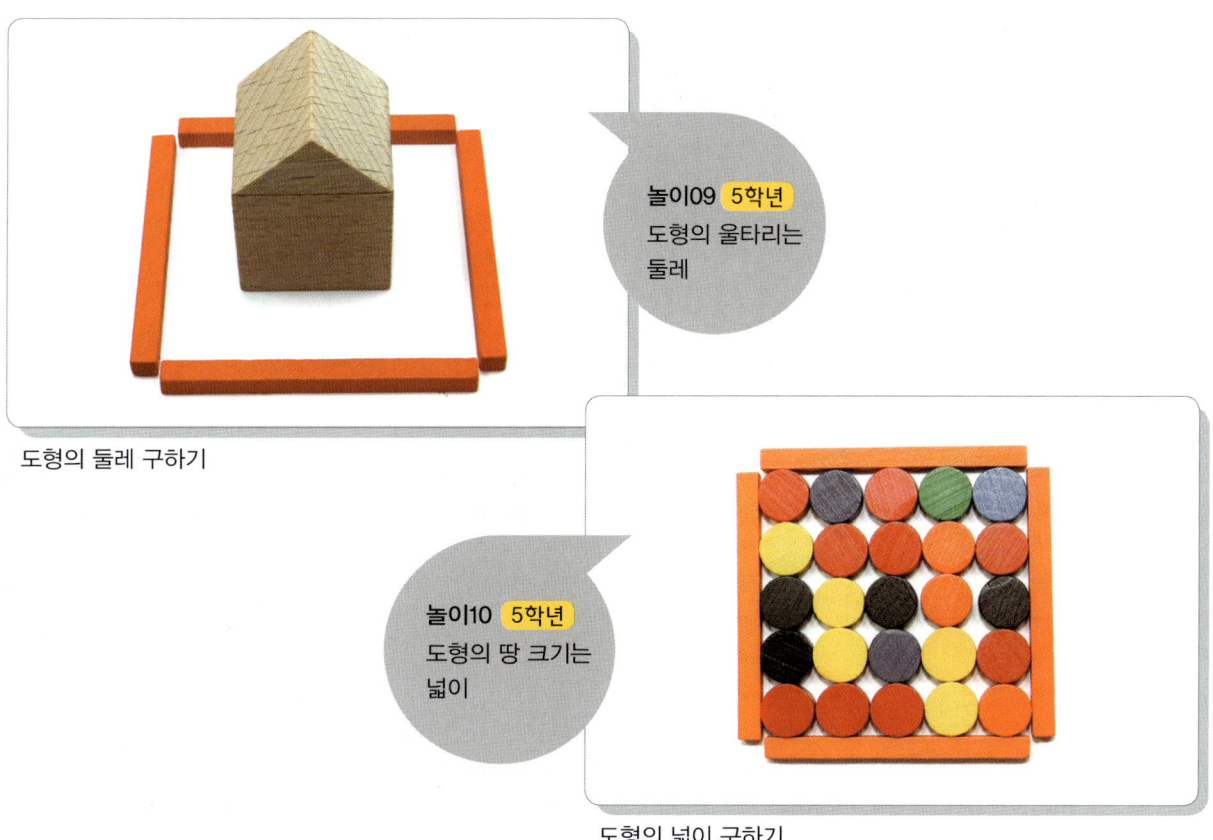

놀이09 5학년
도형의 울타리는 둘레

도형의 둘레 구하기

놀이10 5학년
도형의 땅 크기는 넓이

도형의 넓이 구하기

놀이 09

도형의 울타리는 둘레

학년 5-1(5. 다각형의 넓이)

준비물
8가베, 5가베

학습 목표
도형의 둘레 구하기

이 놀이를 할 때는요
평면도형의 둘레는 울타리라고 했지요? 그 울타리를 직접 만들면서 계산해 보겠습니다. 실제 울타리를 재는 것은 아니니 단위길이는 대충 정해서 약속하고 시작하면 됩니다.

○ **교과서 문제**

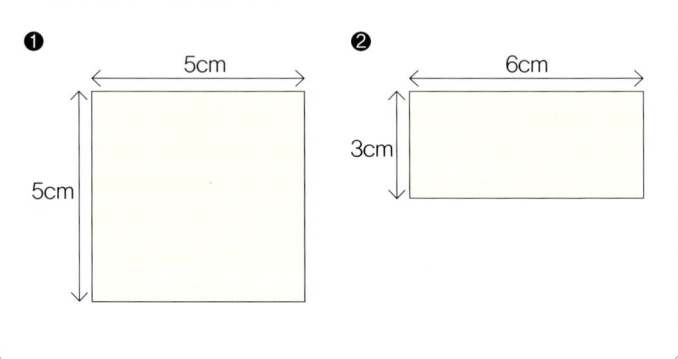
도형의 둘레의 길이를 구하시오.

❶ 5cm × 5cm 정사각형
❷ 6cm × 3cm 직사각형

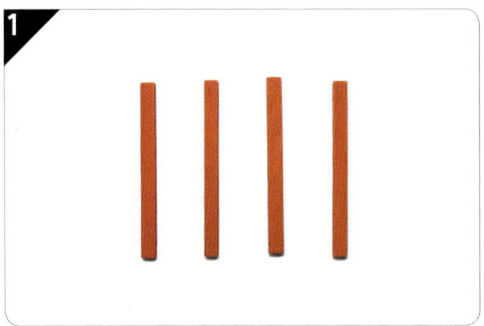
8가베 2번 막대를 5cm라고 하겠습니다. 막대 4개를 준비하세요.

정사각형 안에 간단한 집 모양을 만든 후 둘레를 알아보세요.

정사각형 둘레 구하기
=한 변의 길이×4
울타리 길이
=5cm 울타리 4개
=5×4=20cm

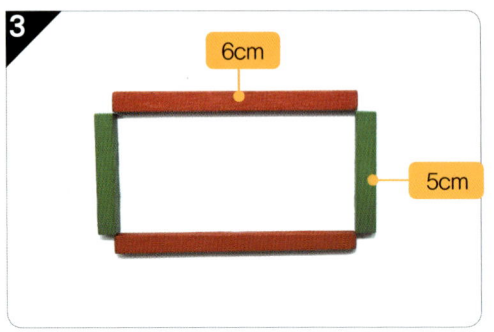
2번 문제의 직사각형 둘레도 알아보세요.

직사각형 둘레 구하기
=(가로+세로)×2
=(6+5)×2=22cm

TIP 모든 평면도형의 둘레를 구할 때는 각 선분의 길이를 더한다! 지금까지는 계산을 간단히 하기 위해 교과서에서 제시한 공식을 만들어 봤습니다. 그러나 공식을 외우는 것 보다는 '둘레는 선분을 모두 모아 더해야 크기를 알 수 있다.'라고 이해하고 넘어가는 것이 좋습니다. 뭐든지 제대로 이해했을 때만 공식도 이해되고, 잊지 않게 되니까요.

놀이 10

도형의 땅 크기는 넓이

학년 5-1(5. 다각형의 넓이)

준비물
8가베, 10가베

학습 목표
도형의 넓이 구하기

이 놀이를 할 때는요
평면도형의 넓이는 그 안의 크기를 재는 것입니다. 8가베로 만든 평면도형 안에 10가베를 채워 보면서 그 크기를 알아보세요. 많이 들어갈수록 넓은 것이겠지요?

○ **교과서 문제**

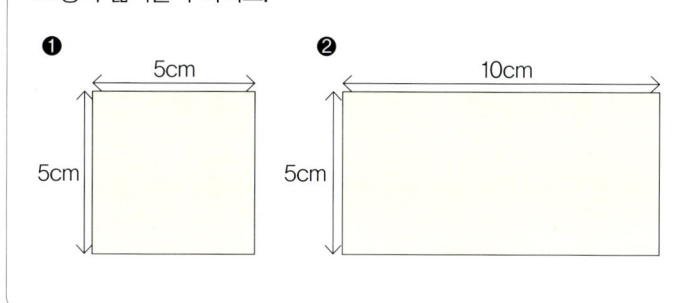

도형의 넓이를 구하시오.

❶ 5cm × 5cm   ❷ 10cm × 5cm

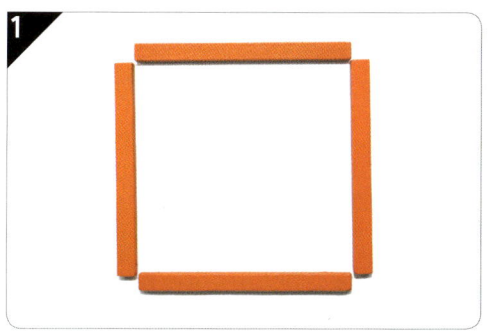

8가베 2번 막대를 이용하여 정사각형을 만듭니다.

정사각형 안에 10가베 점을 넣어 보세요. 전부 25개의 점이 들어갑니다.

정사각형 넓이 구하기
=한 변의 길이×한 변의 길이
=5×5=25개

직사각형의 넓이도 알아보세요. 이번에는 먼저 계산을 해 보고, 나중에 10가베 점을 넣어 확인해 보세요.

직사각형의 넓이 구하기
=가로×세로
=10×5=50㎠

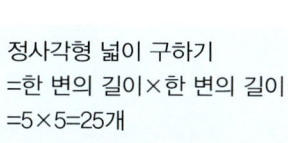
TIP cm^2?

넓이는 도형 안의 크기를 알아보는 거예요. 넓이를 나타내는 단위는 cm를 2번 쓰기 때문에 ㎠랍니다.

평면도형 04 동글동글 원

도형을 가르친 후 아이들에게 "원이란?" 하고 물어보면 "꼭짓점이 없는 도형, 동그란 도형" 등 정확하지 않은 대답을 듣게 됩니다. 그도 그럴 것이 원을 이해하고 그려 본 적이 없기 때문이죠. 정확한 원을 그릴 때는 가운데 점을 찍고 컴퍼스를 돌려 그리면 되는데, 이것이 말 그대로 '평면에서 한 정점으로부터 일정한 거리에 있는 점의 자취 또는 점 전체의 집합'이라는 원의 정의입니다. 이제 놀이를 통해 원을 그려 보고 측정하며 자세히 알아보도록 하겠습니다.

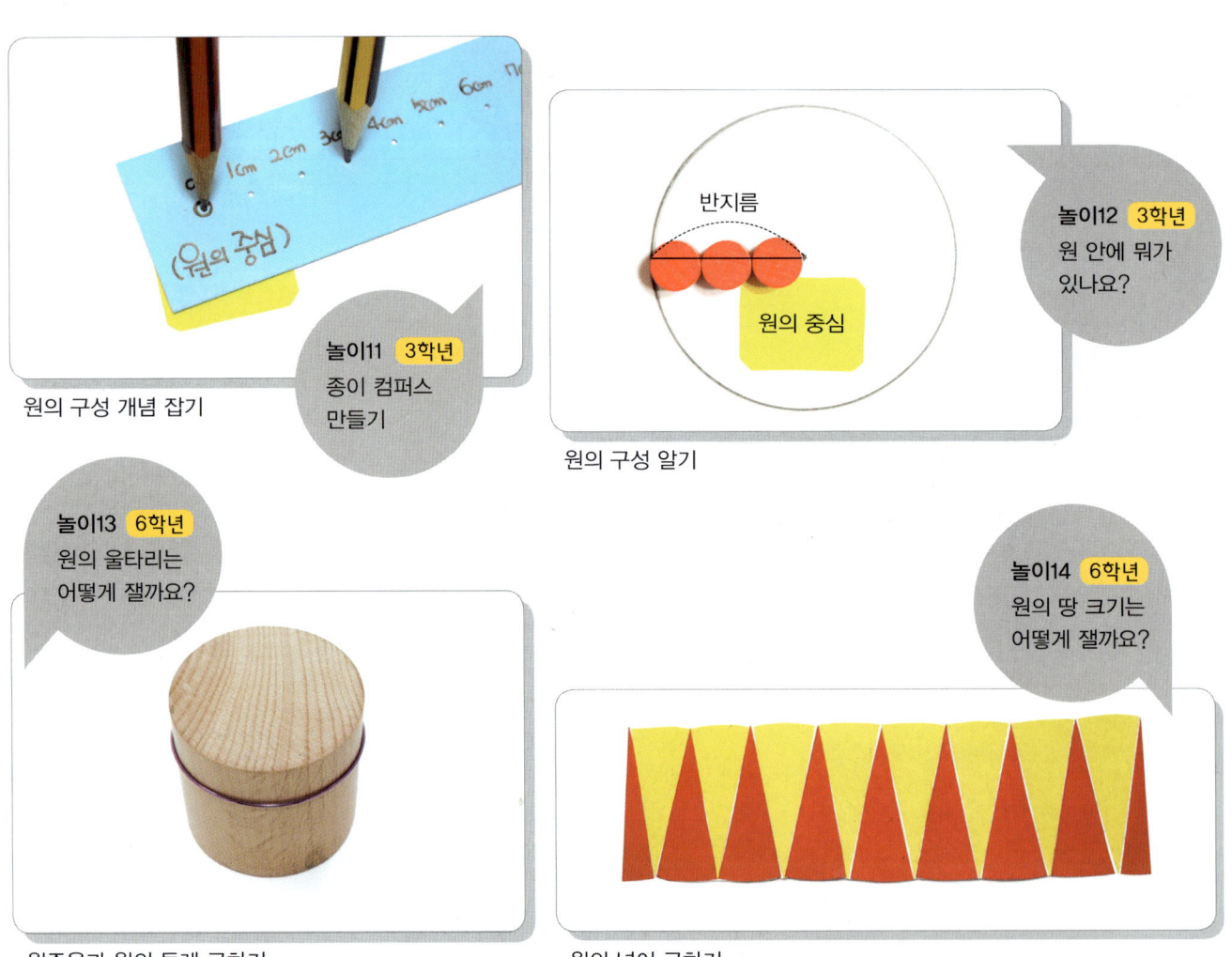

놀이11 3학년 종이 컴퍼스 만들기
원의 구성 개념 잡기

놀이12 3학년 원 안에 뭐가 있나요?
원의 구성 알기

놀이13 6학년 원의 울타리는 어떻게 잴까요?
원주율과 원의 둘레 구하기

놀이14 6학년 원의 땅 크기는 어떻게 잴까요?
원의 넓이 구하기

놀이 11

종이 컴퍼스 만들기

 학년 3-2(3. 원)

 준비물

종이, 자, 바늘

 학습 목표

원의 구성 개념 잡기

 이 놀이를 할 때는요

종이 컴퍼스를 만들면 편하게 원을 그릴 수 있습니다. 실제로 그려 보면 반지름이 2개가 되어야 지름이 된다는 것을 외우지 않고도 바로 이해할 수 있답니다.

1. 직사각형인 종이를 준비합니다.

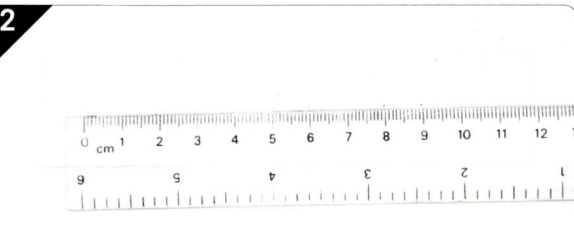

2. 자를 올려놓고 그림처럼 0부터 10cm까지 1cm마다 점을 찍습니다.

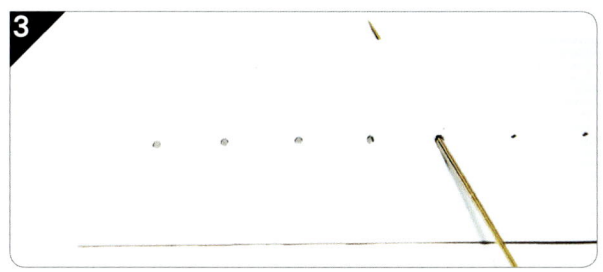

3. 표시한 곳을 송곳이나 바늘로 구멍을 뚫어 줍니다.

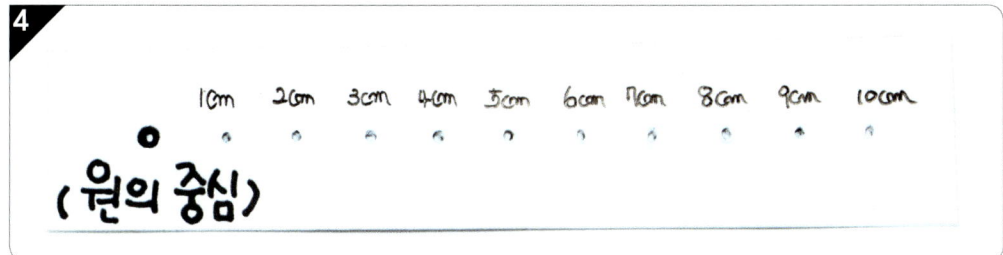

4. 다음 그림처럼 원의 중심부터 10cm까지 쓰면 완성입니다.

PART 2 납작납작 평면도형

놀이 12

원 안에 뭐가 있나요?

 학년 3-2(3. 원)

 준비물
종이 컴퍼스, 스케치북, 10가베

 학습 목표
원의 구성 알기

이 놀이를 할 때는요

이제 진짜 원을 만들어 보면서 원의 개념을 이해하고 각 명칭에 대해 알아봅니다. 교과서에서는 원의 중심을 거의 '점 O'이라고 정하는데, 즐거운 놀이를 위해 '점 우리 집, 점 엄마' 같은 익숙한 것으로 정해 보세요.

○ **교과서 문제**

다음 원의 반지름과 지름의 길이를 구하시오. (단, 점은 각 원의 중심입니다.)

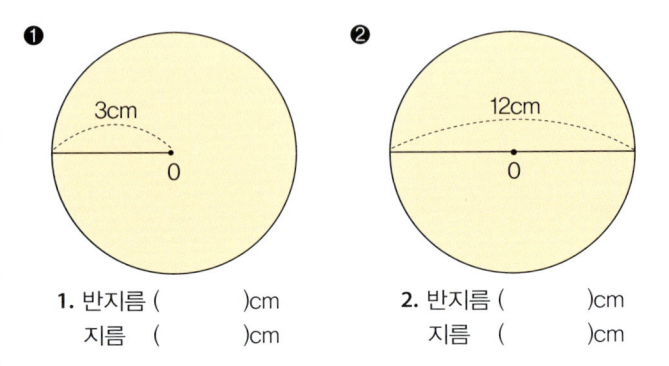

1. 반지름 (   )cm
   지름   (   )cm

2. 반지름 (   )cm
   지름   (   )cm

스케치북에 점을 하나 찍고, '원의 중심'이라고 씁니다.

그림처럼 연필 2자루를 꽂아 보세요.

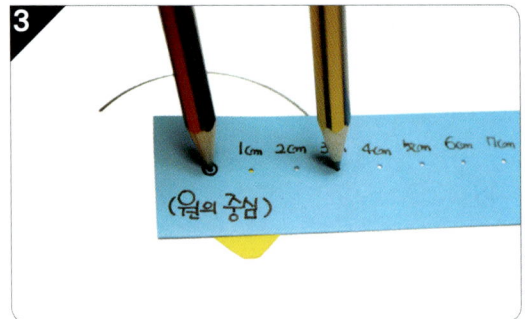

원의 중심에 있는 연필을 고정한 후, 다른 연필을 빙글 돌려 원을 그립니다.

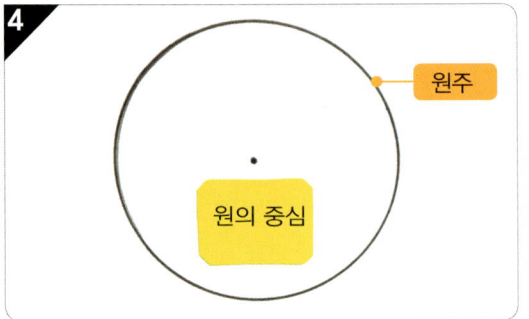

완벽한 원이 그려졌습니다. 이렇게 그려진 것을 원의 둘레, 즉 '원주'라고 합니다.

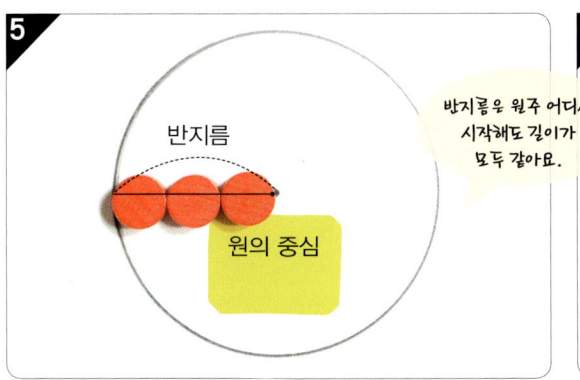

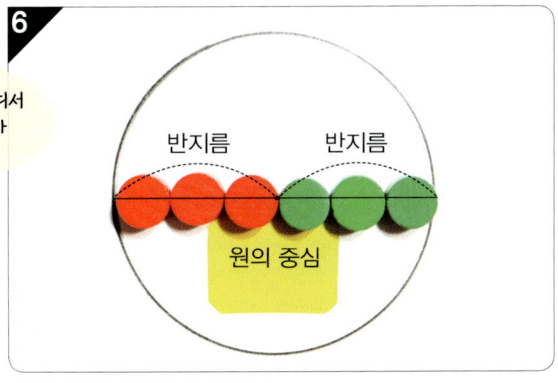

원의 중심에서 원주까지 10가베로 길을 만들어 보세요. 이것을 반지름이라 합니다.

반지름을 더 만들어 원주에서 원주까지 길을 완성해보세요. 이것을 지름이라 합니다.

반지름 + 반지름 = 지름

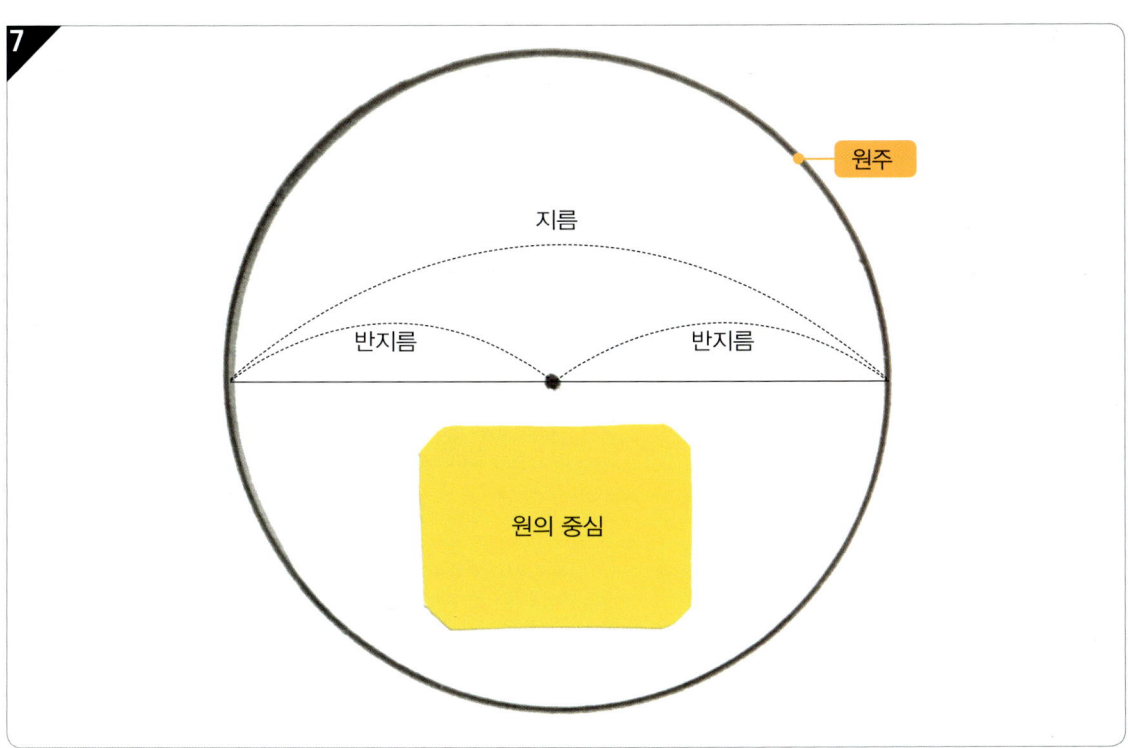

이것을 정리하여 원이 무엇으로 구성되어 있는지 모두 써 보세요.

놀이 13

원의 울타리는 어떻게 잴까요?

 학년　6-1(5. 원의 넓이)

 준비물
2가베 원기둥, 8가베, 철사(와이어 또는 모루)

 학습 목표
원주율과 원의 둘레 구하기

 이 놀이를 할 때는요
원주율은 왜 3.14일까요? 외우기만 했을 뿐 이유는 잘 모르죠? 이번 놀이에서는 원주(원의 둘레)가 지름의 3배가 조금 넘는다는 것을 직접 확인해 보겠습니다. 또 원주율을 사용해서 원주를 구하는 방법까지 알아볼게요.

○ **교과서 문제**

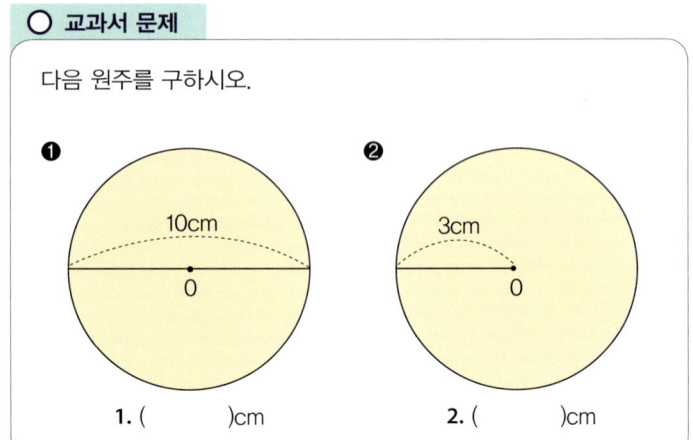

다음 원주를 구하시오.

❶ 10cm ❷ 3cm

1. (　　　)cm　　2. (　　　)cm

1

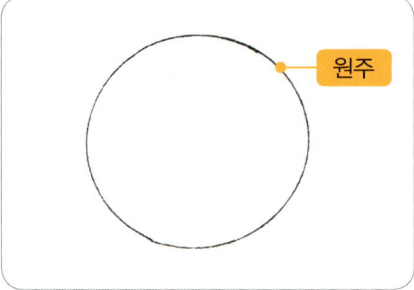
원기둥을 종이에 대고 원을 그립니다.

2

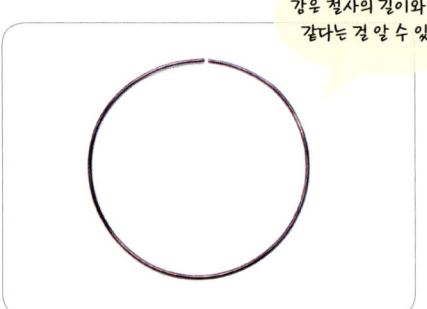
이번에는 원기둥에 철사를 감습니다.

감은 철사의 길이와 원주가 같다는 걸 알 수 있어요.

TIP 모루나 와이어는 잘 구부러지는 철사로 문구점에서 구입할 수 있습니다. 이 놀이에서는 변형시킨 후에도 모양이 그대로 잘 보이기 때문에 사용하는데, 만약 당장 구하기 힘들다면 주방용 호일을 가늘게 만들어 사용해도 됩니다.

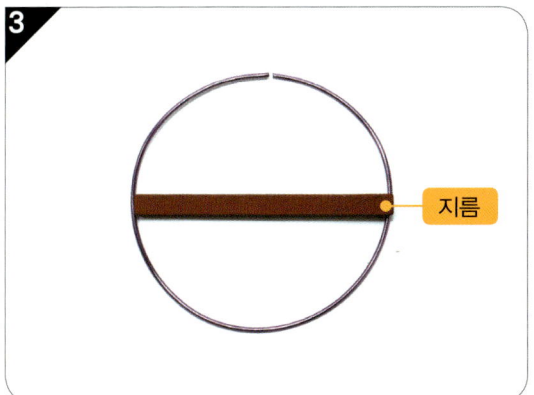

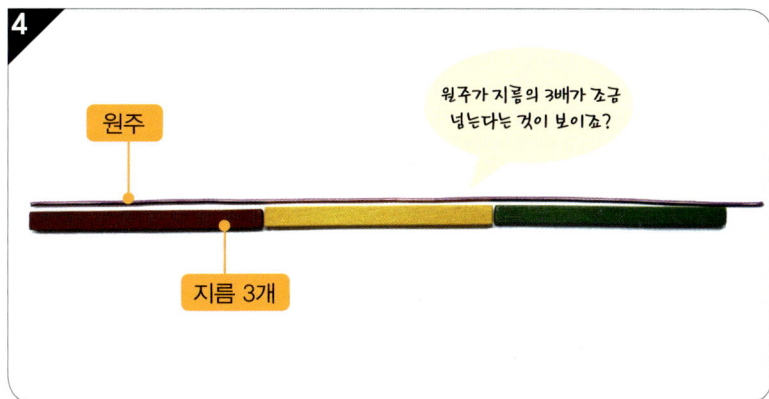

철사로 만든 원에서 지름의 길이를 재어 보세요. 원의 지름은 8가베의 2번 막대와 같습니다.

이제 철사(원주)를 편 후, 2번 막대(원의 지름)를 철사 아래쪽에 놓고 비교해 보세요.

원주율 구하기 공식=원주÷(나누기)원의 지름=3.14

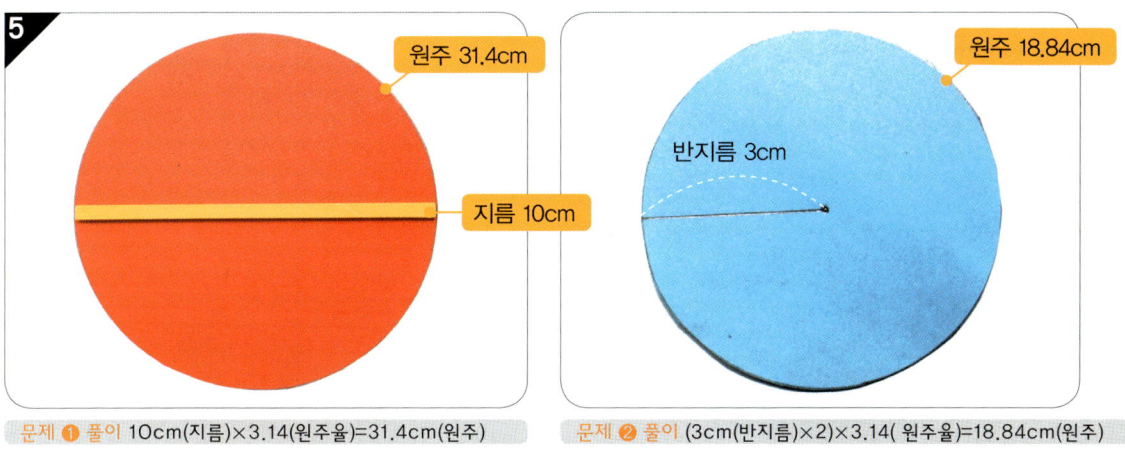

문제 ❶ 풀이 10cm(지름)×3.14(원주율)=31.4cm(원주)

문제 ❷ 풀이 (3cm(반지름)×2)×3.14(원주율)=18.84cm(원주)

원주율을 알았으니 이것을 이용하여 원주를 구해 보세요.

원주 구하기 공식=원의 지름×원주율(3.14)

 정리하기

원주가 원의 지름보다 3배 조금 넘게 길다는 것을 알았습니다.
이것을 정확히 계산한 것이 3.14배라는 수치라는 것을 쉽게 이해할 수 있죠?
이 수치를 '원주율'이라고 말합니다.

놀이 14

원의 땅 크기는 어떻게 잴까요?

 학년 6-1(5. 원의 넓이)

 준비물
8가베, 지름 10cm인 원 그림, 색종이, 가위, 풀

학습 목표
원의 넓이 구하기

이 놀이를 할 때는요
이 놀이에서는 원을 반으로 잘라 똑같은 크기의 조각으로 나눈 다음, 다시 직사각형 모양으로 맞춰 볼 거예요. 이때 원의 반은 사각형 위쪽으로, 반은 아래쪽으로 똑같이 나누어지기 때문에, 원주의 이 가로가 되고, 원의 반지름이 세로가 된다는 것을 이해하는 것이 중요하지요. 무슨 말인가 싶죠? 직접 해 보면 쉽게 이해할 수 있어요.

○ **교과서 문제**

원의 넓이를 구하시오.

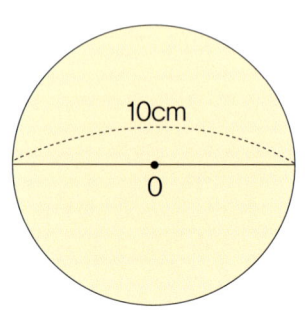

원의 넓이 구하기=반지름×반지름×3.14

1
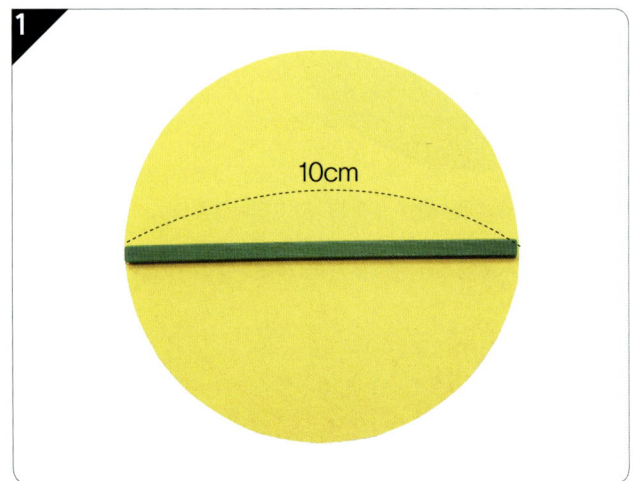

빨강과 노랑 양면 색종이 위에 지름 10cm의 원을 그린 후 가위로 오립니다.

2

계속 반으로 4번 접습니다.

실제로 접을 때는 이런 선이 보이지 않겠죠? 책에서는 어떤 모양으로 접히는지 잘 보이도록 선을 그린 거예요.

3

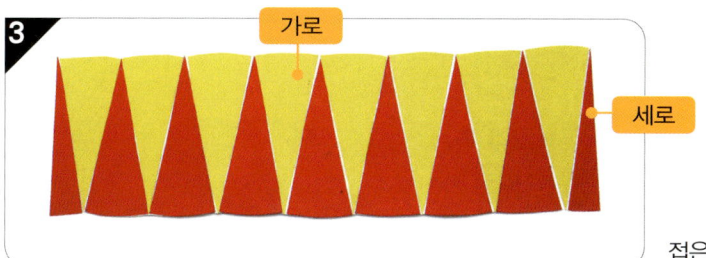

접은 대로 다 잘라서 사각형 모양이 되도록 놓아 보세요.

4

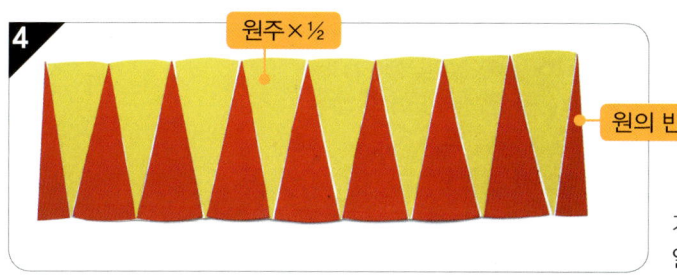

가로는 원주의 반(원주×½)이고 세로는 원의 반지름이라는 것을 알 수 있습니다.

5

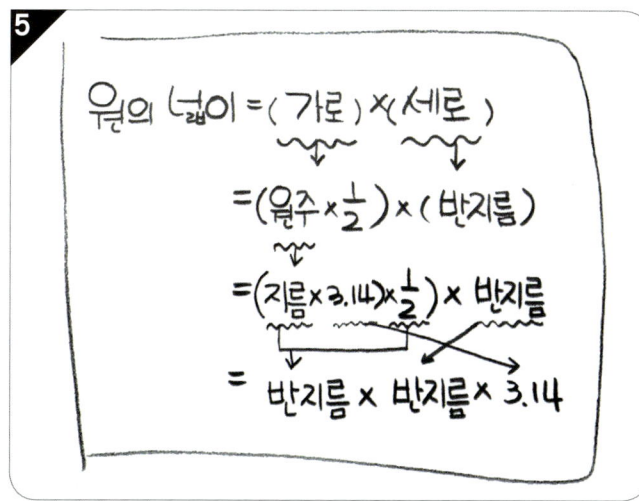

정리해 보면 위와 같은 식을 만들어 낼 수 있습니다.

6

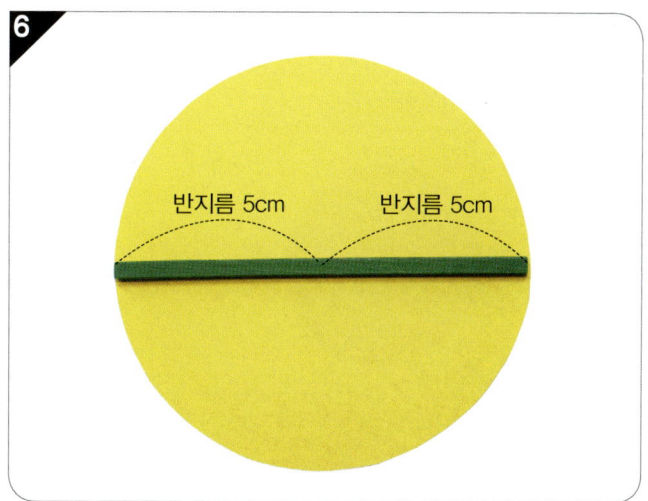

이제 문제에 있는 원의 넓이를 구해 볼까요?
이 원의 넓이는 5×5×3.14=78.5㎠입니다.

Special

평면도형, 모두 모여라!

 학년 전 학년

 학습 목표
평면도형 이름 알기

 준비물
7가베

 이 놀이를 할 때는요

7가베에는 다양한 평면도형들이 있습니다. 창의 가베놀이를 했던 아이들은 한 번쯤 들어봤겠지만, 다 기억하기는 무리겠죠? 초등학교 과정에서 만나게 되는 다양한 도형들의 이름과 정의, 간단한 특징을 알아볼게요. 대충이라도 알고 나면 다른 단원을 공부할 때도 좀 더 쉬워진답니다. 억지로 외우게 하지는 마세요. 차차 익숙해지게 되니까요. 아이들이 책을 보다가 이 도형은 뭐냐고 물을 때마다 같이 쭉 훑어보는 것만으로도 도움이 돼요.

정사각형 : 네 변의 길이가 모두 같고, 네 각의 크기가 모두 같은 사각형

마름모 : 네 변의 길이가 같은 사각형

원 : 한 정점으로부터 일정한 거리에 있는 점의 자취 또는 점 전체의 집합

반원 : 원을 지름으로 이등분했을 때의 한 쪽

내각은 모두 60도예요.

정삼각형 : 변의 길이와 내각의 크기가 모두 같은 삼각형

직각이등변삼각형 : 직각을 사이에 둔 두 변의 길이가 같은 삼각형

직각부등변삼각형 : 세 변의 길이가 모두 다른 직각삼각형

둔각이등변삼각형 : 둔각을 사이에 둔 두 변의 길이가 같은 삼각형

직사각형 : 네 각의 크기가 모두 같은 사각형. 네 각의 크기는 모두 90도

사다리꼴 : 서로 마주 대하는 한 쌍의 변이 평행인 사각형

평행사변형 : 서로 마주 대하는 두 쌍의 변이 각각 평행인 사각형

PART 3

움직이는 도형

밀기, 뒤집기, 반 바퀴 돌리기, 반의 반 바퀴 돌리기, 왼쪽으로 돌리기,
오른쪽으로 돌리기, 한 바퀴 돌리기. 가만있는 도형을 왜 이렇게
돌려대는지 엄마까지 머리가 아픈 부분이죠?
보통 3학년과 5학년 때 배우는데,
정말 많이 헷갈리고 어렵다고 느낀답니다.
재미있게 그리고 제대로 알 수 있는 노하우,
콕 집어서 알려 드릴게요.

1. 으라차차! 도형 밀기
2. 휙 뒤집는 도형 프라이
3. 정말 돌리고 싶지 않은, 도형 돌리기
4. 헷갈력! 선대칭, 점대칭

움직이는 도형 01

으라차차! 도형 밀기

포장지나 벽지 등에 도형이나 그림이 연속된 아름다운 무늬들을 주변에서 볼 수 있지요. 모두 도형 밀기, 뒤집기, 회전하기를 통해 규칙적으로 생긴 모양들입니다. 이렇게 생활 주변에 있는 규칙적인 무늬를 찾아본 후 이 단원을 시작하세요. '그냥 봐도 알 걸 꼭 해 봐야 할까?'라고 생각할 수 있지만 실제 경험이 바탕이 되어야 쉽게 이해할 수 있답니다. 눈으로 보기만 하는 것과 전혀 달라요.

이번 단원을 제대로 배우는 요령은 도형을 미는지 뒤집는지 돌리는지를 정확하게 말하고 시작하는 거예요. 도형을 움직이기 전에 어떤 모양이 될 지 먼저 생각해 보고, 직접 해 보면서 아이 스스로 도형이 움직일 때의 규칙을 찾을 수 있게 하는 것이 중요합니다.

> **도형 밀기 규칙**
> 도형 모양은 그대로, 위치만 변한다.

놀이15 **3학년**
요리조리 밀어도 같아요

도형 밀기 규칙 알기

놀이 15

요리조리 밀어도 같아요

 학년 3-1(2. 평면도형)

 준비물
7가베, 도화지, 색종이, 가위, 스카치테이프

 학습 목표
도형 밀기 규칙 알기

 이 놀이를 할 때는요
전에는 '도형 옮기기'라고 불렀는데 '도형 밀기'로 이름이 바뀌었죠? 말 그대로 위치에 맞게 밀어 보면서 모양이 어떻게 바뀌는지 보세요. 밀기에는 다음과 같은 규칙이 있습니다.

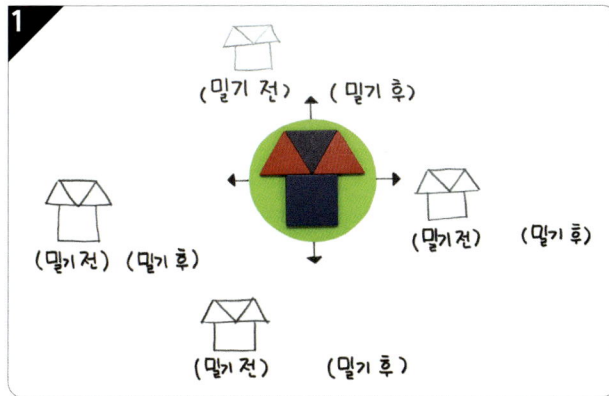

도화지에 밀기 전의 그림을 그리세요. 밀기 후에 어떻게 변할지 아이와 먼저 얘기해 보세요.

7가베로 간단한 모양을 만든 후 7가베 뚜껑 위에 올려놓습니다.

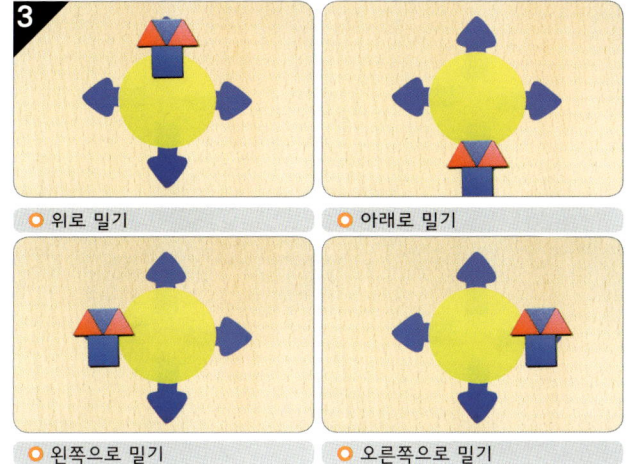

네 방향으로 모두 도형 밀기를 해 보세요.

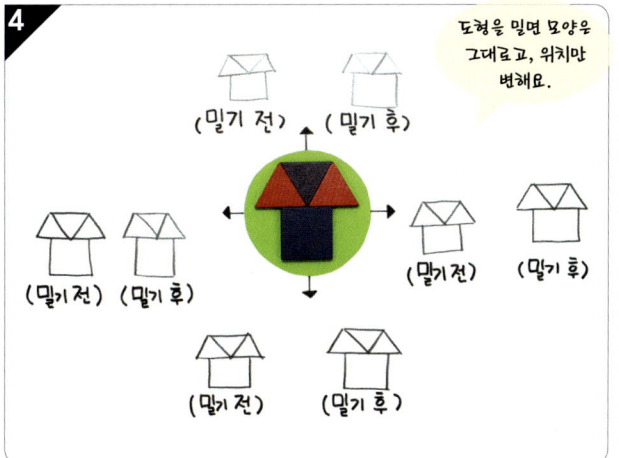

밀기 후의 그림을 그리고 밀기 전후를 비교하며 이야기해 보세요.

움직이는 도형 02 ― 휙 뒤집는 도형 프라이

위치에 따라 뒤집으면 모양이 어떻게 변하는지를 살펴볼 차례입니다. 엄마들은 사실 주방에서 많은 도형 경험을 합니다. 도형을 사선으로 자르는 것과 같은 어슷썰기나 이번 단원의 도형을 뒤집는 것과 같은 계란프라이 뒤집기 등이 있지요. 계란을 뒤집는다 생각하면 뒤집었을 때의 모양이 쉽게 이해 될 거예요. 아이들도 마찬가지랍니다. 도형을 뒤집는 방향은 상하좌우 네 방향인데, 이렇게 뒤집다 보면 2가지 규칙이 생깁니다.

> **도형 뒤집기 규칙**
> 1. 오른쪽 뒤집기와 왼쪽 뒤집기는 같다. (좌우만 바뀐다.)
> 2. 위로 뒤집기와 아래로 뒤집기는 같다. (상하만 바뀐다.)

도형 뒤집기 규칙 알기

놀이16 3학년 뒤집기하며 자는 나

놀이17 3학년 주전자 뒤집기, 도장 쿡!

도형 뒤집기 규칙 알기

놀이 16

뒤집기하며 자는 나

 학년 3-1(2. 평면도형)

 준비물
도화지, 색종이, 색연필, 풀, 스카치테이프

 학습 목표
도형 뒤집기 규칙 알기

 이 놀이를 할 때는요
종이인형 놀이를 하면 나중에 도형 뒤집기를 할 때 도형의 앞과 뒤, 위아래, 오른쪽, 왼쪽 등의 위치 개념에 도움이 됩니다. 뒤집으면 모양에 변화가 생긴다는 것만 이해하면 규칙을 외우지 않아도 된답니다.

앞모습을 그린 다음 가위로 오려서, 뒤에 뒷모습을 그리면 쉬워요.

먼저 도화지로 종이인형을 만들어요. 종이인형의 앞과 뒤를 모두 만들어야 하고, 오른쪽, 왼쪽을 구분할 수 있게 만드세요.

스케치북에 침대를 그리고, 위, 아래, 왼쪽, 오른쪽 방향을 모두 표시합니다.

위아래로 뒤집은 모양도 서로 같아요.

○ 위로 뒤집기

같은 방법으로 인형을 위아래로 뒤집어 보면서 그 모습을 살펴보세요.

○ 왼쪽으로 뒤집기

인형을 좌우로 뒤집어 비교해 보세요.

좌우로 뒤집은 모양이 같아요.

○ 오른쪽으로 뒤집기

○ 아래로 뒤집기

놀이 17

주전자 뒤집기, 도장 쿡!

 학년 3-1(2. 평면도형)

 준비물
7가베, 도화지, 물감, 붓

 학습 목표
도형 뒤집기 규칙 알기

 이 놀이를 할 때는요
이제 실제 도형들을 가지고 뒤집어 보면서 앞에서 얘기한 도형 뒤집기의 2가지 규칙을 확인해 보겠습니다. 상하좌우 모양의 변화를 확실히 볼 수 있도록 놀이에 사용할 도형은 상하좌우가 모두 다르게 만들어 보세요.

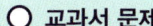 **교과서 문제**

다음 도형을 위아래, 오른쪽, 왼쪽으로 각각 뒤집어 그려 넣으시오.

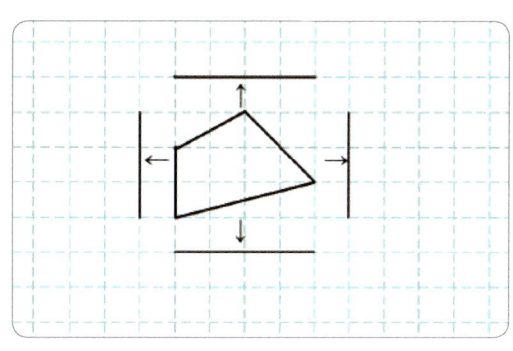

1 상하좌우를 찍을 종이를 준비하고 주전자 모양을 만들어 7가베 뚜껑 위에 올려놓으세요.

2 도형에 물감을 바르고 오른쪽으로 뒤집어 찍어 보세요. 이때 물감에 물을 많이 섞지 않아야 더 잘 찍혀요.

원래 모양과 비교해 보면 좌우가 바뀐 걸 알 수 있죠?

도형에 물감을 또 바르고 왼쪽도 찍어 보세요.

왼쪽으로 찍은 모양이 오른쪽 뒤집기 모양과 같은 걸 알 수 있어요.

같은 방법으로 위아래 모두 찍어 보고 비교해 보세요.

 정리하기

- 오른쪽 뒤집기와 왼쪽 뒤집기의 모양이 같아요. (오른쪽 뒤집기=왼쪽 뒤집기)
- 위로 뒤집기와 아래로 뒤집기의 모양이 같아요. (위로 뒤집기=아래로 뒤집기)
- 좌우 뒤집기는 좌우만 바뀌어요.
- 상하 뒤집기는 상하만 바뀌어요.

움직이는 도형 03

정말 돌리고 싶지 않은, 도형 돌리기

자, 아이들이 가장 어려워하는 도형 돌리기가 나왔네요. 도형 돌리기는 반드시 실제로 그 움직임을 경험해 봐야만 잘 이해할 수 있는 부분입니다. 수학 시간에 어렵게 배웠던 돌리기지만, 실제로 빙글빙글 돌려 보면 즐겁고 재밌게 배울 수 있습니다. 여기서는 회전판을 만들어, 직접 아이가 도형을 돌려 생각하면서 즐길 수 있도록 도와주세요.

도형 움직이기 규칙 한눈에 보기

도형 밀기	위치만 변하고 모양의 변화는 없다.
도형 뒤집기	오른쪽=왼쪽 뒤집기(좌우만 바뀐다.) 위로 뒤집기=아래로 뒤집기(상하만 바뀐다.)
도형 돌리기	오른쪽 반 바퀴=왼쪽 반 바퀴(상하좌우 모두 바뀐다.) 오른쪽으로 반의 반 바퀴(위→오른쪽, 아래→왼쪽으로 바뀐다.) 왼쪽으로 반의 반 바퀴(위→왼쪽, 아래→오른쪽으로 바뀐다.)

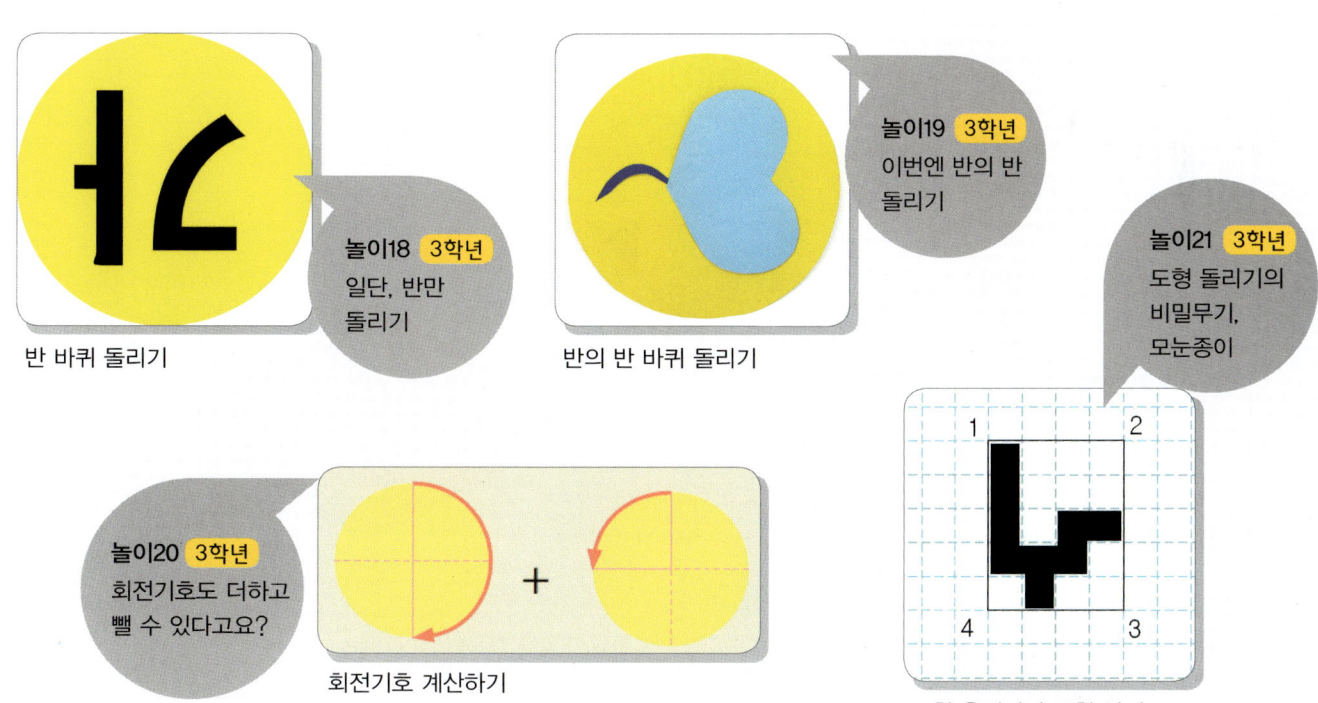

놀이18 3학년 — 일단, 반만 돌리기
반 바퀴 돌리기

놀이19 3학년 — 이번엔 반의 반 돌리기
반의 반 바퀴 돌리기

놀이20 3학년 — 회전기호도 더하고 뺄 수 있다고요?
회전기호 계산하기

놀이21 3학년 — 도형 돌리기의 비밀무기, 모눈종이
도형 움직이기 규칙 알기

놀이 18

일단, 반만 돌리기

 학년 3-1(2. 평면도형)

 준비물
7가베, 도화지, Y핀, 가위, 스카치테이프

 학습 목표
반 바퀴 돌리기

 이 놀이를 할 때는요
이 단원에서 중요한 것은 회전판으로 도형을 돌리기 전 어떤 모양이 될지 생각해 보는 과정입니다. 그래야 나중에 아이가 실제 돌림판이 없이도 도형의 변화를 유추할 수 있고, 도형 돌리기 규칙을 잊지 않는답니다.

반 바퀴 돌리기 규칙
1. 오른쪽 반 바퀴는 왼쪽 반 바퀴와 같다.
2. 상하좌우가 모두 바뀐다.

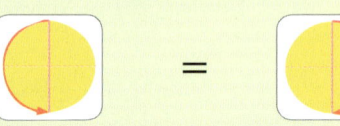

○ 왼쪽으로 반 바퀴 돌리기   ○ 오른쪽으로 반 바퀴 돌리기

○ **교과서 문제**

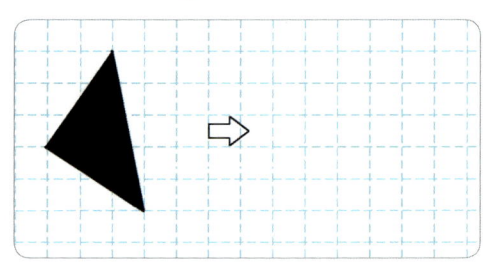

다음의 도형을 ( ) 방향으로 돌려 그리시오.

1

위 그림처럼 회전판을 만들어요. 도화지로 프라이팬 모양을 만든 후 Y핀으로 도화지에 고정하면 됩니다.

2

돌릴 모양을 7가베로 만들어요.

3	돌릴 모양 (회전할 7가베 모양 그리기)	어떻게 될까? (돌리기 전 – 생각해 보고 그리기)		이렇게 됐어요. (돌리기 후 – 돌려 보고 그리기)	
		왼쪽으로	오른쪽으로	왼쪽으로	오른쪽으로

○ 반 바퀴 돌리기 표

모양 변화를 기록할 표를 만들어요. 도화지에 대충 손으로 쓱쓱 그려도 됩니다.

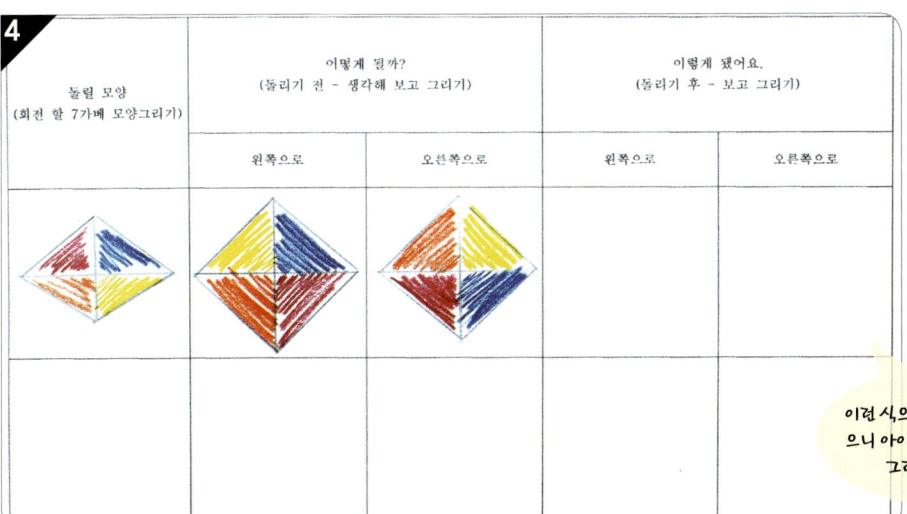

원래 가베 모양과 그 모양을 반 바퀴 돌리면 어떤 모양이 될지 생각해서 아이가 표에 그리도록 해 주세요.

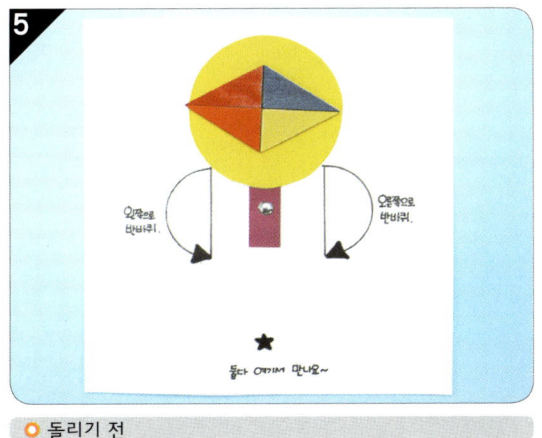

○ 돌리기 전

○ 돌리기 후

이제 모양을 직접 돌려 보세요.

PART 3 움직이는 도형

돌려서 나온 그림을 표에 그리고, 생각했던 모양과 어떻게 다른지 비교합니다.

6 돌릴 모양 (회전 할 7가배 모양그리기)	어떻게 될까? (돌리기 전 - 생각해 보고 그리기)		이렇게 됐어요. (돌리기 후 - 보고 그리기)	
	왼쪽으로	오른쪽으로	왼쪽으로	오른쪽으로

> 반 바퀴 돌리기는 상하좌우 모두 바뀐답니다.

TIP 글자 돌리기

글자를 돌려 보면 더 확실해집니다. 종이에 글자를 쓴 후 회전판 위에 올려 돌려 보면서 글자의 상하좌우가 어떻게 바뀌는지 비교해 보세요.

놀이 19

이번엔 반의 반 돌리기

 학년 3-1(2. 평면도형)

 준비물
7가베, 도화지, Y핀, 가위, 스카치테이프

 학습 목표
반의 반 바퀴 돌리기

 이 놀이를 할 때는요
앞에서 만들었던 반 바퀴 돌릴 때의 회전판에 오른쪽과 왼쪽으로 반의 반 바퀴 돌릴 곳을 더 표시한 후 놀이를 계속합니다. 반의 반 돌리기를 한 후에는 미리 생각했던 그림과 어떻게 다른지 비교하고 제대로 그려 보는 게 중요합니다.

반의 반 바퀴 돌리기 규칙

오른쪽으로 반의 반 바퀴 돌리기 – 위쪽은 오른쪽으로, 오른쪽은 아래로 바뀐다.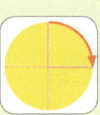

왼쪽으로 반의 반 바퀴 돌리기 – 위쪽은 왼쪽으로, 왼쪽은 아래로 바뀐다.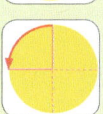

○ **교과서 문제**

다음의 모양을 오른쪽으로 반의 반 바퀴, 왼쪽으로 반의 반 바퀴 돌려 그리시오.

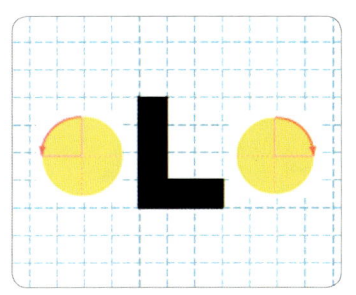

회전판에 반의 반 바퀴가 되는 곳을 추가합니다.

회전시킬 간단한 모양을 만들어 보세요.

3 회전판에 올리고 돌리면서 모양의 변화를 알아보세요.

○ 한 바퀴 돌리기

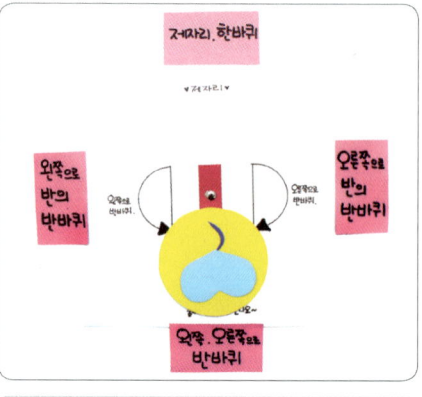 
○ 반 바퀴 돌리기

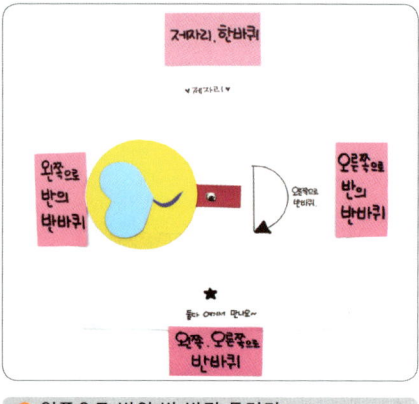 
○ 왼쪽으로 반의 반 바퀴 돌리기

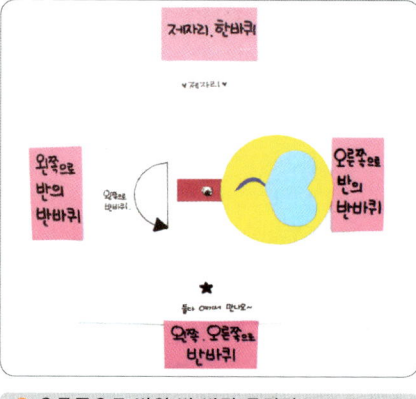 
○ 오른쪽으로 반의 반 바퀴 돌리기

4

이제 7가베로 만든 모양과 표를 만들어 준비하세요.

	제자리 (돌릴 모양)	반 바퀴 돌리기	오른쪽으로 반의 반 바퀴	왼쪽으로 반의 반 바퀴
생각해 보세요				
확인해 보세요				

○ 반의 반 바퀴 돌리기 표

5

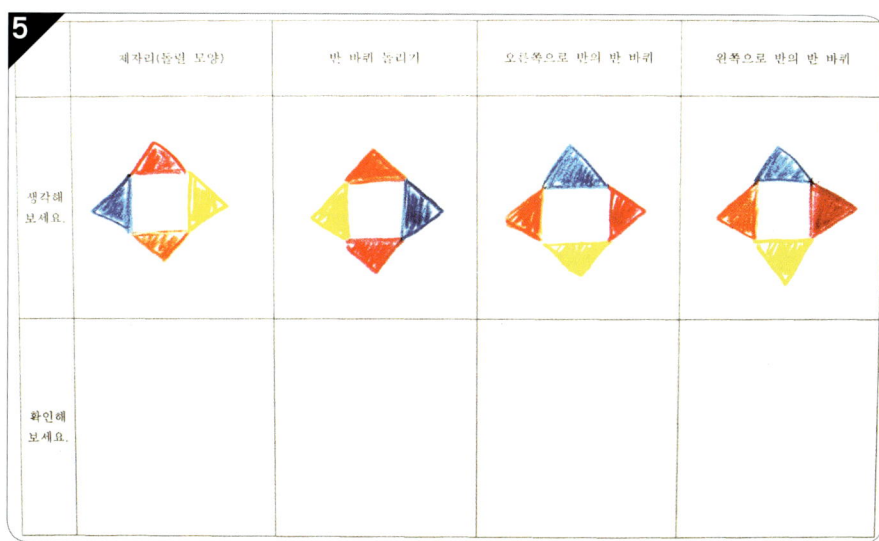

모양을 모두 돌리기 전에 아이가 먼저 생각해서 그려 봅니다.

TIP 오른쪽으로 반의 반 바퀴를 돌리면 위→오른쪽→아래→왼쪽→위로 움직이고, 왼쪽으로 반의 반 바퀴를 돌리면 그 반대인 위→왼쪽→아래→오른쪽→위로 움직입니다.

6 회전판의 방향대로 모두 돌려 확인합니다. 확인한 모양을 표에 그리고 이야기를 나누며 정리합니다.

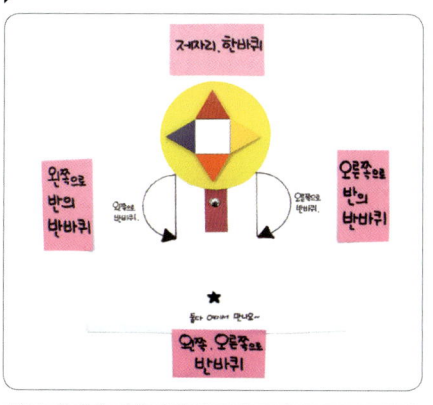 

○ 제자리, 한 바퀴 돌리기

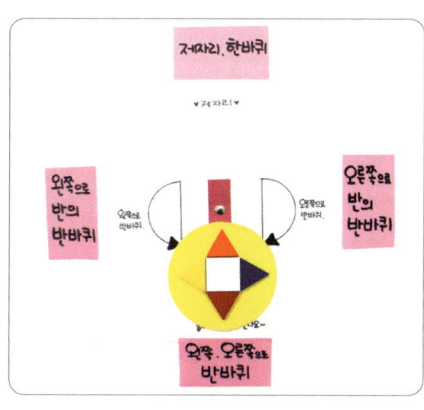 

○ 왼쪽, 오른쪽으로 반 바퀴 돌리기

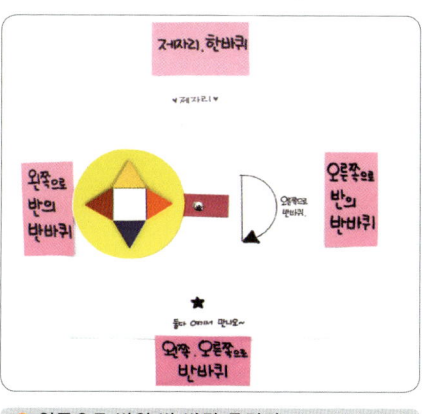 

○ 왼쪽으로 반의 반 바퀴 돌리기

○ 오른쪽으로 반의 반 바퀴 돌리기

PART 3 움직이는 도형

놀이 20

회전기호도 더하고 뺄 수 있다고요?

 학년 3-1(2. 평면도형)

 준비물
모눈종이

 학습 목표
회전기호 계산하기

 이 놀이를 할 때는요
실제로 돌리기 문제를 풀다 보면 여러 번 여러 방향으로 돌려서 마지막 모습을 찾아내라고 지시합니다. '다음 모양을 오른쪽으로 반의 반 바퀴 돌린 후 왼쪽으로 반 바퀴 돌리면 어떻게 될까요?'라는 식의 문제들이죠. 이럴 때는 문제의 회전 지시를 모두 기호로 바꾸고, 숫자를 계산하듯 기호로 계산하면 한 번에 할 수 있습니다.

○ **교과서 문제**

다음의 모양을 오른쪽으로 반 바퀴 돌린 후 왼쪽으로 반의 반 바퀴 돌려 그리시오.

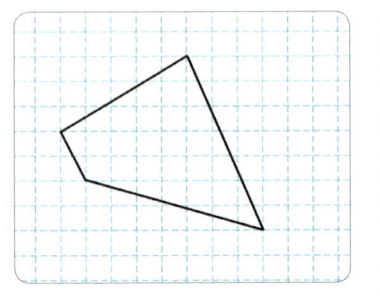

한 바퀴	오른쪽으로 반 바퀴 = 왼쪽으로 반 바퀴	오른쪽으로 반의 반 바퀴	왼쪽으로 반의반 바퀴

■ 회전기호를 계산해 볼까요?

화살표의 방향이 오른쪽인지 왼쪽인지 잘 보고 방향대로 움직이면서 계산하면 됩니다.

❶ 오른쪽으로 반의 반 바퀴 + 오른쪽으로 반 바퀴 = 왼쪽으로 반의 반 바퀴
❷ 왼쪽으로 반 바퀴 + 오른쪽으로 반의 반 바퀴 = 왼쪽으로 반의 반 바퀴

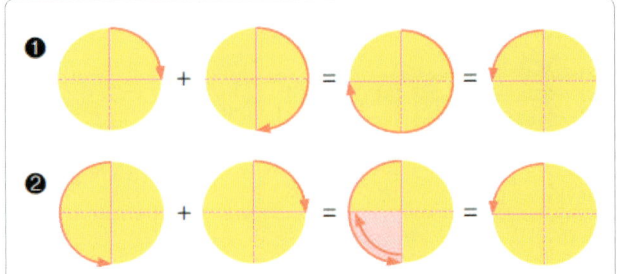

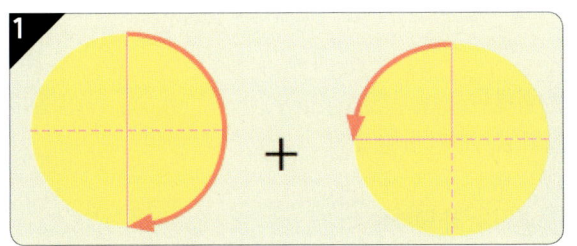

먼저 문제의 지시를 회전기호로 나타냅니다.
오른쪽으로 반 바퀴+왼쪽으로 반의 반 바퀴=?

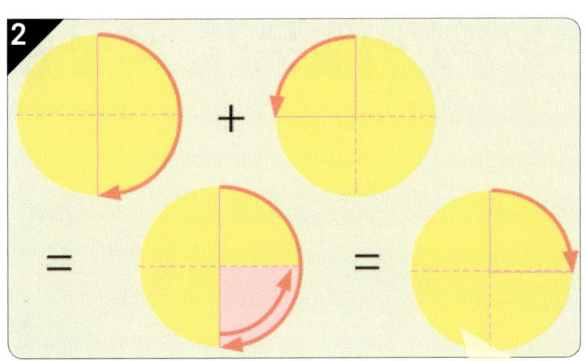

회전기호를 계산합니다.

오른쪽으로 반 바퀴 갔다가, 방향을 바꿔 왼쪽으로 반의 반 바퀴를 가라는 것은 반의 반 바퀴 돌아오라는 말이겠죠? 결국 오른쪽으로 반의 반 바퀴 돌리라는 말입니다.

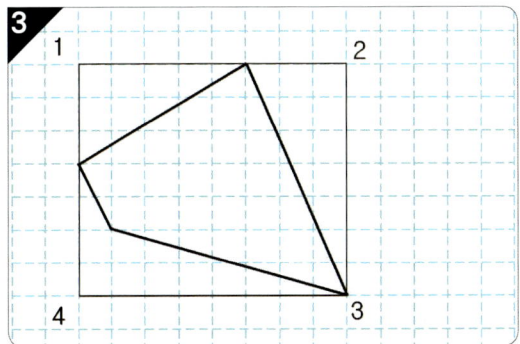

문제의 도형을 오른쪽으로 반의 반 바퀴 돌려 볼까요? 먼저 도형에 박스를 그리고 번호를 써 넣습니다.

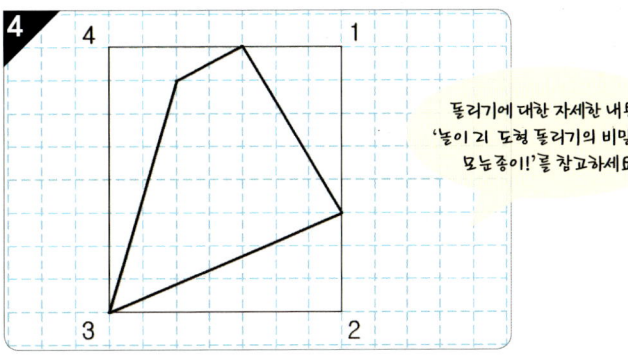

규칙에 따라 번호를 옮겨 쓰고, 점을 찍은 후 이어 줍니다.

돌리기에 대한 자세한 내용은 '놀이기 도형 돌리기의 비밀무기, 모눈종이!'를 참고하세요.

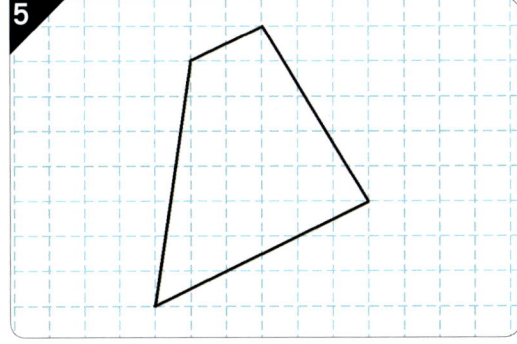

번호와 박스를 지워 주면 도형 돌리기가 완성됩니다.

TIP 오른쪽으로 반의 반 바퀴 돌리기 규칙

위는 오른쪽으로(1 → 2번 자리로), 오른쪽은 아래로(2 → 3번 자리로) 위치가 바뀐다.

놀이 21

도형 돌리기의 비밀무기, 모눈종이!

 학년 3-1(2. 평면도형)

 준비물
모눈종이

 학습 목표
도형 움직이기 규칙 알기

 이 놀이를 할 때는요
도형 돌리기는 수학적 계산이 빠른 아이들도 어려워하는 단원입니다. 단순한 도형일 경우에는 잘하는 것 같다가도, 도형의 모양이 복잡해지면 마구 헷갈려요. 아는 것 같지만 아직 정확하게 이해하지 못했기 때문에 생기는 일입니다. 여기서는 각 도형을 방향에 따라 쉽게 움직일 수 있는 방법을 정리했습니다. 박스의 모양과 번호의 위치를 잘 보면서 따라해 보세요.

■ 도형 움직이기 준비 : 준비 과정은 모두 같고 방향에 따라 정리했으니 따라해 보세요.

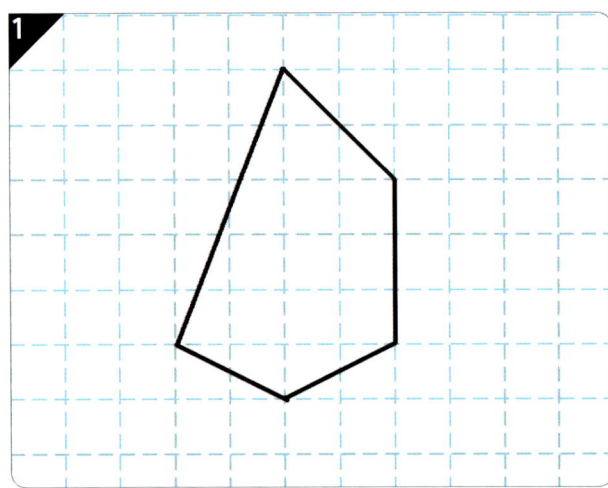

다음의 도형을 움직입니다.

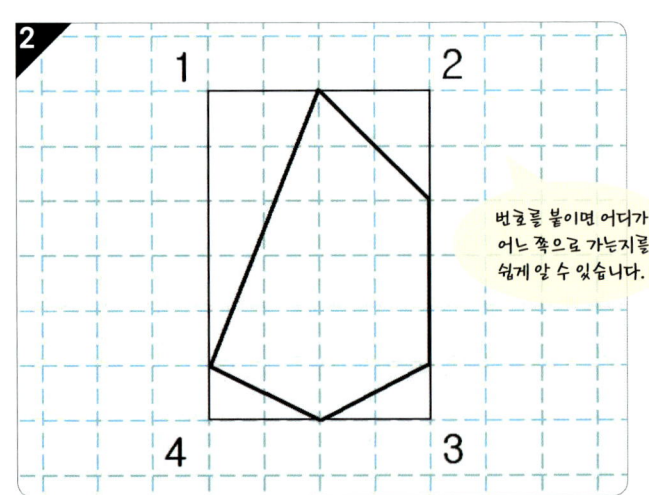

문제에 나온 도형에 딱 맞게 사각형 박스를 그린 후 사각형 박스의 각 꼭짓점에 번호를 붙입니다.

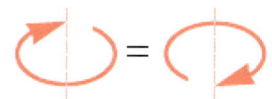

■ 오른쪽, 왼쪽으로 뒤집기

규칙 : 오른쪽 뒤집기와 왼쪽 뒤집기는 같다. (좌우만 바뀐다.)

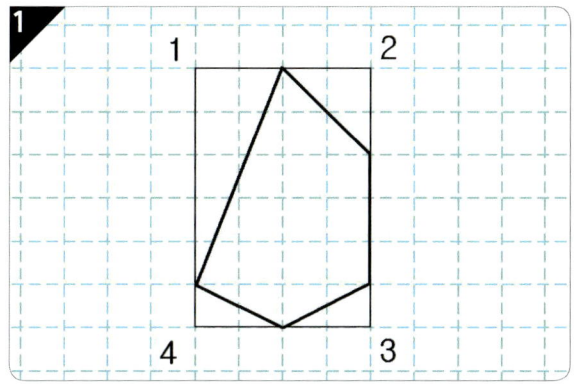

도형에 딱 맞게 사각형 박스를 그린 후 사각형 박스의 각 꼭짓점에 번호를 붙인다.

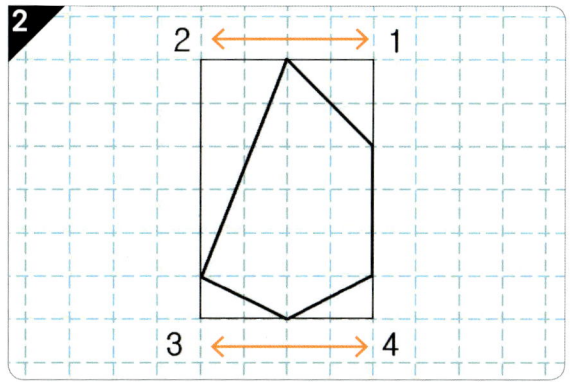

좌우만 바뀌므로 박스 모양은 그대로 두고, 번호만 좌우로 바꿔 쓴다. (1↔2, 3↔4)

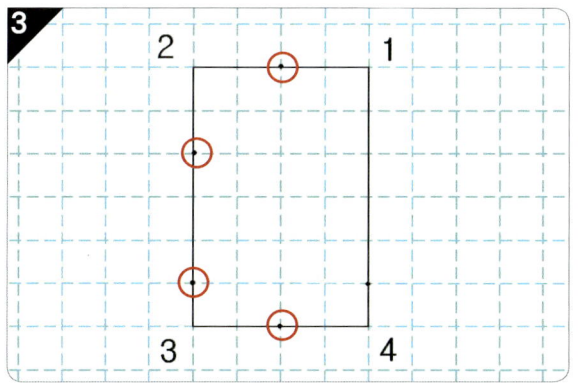

박스의 번호를 기준으로 하여 점의 위치를 찾아 찍어 준다.

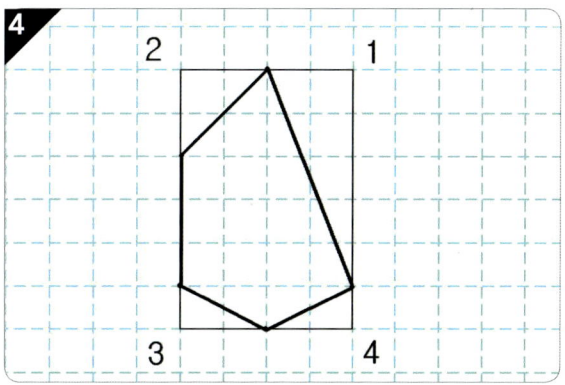

점을 선으로 이으면 좌우만 바뀐 도형이 완성된다.

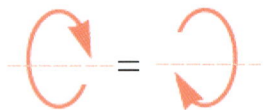

■ 위아래로 뒤집기

규칙 : 위로 뒤집기와 아래로 뒤집기는 같다. (상하만 바뀐다.)

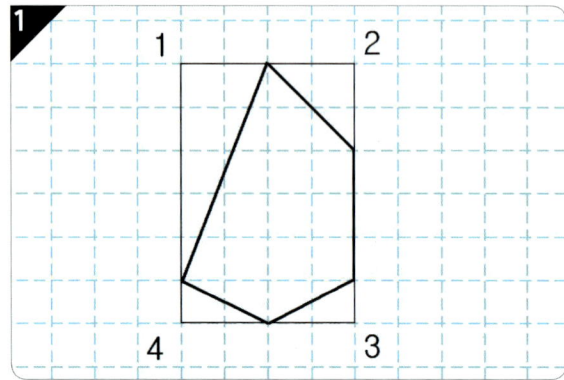

도형에 딱 맞게 사각형 박스를 그린 후 사각형 박스의 각 꼭짓점에 번호를 붙인다.

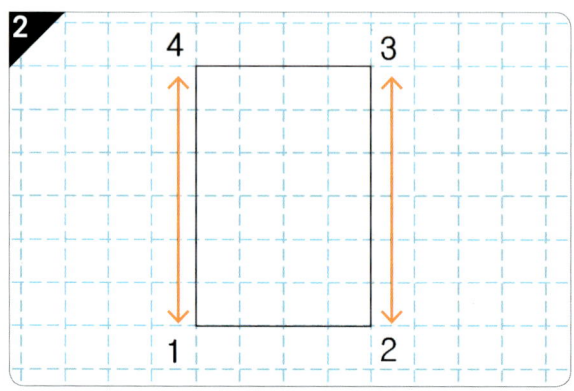

상하만 바뀌므로 박스는 그대로 두고 위아래 번호만 바꿔 쓴다. (1↔4, 2↔3)

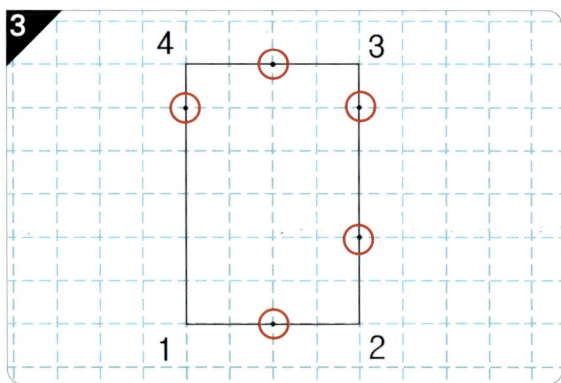

박스 번호를 기준으로 점들의 위치를 찾아 찍어 준다.

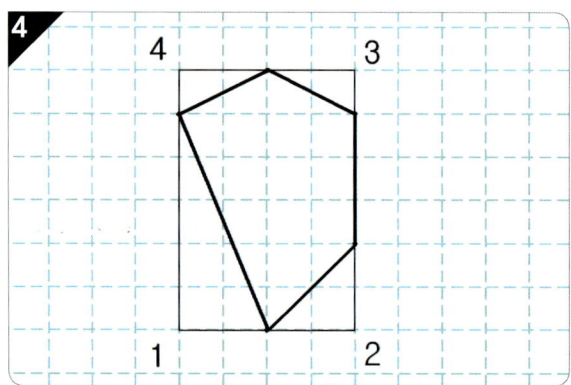

점을 이으면 위아래가 바뀐 모양이 완성된다.

■ 오른쪽, 왼쪽 반 바퀴 돌리기

규칙 : 오른쪽 반 바퀴와 왼쪽 반 바퀴는 같다. (상하좌우가 모두 바뀐다.)

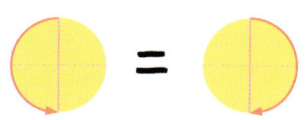

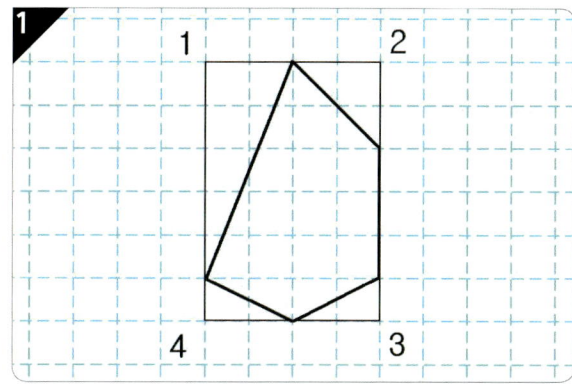

도형에 딱 맞게 사각형 박스를 그린 후 사각형 박스의 각 꼭짓점에 번호를 붙인다.

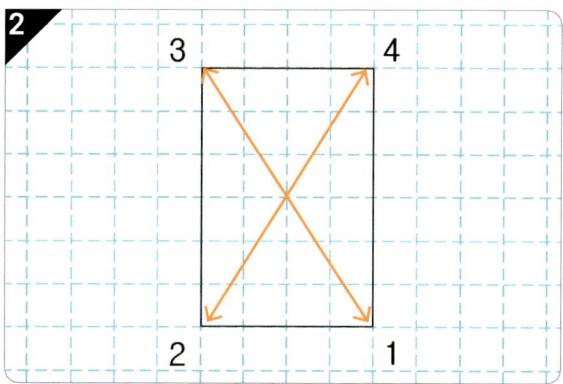

상하좌우가 모두 바뀌므로 번호의 위치를 대각선 방향으로 마주 보는 숫자끼리 바꿔 쓴다. (1↔3, 2↔4)

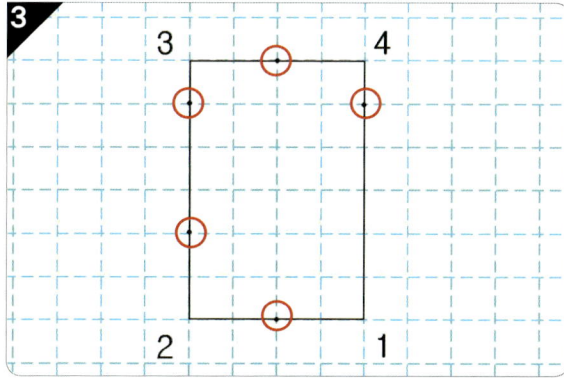

번호 사이의 점을 찾아 찍어 준다.

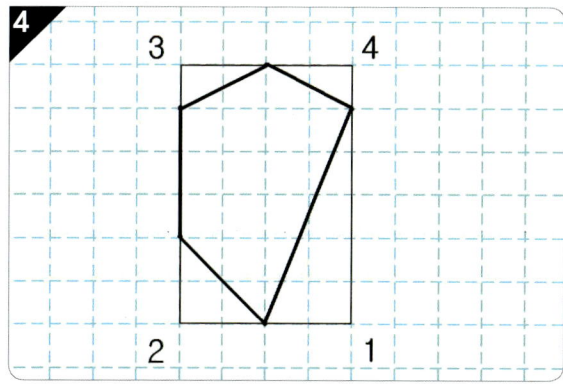

점을 이으면 상하좌우가 모두 바뀐 모양이 완성된다.

PART 3 움직이는 도형

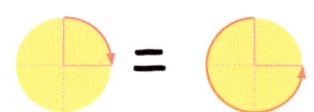

■ 오른쪽으로 반의반 바퀴 돌리기

규칙 : 위는 오른쪽으로, 오른쪽은 아래로 위치가 바뀐다.

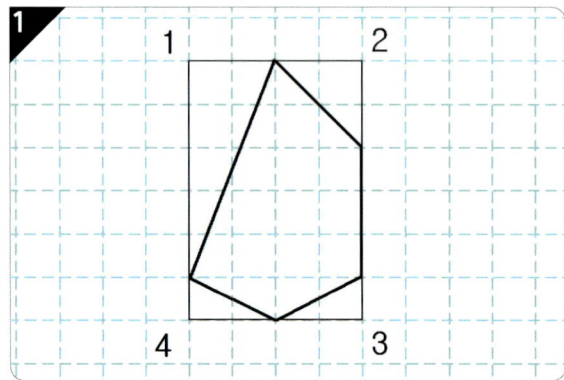

도형에 딱 맞게 사각형 박스를 그린 후 사각형 박스의 각 꼭짓점에 번호를 붙인다.

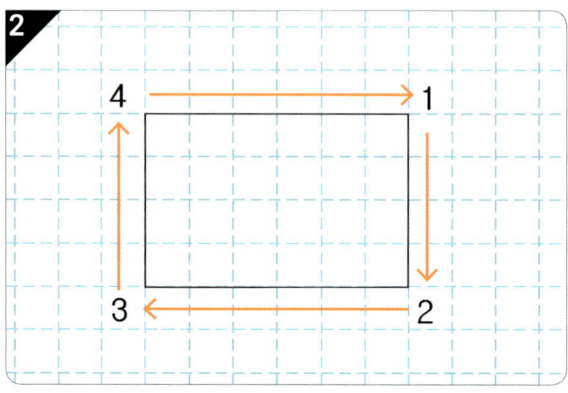

위→오른쪽→아래→왼쪽→위로 한 칸씩 움직이기 때문에, 번호 역시 한 칸씩 오른쪽 방향으로 이동하고, 하트 풍선에서 봤듯이 가로와 세로가 바뀌므로 박스의 모양도 옆으로 눕는다. (1→2→3→4→1)

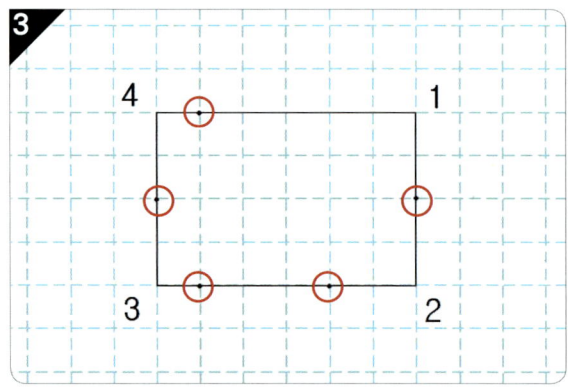

숫자 사이의 점들을 찾아 찍어 준다.

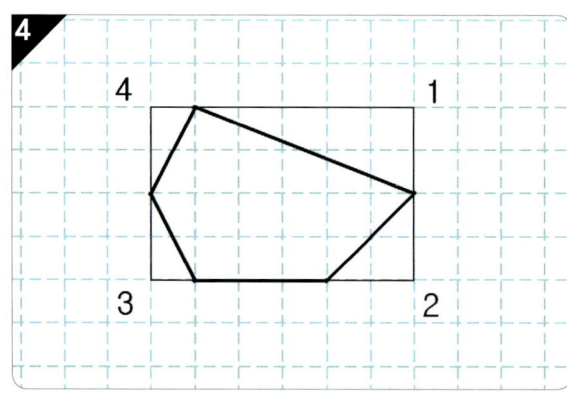

점들을 이어 준다.

- **왼쪽으로 반의 반 바퀴 돌리기**

규칙 : 위는 왼쪽, 왼쪽은 아래로 위치가 바뀐다.

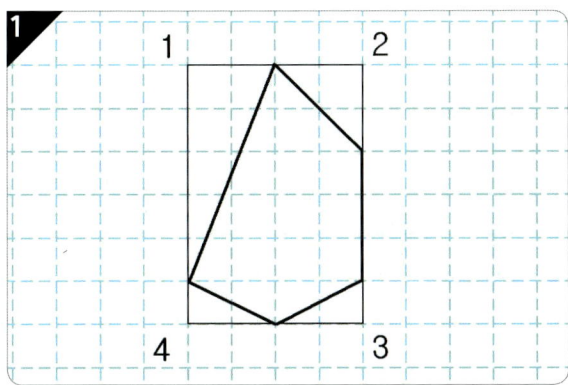

도형에 딱 맞게 사각형 박스를 그린 후 사각형 박스의 각 꼭짓점에 번호를 붙인다.

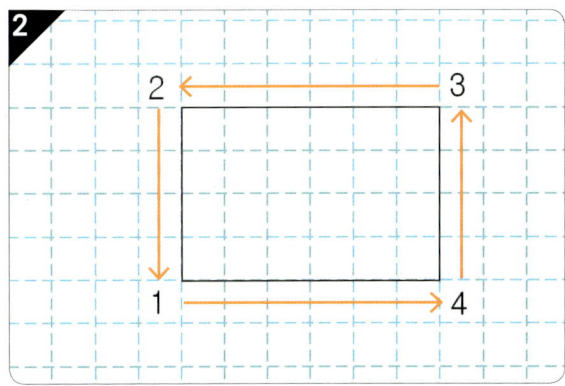

위→왼쪽→아래→오른쪽→위로 한 칸씩 움직이기 때문에, 번호 역시 한 칸씩 왼쪽 방향으로 이동하고, 박스의 모양도 왼쪽 옆으로 눕는다. (1→4→3→2→1)

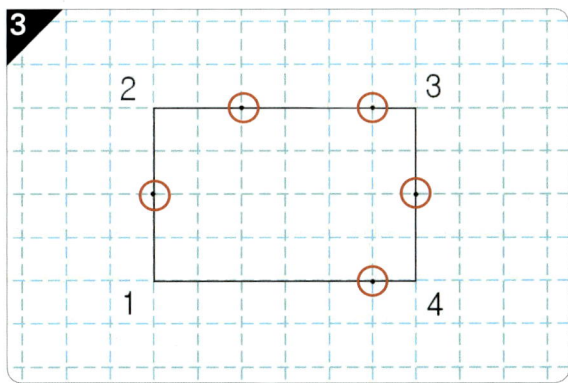

숫자 사이의 점들을 찾아 찍어 준다.

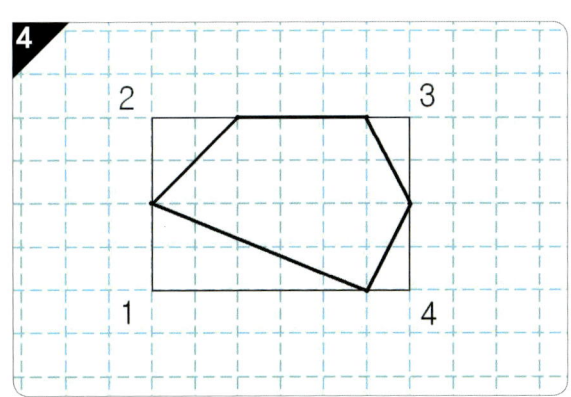

점들을 이어 준다.

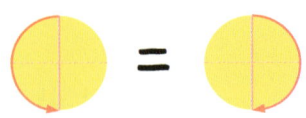

■ 복잡한 도형 돌리기

도형의 모양이 복잡해져도 당황하지 말고, 규칙에 따라 배운 대로 하면 됩니다. 여기서는 반 바퀴 돌리기를 해 볼게요.

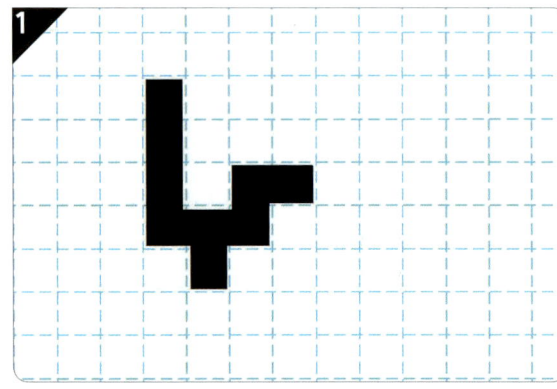

반 바퀴 돌리기 규칙을 생각한다.
'상하좌우가 모두 바뀐다.'

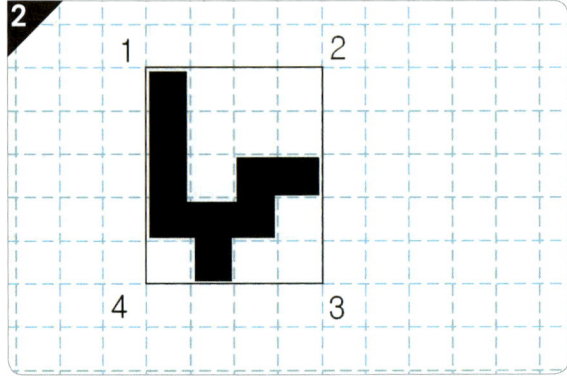

문제의 도형 모양에 딱 맞는 박스를 만들고 번호를 쓴다.

반 바퀴는 박스의 모양이 같고, 상하좌우가 모두 바뀌므로 번호의 위치를 대각선 방향으로 마주 보는 숫자끼리 바꿔 준다.

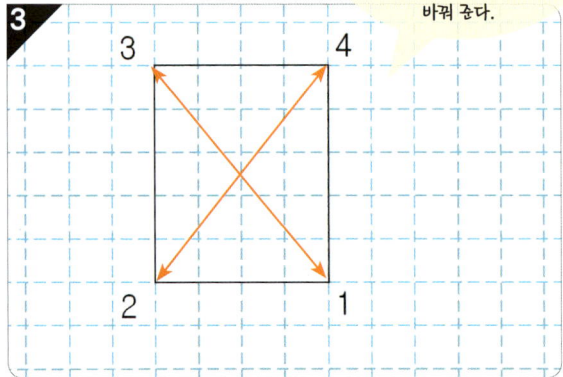

옮겨 그릴 곳에 박스를 그리고 번호를 붙인다. (1↔3, 2↔4)

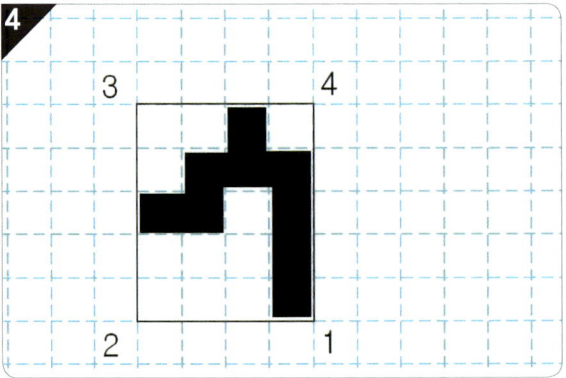

번호를 기준으로 점을 찍는다. 선으로 이은 후 색칠한다.

움직이는 도형 04

헷갈려! 선대칭, 점대칭

요리를 처음 시작하는 주부는 요리책을 잔뜩 안고도 어디에 어떤 양념을 얼마나 써야 할지 몰라 허둥지둥하죠? 그러다가 아주 조금씩 나름 요령이 생겨 응용까지 하게 됩니다. 이번 단원이 딱 그렇습니다. 앞에서 해본 밀기, 뒤집기, 돌리기는 이번 단원에서 배울 선대칭과 점대칭을 하기 위한 양념이었어요. 도형 움직이기가 제대로 이해됐다면 이제 선이나 점을 중심으로 포개어 만들면 됩니다.

선대칭은 선을 중심으로 접어 딱 맞게 포개는 것이고, 점대칭은 점을 중심으로 180도 돌려 딱 맞게 포개는 것입니다. 여기서 중심이 되는 선은 '대칭축'이라고 하고, 점은 '대칭의 중심'이라고 합니다.

엄마들이 한 가지 더 주의할 것은, 3학년에서 도형 움직이기를 곧잘 했다고 하더라도 5학년이 된 후 처음 만나는 대칭을 바로 쉽게 이해하지는 못한다는 것입니다. 지난 걸 잊기는 어른과 마찬가지니까요. 차근차근 앞의 놀이를 다시 해 보고 시작하면 훨씬 쉽게 알 수 있습니다.

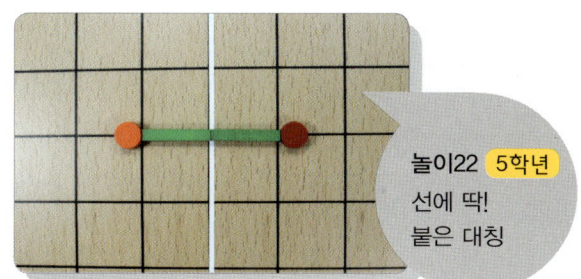

선대칭 도형 이해하기

놀이22 5학년
선에 딱! 붙은 대칭

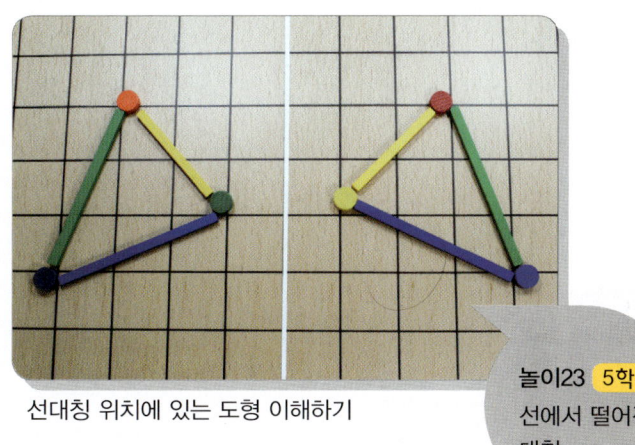

선대칭 위치에 있는 도형 이해하기

놀이23 5학년
선에서 떨어진 대칭

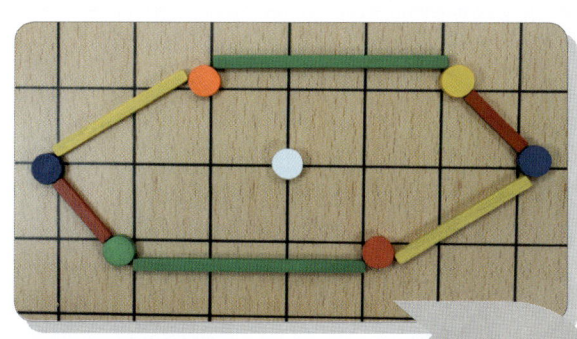

점대칭 도형 이해하기

놀이24 5학년
점에 딱! 붙은 대칭

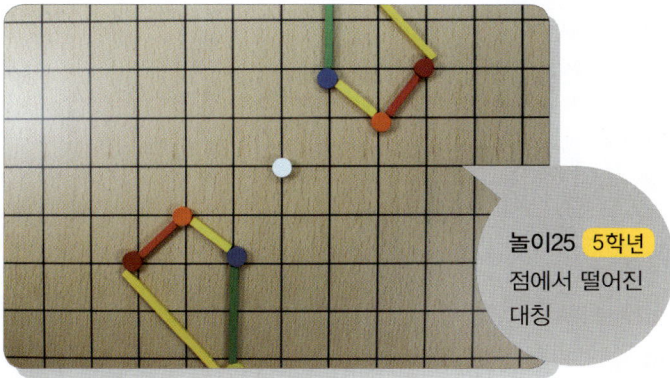

점대칭 위치에 있는 도형 이해하기

놀이25 5학년
점에서 떨어진 대칭

놀이 22

선에 딱! 붙은 대칭

 학년 5-2(2.합동과 대칭)

 준비물
그리드 판, 7가베, 8가베, 10가베

 학습 목표
선대칭 도형 이해하기

 이 놀이를 할 때는요
선대칭에는 '선대칭 도형'이라는 것과 '선대칭 위치에 있는 도형'이라는 말이 나옵니다. 쉽게 말하면 선대칭 도형은 도형 1개를 가지고 마주 접었을 때 딱 맞게 포개지는 것이고, 선대칭 위치에 있는 도형은 도형 2개를 마주 접어 딱 맞게 포개지는 걸 말합니다. 이렇게 포개지면 점과 변, 각도 포개지지요. 그걸 '대응점, 대응변, 대응각'이라고 합니다. 놀이를 통해 그 위치를 알아보세요.

그리드 판을 준비합니다. 바둑판이나 바둑판 모양의 시트지를 사서 사용해도 됩니다.

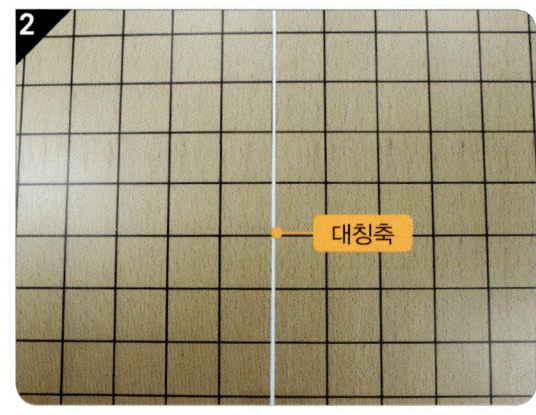

그리드 판 가운데 가는 선을 붙여 중심을 만들어 주세요. 이것이 선대칭 놀이 할 때 꼭 필요한 '대칭축'입니다.

 엄마가 먼저 대칭축의 오른쪽에 가베를 올려놓아요.

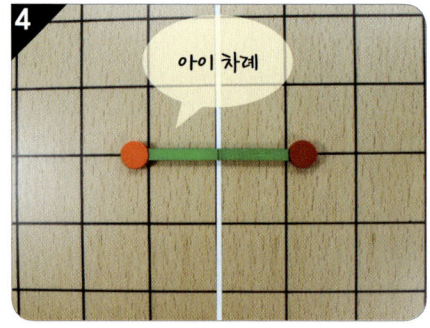

이번에는 아이가 똑같이 대칭축의 왼쪽에 올려놓습니다.

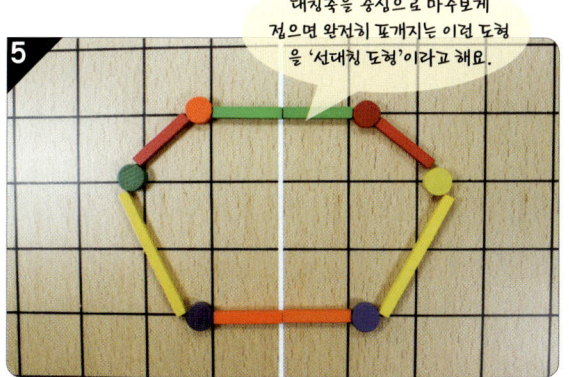

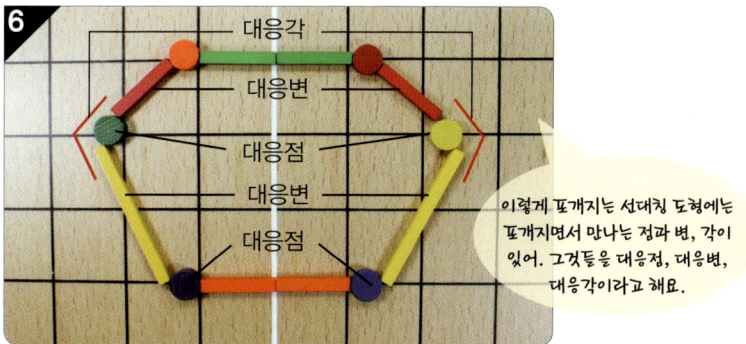

위와 같은 방법으로 육각형을 만드세요.

그리드 판에 만든 육각형을 보면서 대응점, 대응변, 대응각을 알아보세요.

■ 아이와 함께 7가베에서 선대칭 도형을 찾아보세요(대칭축을 기준으로 왼쪽과 오른쪽이 같은 도형들).

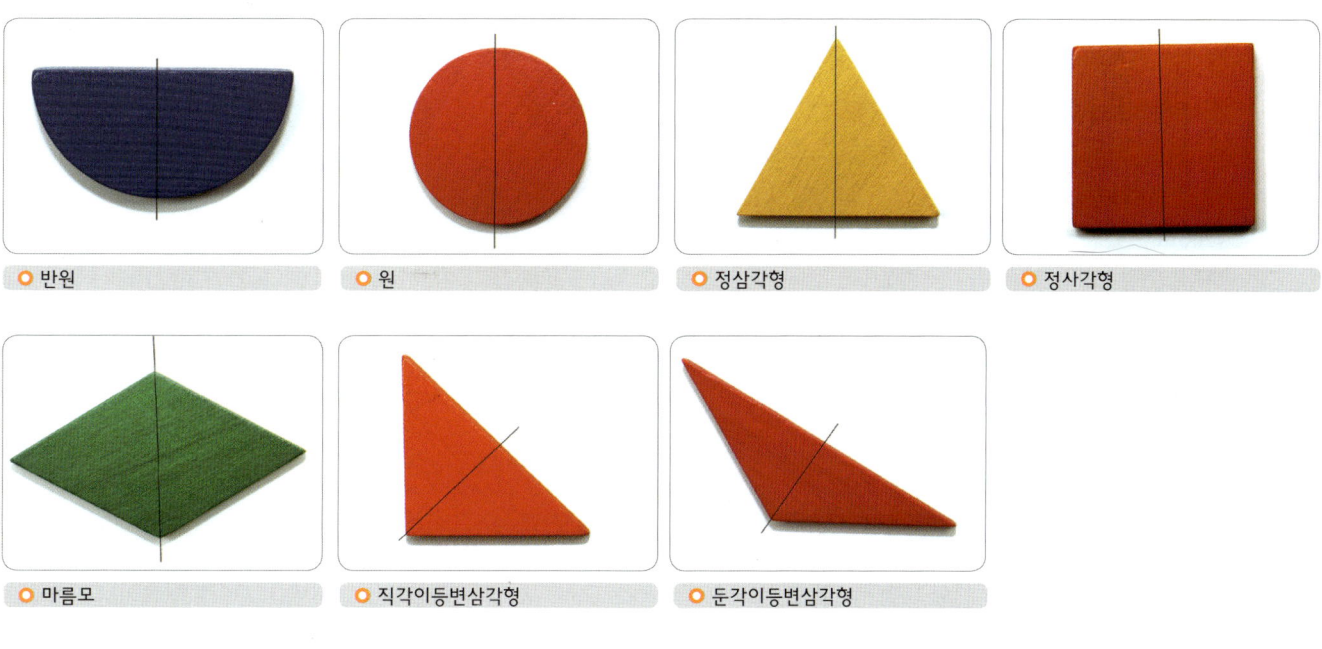

○ 반원   ○ 원   ○ 정삼각형   ○ 정사각형

○ 마름모   ○ 직각이등변삼각형   ○ 둔각이등변삼각형

TIP 아이가 아직 어리다면 도화지에 선을 쭉 그리고 대칭무늬 놀이를 해 보세요. 같은 개념의 놀이랍니다.

놀이 23

선에서 떨어진 대칭

 학년 5-2(2.합동과 대칭)

 준비물

그리드 판, 7가베, 8가베, 10가베

 학습 목표

선대칭 위치에 있는 도형 이해하기

 이 놀이를 할 때는요

선대칭 위치에 있는 도형은 선을 중심으로 도형 2개를 마주 접어 딱 맞게 포개지는 걸 말한다고 했었죠? 아래 놀이를 따라하면서 알아보세요.

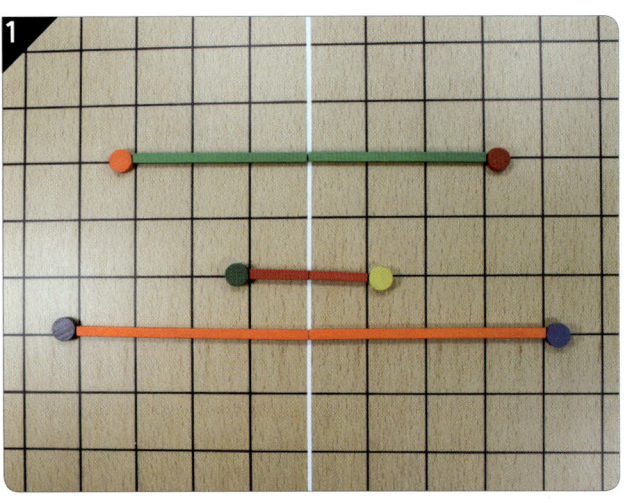

대칭축을 중심으로 그리드 판의 칸을 잘 보면서 같은 곳에 위치하도록 점을 놓습니다.

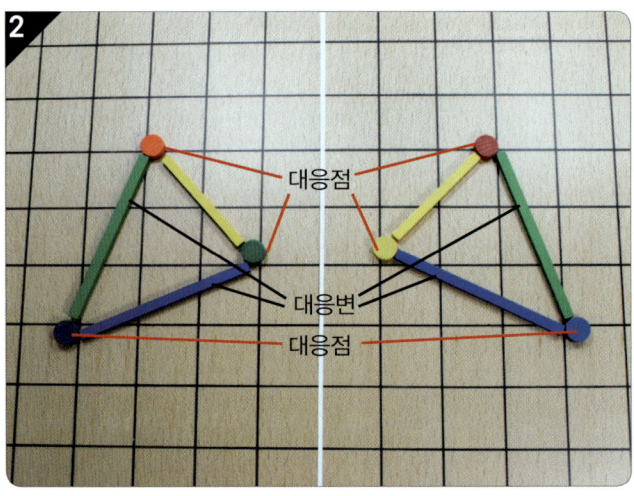

막대를 치우고 점을 8가베 막대로 이어 도형 2개를 만듭니다.

 정리하기

도형 2개가 대칭축을 중심으로 접으면 포개지는 위치에 있는 이 2개의 도형을 '선대칭 위치에 있는 도형'이라고 한답니다. 여기에도 만나면 포개지는 대응점, 대응변, 대응각이 있어요.

놀이 24

점에 딱! 붙은 대칭

 학년 5-2(2.합동과 대칭)

 준비물
그리드 판, 7가베, 8가베, 10가베

 학습 목표
점대칭 도형 이해하기

이 놀이를 할 때는요

보통 선대칭보다는 점대칭을 조금 더 어려워합니다. 뒤집기보다 돌리기를 어려워하는 것과 같아요. 하지만 점대칭 도형이 도형 움직이기에서 오른쪽(왼쪽)으로 반 바퀴 돌리는 모양과 같다는 걸 알면 조금 쉽게 할 수 있습니다. '반 바퀴 돌리면 상하좌우가 바뀐다.'라는 규칙을 기억하고, 시작해 보세요.

1 그리드 판 가운데 10가베 점 하나를 붙입니다.

2 대칭의 중심을 기준으로 엄마와 아이가 반대 방향에 막대를 놓고 점을 놓습니다. 이때 막대의 색도 같은 것으로 하면 쉽게 알 수 있어요.

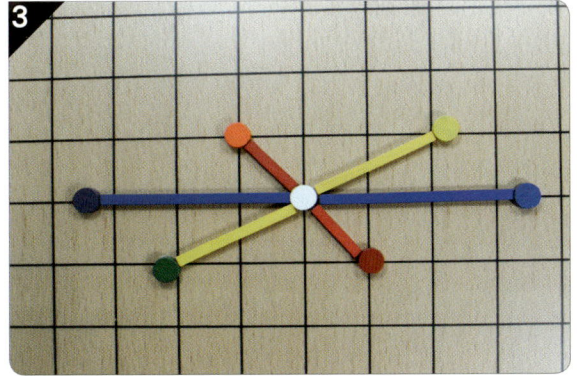

3 위와 같은 방법으로 점 6개를 놓습니다.

4 막대는 빼고 6개의 점들을 적당한 길이의 8가베 막대로 이어서 육각형을 만들어요.

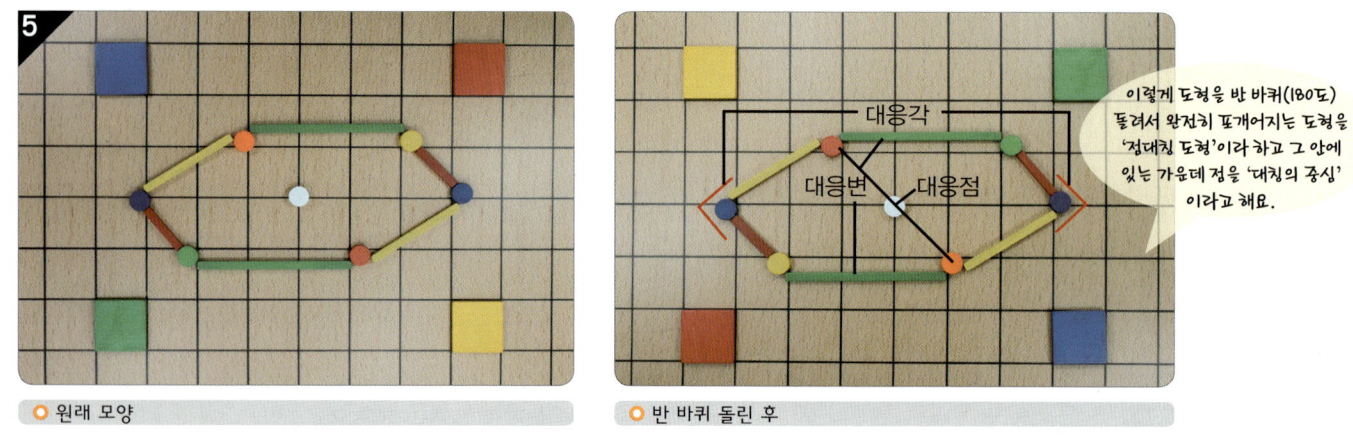

○ 원래 모양   ○ 반 바퀴 돌린 후

그리드 판 네 귀퉁이에 서로 다른 색의 정사각형 4개를 놓고, 그리드 판을 반 바퀴 돌려 보세요. 원래의 모양과 완전히 포개지는 점대칭 도형인 걸 알 수 있어요.

TIP 선대칭, 점대칭 한눈에 보기

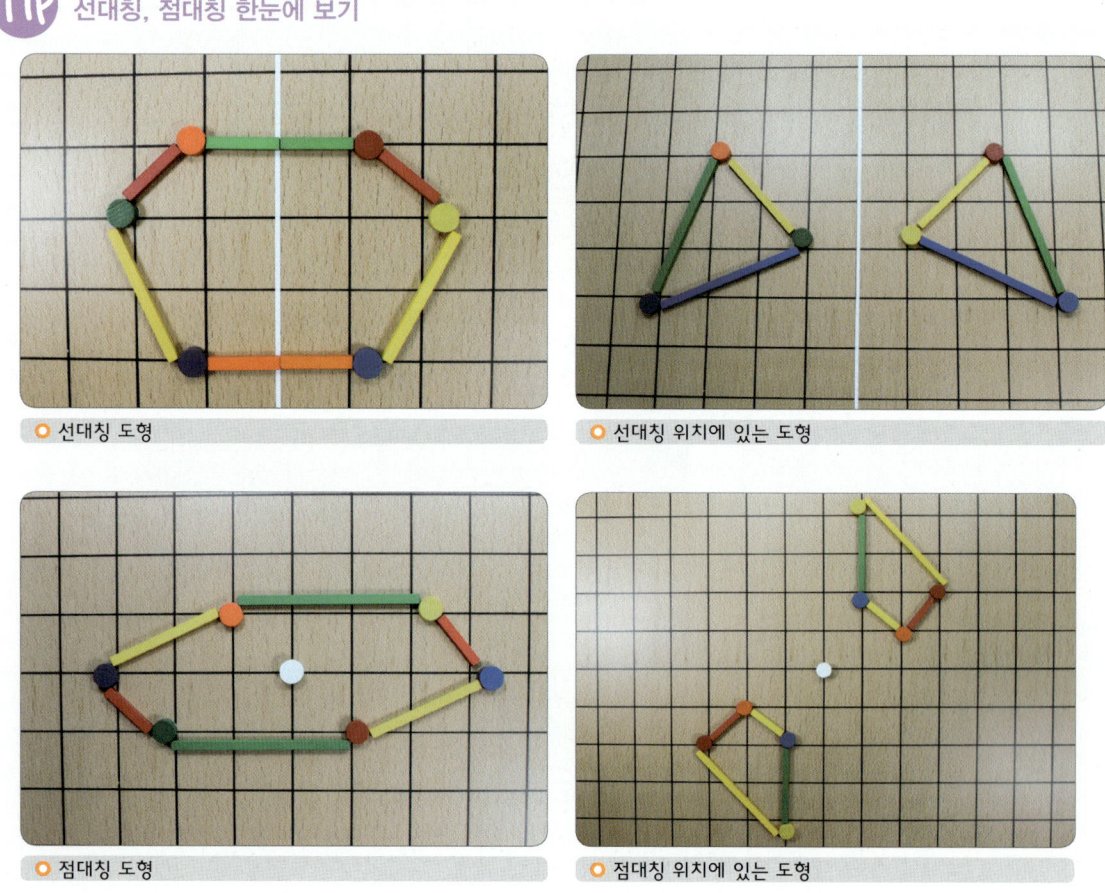

○ 선대칭 도형   ○ 선대칭 위치에 있는 도형

○ 점대칭 도형   ○ 점대칭 위치에 있는 도형

놀이 25

점에서 떨어진 대칭

 학년 5-2(2.합동과 대칭)

 준비물
점대칭 위치에 있는 도형 이해하기

 학습 목표
그리드 판, 7가베, 8가베, 10가베

 이 놀이를 할 때는요
방향을 반대로 움직이게 해서 점대칭 위치에 있는 도형을 만드는 놀이입니다. 앞에서 점대칭 도형은 반 바퀴 돌려서 포개진다고 했죠? 도형 모양은 반 바퀴 돌리면 상하좌우가 모두 바뀌므로, 엄마의 점이 위로 가면 아이 점은 아래로, 오른쪽으로 가면 왼쪽으로 옮기면서 만드는 거랍니다. 말로 하는 것보다 직접 해 보는 게 더 쉬워요.

1

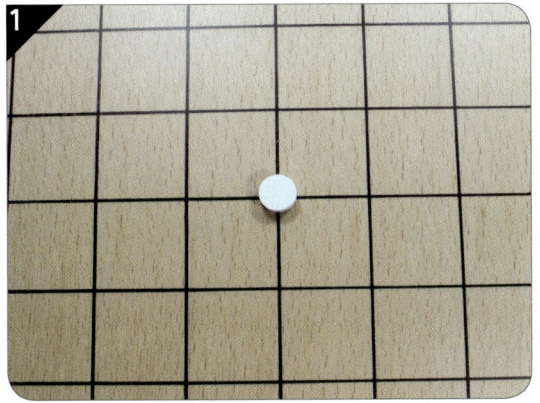

그리드 판 가운데에 대칭의 중심이 되도록 10가베 점을 하나 놓습니다.

2

점	누가	위	아래	오른쪽	왼쪽
1 빨강					
2 노랑					
3 파랑					
4 주황					

○ 점대칭 게임 표

다음의 표를 만듭니다. 이렇게 쓰면서 하면 반대로 움직이는 방향을 잘 알 수 있어요.

3

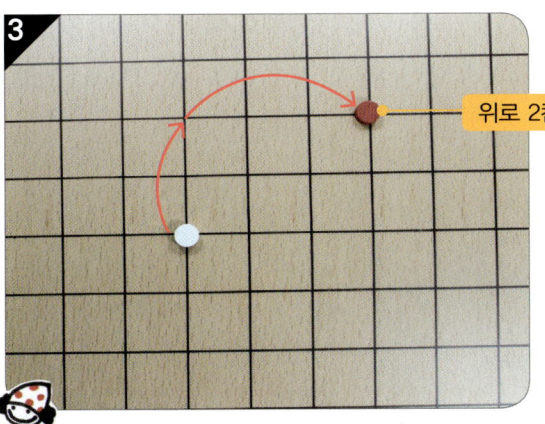

위로 2칸, 오른쪽으로 3칸

점	누가	위	아래	오른쪽	왼쪽
1 빨강	엄마	2		3	

처음에는 빨강 점을 가지고 움직입니다. 엄마가 먼저 중심을 기준으로 '위로 2칸, 오른쪽으로 3칸'이라고 표에 쓰고 움직여 놓습니다.

PART 3 움직이는 도형 103

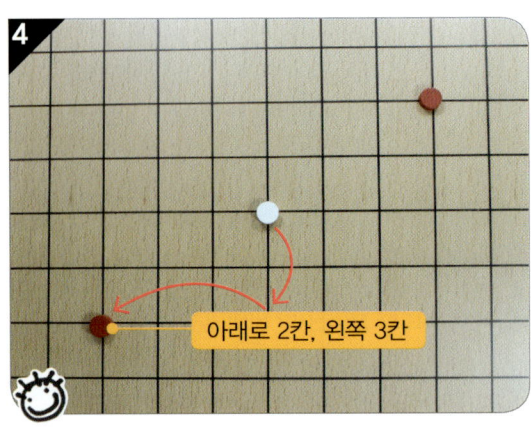

점	누가	위	아래	오른쪽	왼쪽
1 빨강	엄마	2		3	
	나		2		3

아이는 엄마가 움직인 반대로 자기 빨강 점을 움직이면 됩니다. 그럼 '아래로 2칸, 왼쪽으로 3칸'이라고 표에 쓰고 움직이면 되겠죠? 이렇게 서로 놓은 빨강 점은 점대칭이 됩니다.

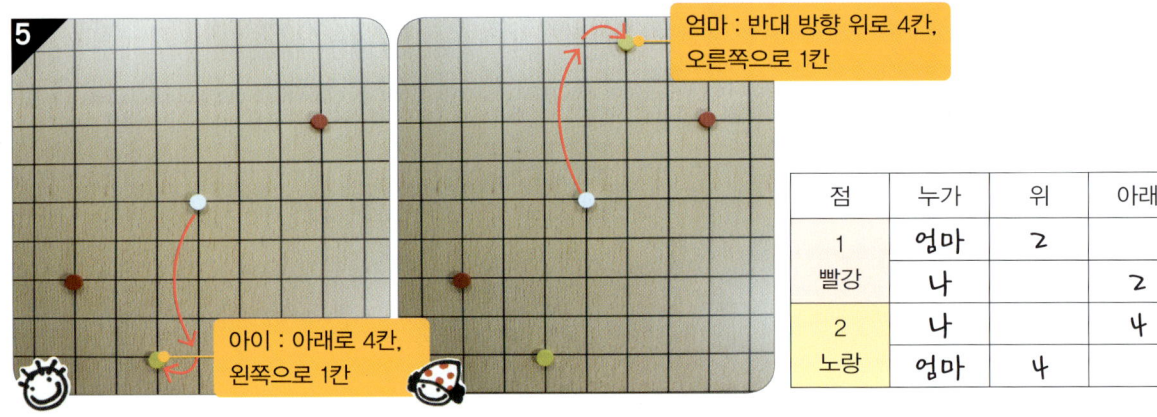

점	누가	위	아래	오른쪽	왼쪽
1 빨강	엄마	2		3	
	나		2		3
2 노랑	나		4		1
	엄마	4		1	

노랑 점을 움직일 차례입니다. 이번에는 아이가 먼저 움직이고 엄마가 반대로 움직이세요.

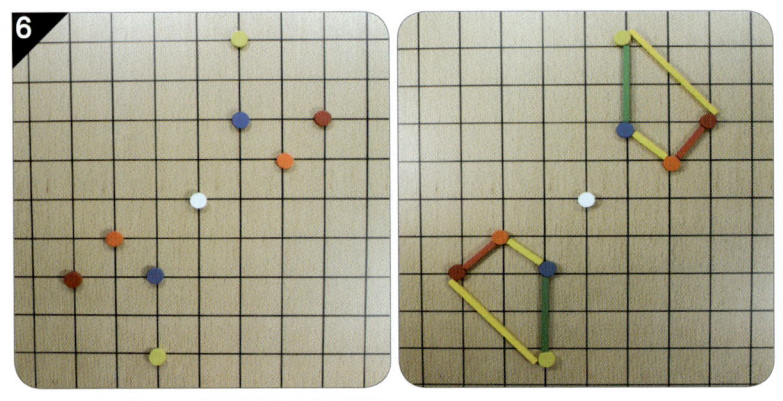

점	누가	위	아래	오른쪽	왼쪽
1 빨강	엄마	2		3	
	나		2		3
2 노랑	나		4		1
	엄마	4		1	
3 파랑	엄마	2		1	
	나		2		1
4 주황	나		1		2
	엄마	1		2	

○ 점대칭 위치에 있는 도형

이렇게 빨강 점에서 주황 점까지 모두 놓고, 선으로 이어 주면 점대칭 위치에 있는 도형이 만들어집니다.

 **그래도 점대칭이 어려워요!**

점대칭 도형들은 선대칭 도형보다 쉽게 이해되지 않아요. 간단한 중심 무늬 놀이를 즐기다 보면 점을 중심으로 도형의 위치가 변하는 규칙을 자연스럽게 배울 수 있답니다.

■ 중심이 변하는 무늬 놀이

❶ 놀이할 도형 준비하기

❷ 중심도형 만들기

❸ 보라색 직육면체를 중심으로 위→아래, 오른쪽→왼쪽으로 움직이기

❹ 이번에는 초록색을 중심으로 보라색 움직이기 (여기서도 순서는 위→아래, 오른쪽→왼쪽)

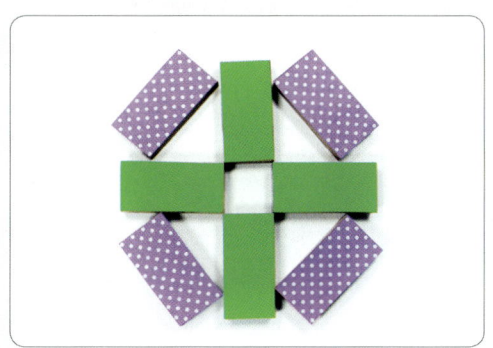

❺ 보라색을 중심으로 초록색 움직이기 (위→아래, 오른쪽→왼쪽)

❻ 초록색을 중심으로 보라색 움직이기 (위→아래, 오른쪽→왼쪽)

꼭꼭 숨은 각

쉬운 사람에겐 쉽고, 어려운 사람에겐 어렵기만 한 각 단원!
생활 속에 숨어 있는 여러 가지 각을 찾으면 어렵지 않게 이해할 수 있어요.
서로 게임하듯 문제를 던지고, 먼저 찾는 사람이 간식 먹기 같은
귀여운 규칙도 만들고, 찾아온 물건을 각도기로 재어 확인해 보고,
하다 보면 어느새 재미있는 놀이가 된답니다.

1. 선이 합체하면 각!
2. 각에도 종류가 있다
3. 똑바로 숙이면 직각
4. 직각보다 둔한 각, 예리한 각
5. 각도 더하기와 빼기

꼭꼭 숨은 각 01 선이 합체하면 각!

일상생활 속에서 각은 미끄럼틀, 스키장의 슬로프, 아파트 계단 같은 경사를 표현할 때 가장 많이 쓰입니다. 주변의 많은 물건들은 직각으로 만들어져 공간을 효율적으로 사용할 수 있도록 도와주고요.

학교에서 각을 배울 때는 평면도형인 '선분'이라는 것부터 시작합니다. 각이라는 것이 어떻게 만들어지는지 알아보기 위해서지요. 이 이야기를 해 주지 않으면 선분은 선분대로, 각은 각대로 연결하지 못하고 서로 다른 것으로 알고 그냥 넘어가게 됩니다. 이걸 왜 배우는지 기본 개념을 분명하게 아는 것이 중요하니 꼭 이야기해 주세요.

보기에 똑같은 선 하나로 보이지만 선분과 직선은 다릅니다. 선분과 직선의 차이를 정확하게 이해하고, '곧은 선 2개가 한 점에서 만나 이루어지는 도형', 즉 '각'을 알아보고 측정하는 것이 이번 단원의 목표입니다.

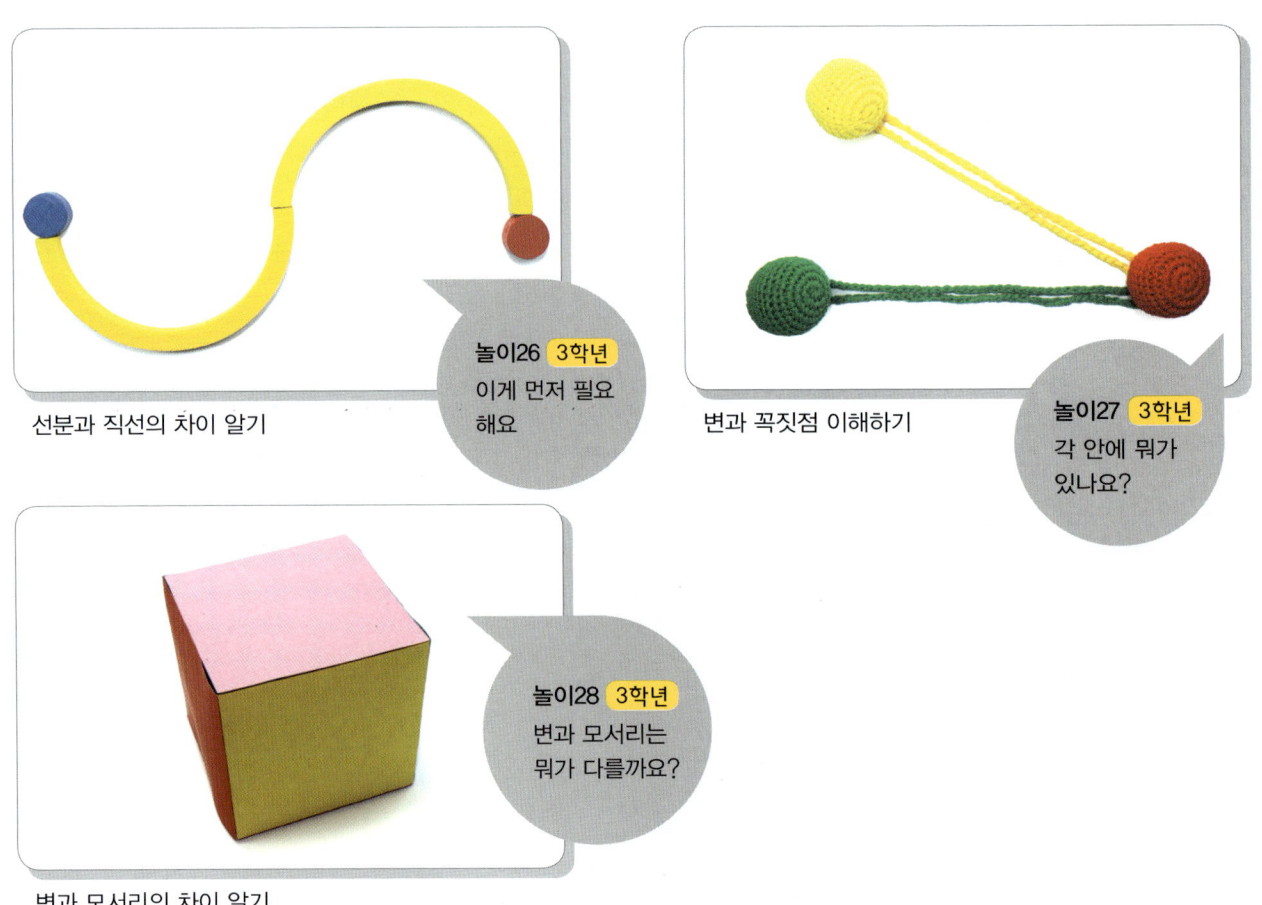

놀이26 3학년
이게 먼저 필요해요
선분과 직선의 차이 알기

놀이27 3학년
각 안에 뭐가 있나요?
변과 꼭짓점 이해하기

놀이28 3학년
변과 모서리는 뭐가 다를까요?
변과 모서리의 차이 알기

놀이 26

이게 먼저 필요해요

 학년 3-1(2. 평면도형)

 준비물
8가베, 9가베, 10가베, 스카치테이프

 학습 목표
선분과 직선의 차이 알기

이 놀이를 할 때는요

교과서를 보면 선분은 '두 점을 곧게 이은 선', 직선은 '양쪽으로 끝없이 늘인 곧은 선'이라고 정의합니다. 무엇이 같은가요? 또 무엇이 다른가요? 아이에게 생각하고 말해 보라고 하세요. '휘지 않고 곧은 선으로만 만든다'가 같은 점이고, '쭉 늘인 것의 한계가 있느냐? 없느냐?'가 다른 점입니다.

○ **교과서 문제**

다음 두 도형의 이름을 말해 보시오.

❶ •────────•   ❷ •────────────

스카치테이프로 10가베 점 2개를 바닥에 고정시키고, 점에 이름을 붙이세요.

> 점과 점을 이어 만든 이 선을 '선분'이라고 해요. 선분의 이름을 읽을 때는 '선분 ○○'이라고 점의 이름 2개를 이어서 읽으면 되지요.

두 점을 8가베 막대로 연결합니다.

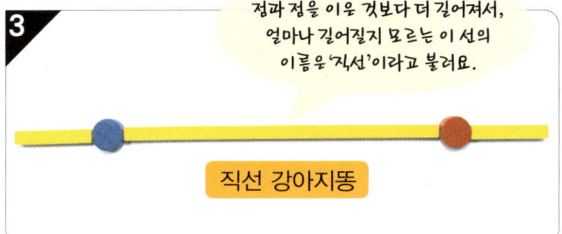

> 점과 점을 이은 것보다 더 길어져서, 얼마나 길어질지 모르는 이 선의 이름은 '직선'이라고 불러요.

위에 만든 선분에다가 8가베 막대를 더 이어 붙여 직선을 만듭니다.

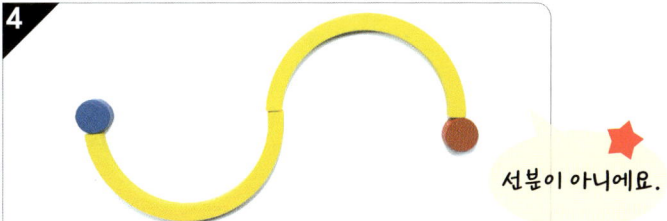

★ 선분이 아니에요.

점과 점 사이를 8가베로 이은 것과 9가베로 이은 것을 비교하세요. 곧은 선으로 이어지는 것만 '선분 혹은 직선'이라고 부른답니다.

PART 4 꼭꼭 숨은 각

놀이 27

각 안에 뭐가 있나요?

 학년 3-1(2. 평면도형)

 준비물
1가베

 학습 목표
변과 꼭짓점 이해하기

 이 놀이를 할 때는요
선분 2개를 한 점에서 만나게 하면, 점 1개가 필요 없어지면서 '각'이 생깁니다. 사실 없어지는 것이 아니라 겹쳐져서 1개처럼 보이는 거죠. 여기서는 그냥 '점'이라고 부르는 것과 '꼭짓점'의 차이를 알아보겠습니다.

○ **교과서 문제**

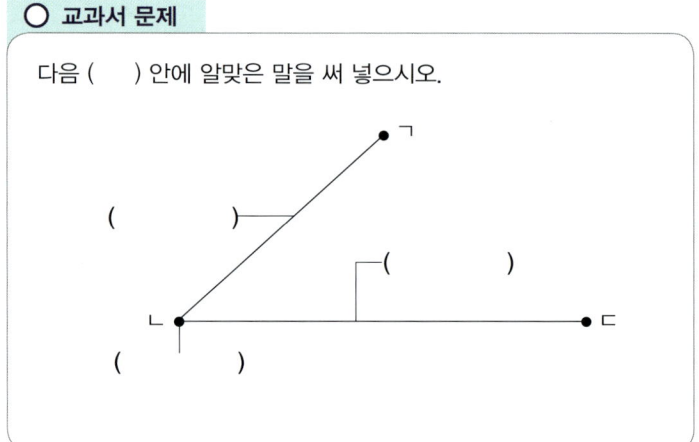

다음 ( ) 안에 알맞은 말을 써 넣으시오.

1

선분 노란공빨간공

선분 초록공빨간공

끈이 있는 공과 끈이 없는 공으로 선분을 2개 만듭니다.

2

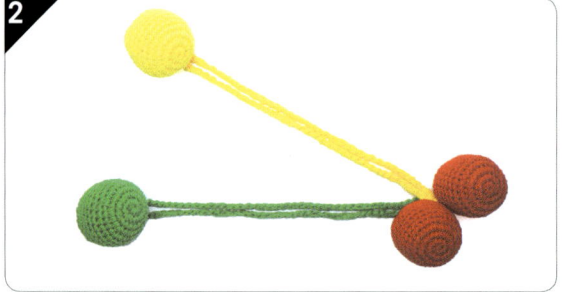

선분 2개의 빨간공을 겹쳐서 만나게 합니다.

3

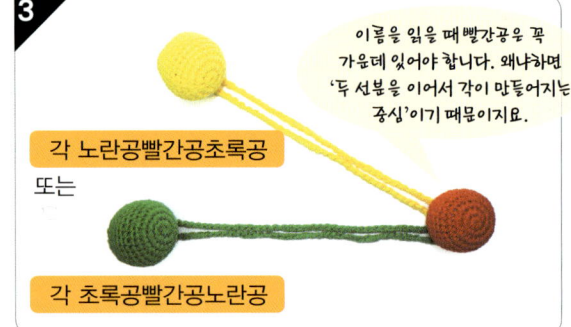

각 노란공빨간공초록공
또는
각 초록공빨간공노란공

이름을 읽을 때 빨간공은 꼭 가운데에 있어야 합니다. 왜냐하면 '두 선분을 이어서 각이 만들어지는 중심'이기 때문이지요.

겹쳐진 빨간공 중 한 개를 빼서 각을 만들어 보세요.

4

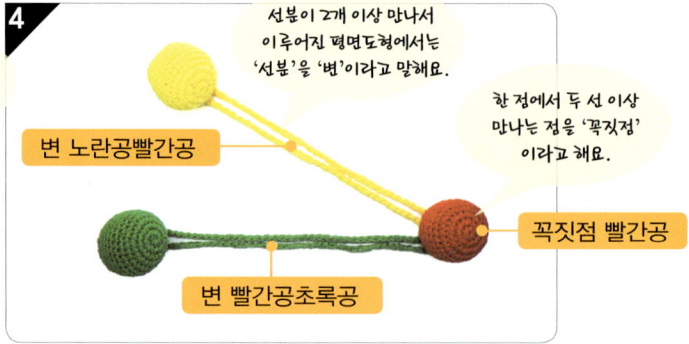

선분이 2개 이상 만나서 이루어진 평면도형에서는 '선분'을 '변'이라고 말해요.

변 노란공빨간공

변 빨간공초록공

한 점에서 두 선 이상 만나는 점을 '꼭짓점'이라고 해요.

꼭짓점 빨간공

각이 생기면서 바뀐 부분의 이름을 알려주세요.

놀이 28

변과 모서리는 뭐가 다를까요?

 학년 3-1(2. 평면도형)

 준비물
2가베 정육면체, 색종이, 가위, 스카치테이프

 학습 목표
변과 모서리의 차이 알기

 이 놀이를 할 때는요
아이들은 학년이 올라가면서 선분, 직선, 변, 모서리를 그때마다 다시 배우기 때문에 많이 헷갈려 합니다. 선분을 둘러싸면서 평면도형이 생기고, 평면도형을 둘러싸면서 입체도형이 생기는데, 그 과정에서 변과 모서리를 알게 되지요. 선분과 직선은 앞에서 배웠으니, 이번에는 정육면체 입체 도형을 만들면서 변과 모서리를 알아보겠습니다.

1

2가베 정육면체를 대고 정사각형을 그리세요.

2

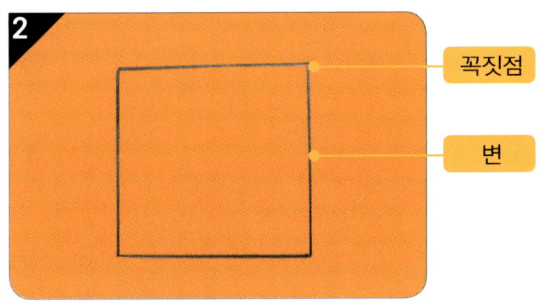

꼭짓점
변

정사각형을 먼저 알아봅니다.

3

2가베 정육면체의 전개도를 만들 수 있도록 정사각형 6개를 준비한 후 그림처럼 조합하여 스케치북에 올립니다.

4

이 변들이 변이면서 모서리가 되지요.

변을 찾아보고 변과 변이 만나는 곳에 동그라미를 그려 보세요.

5

평평한 평면도형일 때는 '변'이라고 부르고, 상자처럼 입체 모양일 때는 '모서리'라고 부른답니다.

이렇게 입체가 되면 변들이 모두 만나게 되지요. 이것을 '모서리'라고 불러요.

PART 4 꼭꼭 숨은 각   111

각에도 종류가 있다

각이 뭔지 배웠으니, 이제 각에도 여러 가지 종류가 있다는 것을 배울 차례입니다. 각의 종류를 자세히 보면 직각, 둔각, 예각, 평각 외에도 교각, 맞꼭지각, 동위각, 엇각, 내각, 외각, 대각, 내대각, 중심각, 원주각 등 여러 가지가 있습니다. 여기서는 초등학교 과정 중 배우게 되는 평각, 직각, 예각, 둔각을 중심으로 알아볼 거예요. 가장 기본이 되는 직각을 기준으로, 각이 더 커지면 둔각, 더 작아지면 예각, 쫙 펴지면 평각입니다.

■ 직각 (직각 표시)

두 직선이 만나서 이루는 90도의 각.
1직각이라고도 하며, ㄱ, ㄴ 모양처럼 생긴 각입니다. 방향을 어디로 돌려도 항상 90도입니다.

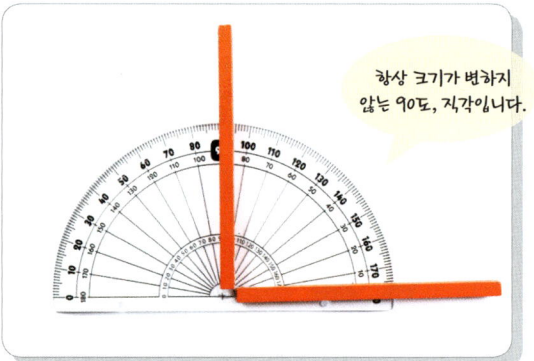

항상 크기가 변하지 않는 90도, 직각입니다.

■ 둔각

90도보다 크고, 180도보다 작은 각.
한자로 보면 鈍(무딜 둔, 둔할 둔) 자와 角(뿔 각) 자로 '둔한 뿔'이라는 뜻이에요. 그래서 뾰족하지 않고 무딘 모양입니다. 90도와 180도 사이의 모든 각을 말합니다. 직각보다 큽니다.

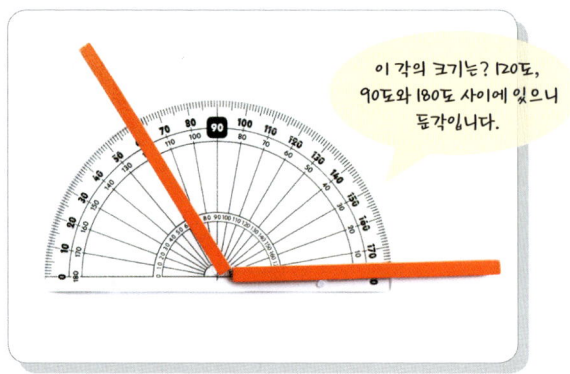

이 각의 크기는? 120도, 90도와 180도 사이에 있으니 둔각입니다.

■ 예각

 0보다 크고, 90도보다 작은 각.
한자로 銳(날카로울 예) 자를 써서 '날카롭고 뾰족한 뿔'이랍니다. 그래서 날카롭고 뾰족한 모양이에요. 직각보다 작습니다.

 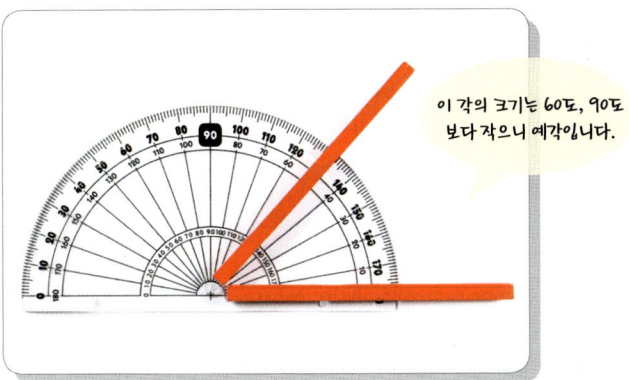

■ 평각

180도의 각, 한 점에서 나간 두 반직선이 일직선을 이룰 때, 그 두 반직선이 이루는 각.
평평한 선처럼 보이기 때문에 '평각'이라고 부릅니다. 90도 직각 두 개를 합친 모양과 같아서 '2직각'이라고도 합니다.

 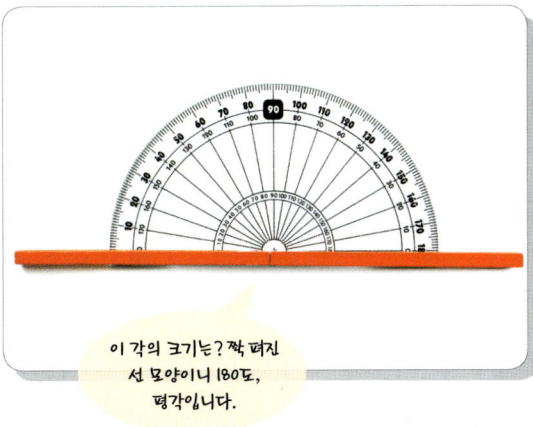

꼭꼭 숨은 각 03

똑바로 숙이면 직각

직각의 정의는 '두 직선이 만나서 이루는 90도의 각'입니다. 90도라고는 하지만 처음 배우는 아이들이 각도를 알 수는 없으니, ㄱ, ㄴ 모양처럼 곧은 선으로 만들어진 각이라고 알려주면 됩니다. 직각을 처음 대하는 3학년에서는 삼각자를 사용하여 직각의 형태만 알아봅니다. 각도기를 사용하여 실제로 재어 보면서 각의 크기를 배우는 것은 4학년부터랍니다.

각도기를 이용하여 재어 보면 정확하겠지만, 굳이 각도기가 없어도 책이나 책상, 창문, 액자 등 직각은 우리 주변에서 쉽게 찾을 수 있어요. 아이와 함께 창의 놀이하면서 가지고 놀았던 7가베에서 직각 찾기 놀이를 해 보세요. 직각 단원에서는 가능한 삼각자를 준비하고 시작하세요. 자주 쓰인답니다.

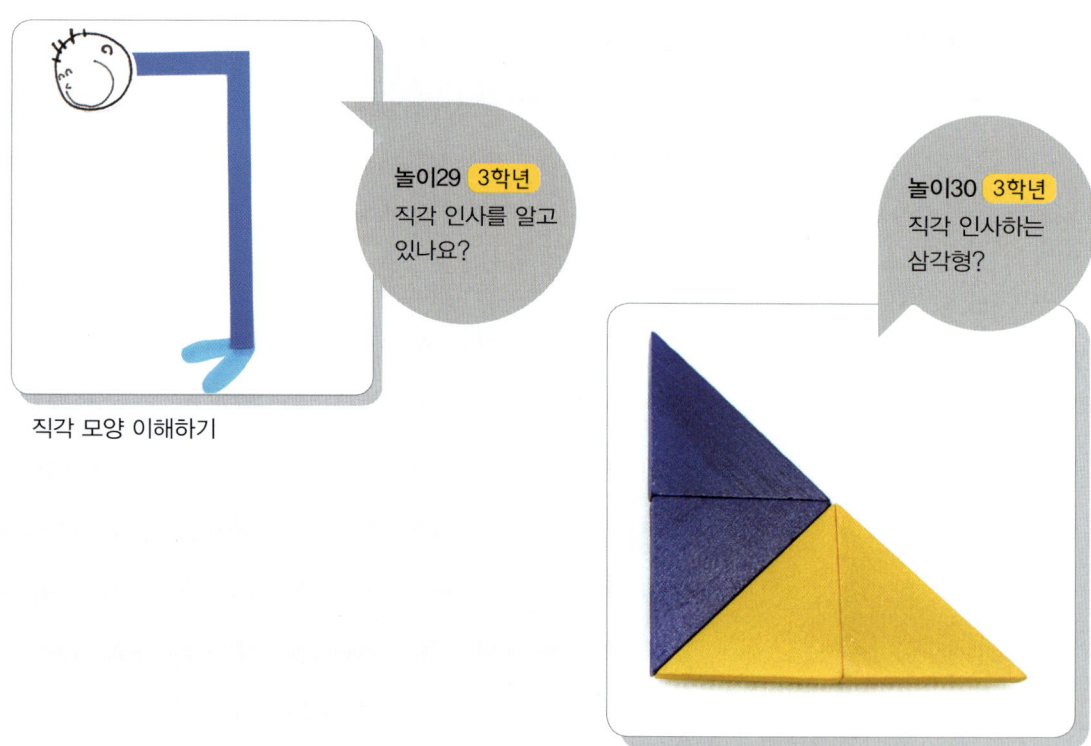

놀이29 3학년
직각 인사를 알고 있나요?

직각 모양 이해하기

놀이30 3학년
직각 인사하는 삼각형?

직각삼각형 이해하기

놀이 29

직각 인사를 알고 있나요?

 학년 3-1(2. 평면도형)

 준비물
7가베

 학습 목표
직각 모양 이해하기

 이 놀이를 할 때는요
'안녕하십니까?' 예쁜 유니폼에 90도로 직각 인사하는 스튜어디스, 은행원, 백화점이나 마트 직원들. 아이와 함께 외출한 곳에서 많이 봤죠? 직각 인사하기를 해 보고, 주변에 있는 직각을 찾아보세요.

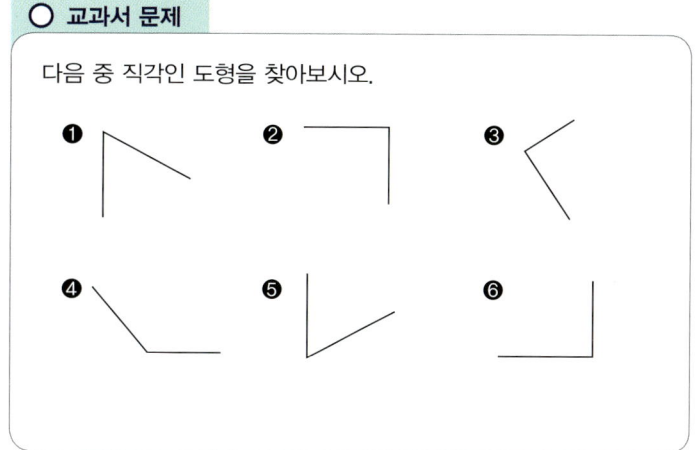

○ **교과서 문제**

다음 중 직각인 도형을 찾아보시오.

❶ ❷ ❸
❹ ❺ ❻

작은 물건은 직각 인사하기 그림에 넣어 확인해 볼 수 있습니다.

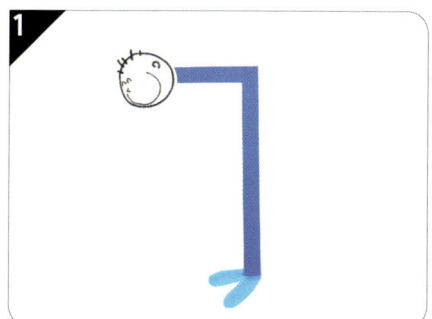

1. 아이와 직각 인사하기. 책처럼 그림도 그려 보고 따라해 보세요.

2. 주변 물건에서 직각을 찾아봅니다.

주변 물건들로 충분한 직각의 감을 익혔다면 7가베를 열고 평면도형에서 직각을 찾아보세요.

TIP 직각부등변삼각형이 뭐냐고요? 책의 차례를 보면 2부 '평면도형 문 열기'에 자세히 나와 있어요.

3. 정사각형 / 직각부등변삼각형 / 직각이등변삼각형

PART 4 꼭꼭 숨은 각　115

놀이 30

직각 인사하는 삼각형?

 학년 3-1(2. 평면도형)

 준비물
7가베, 삼각자

 학습 목표
직각삼각형 이해하기

 이 놀이를 할 때는요
가베를 이용하여 삼각자를 만들어 보겠습니다. 아이들이 스스로 만들면서 관찰하게 되니 '세 각 중 한 각이 직각'인 직각삼각형을 잘 알게 됩니다.

○ **교과서 문제**

다음 중 직각삼각형을 모두 찾아 ○표 하시오.

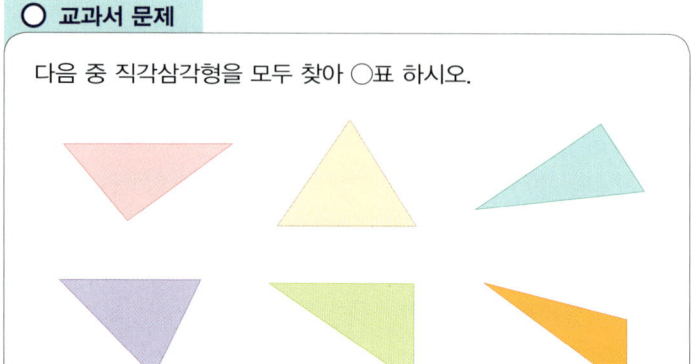

직각이 있는 두 삼각형을 꺼내 삼각자와 비교하세요.

1

크기는 모두 다르고 직각은 모두 있는 삼각형들이에요.

2

○ 직각이등변삼각형 키우기

스카치테이프로 붙여 고정시키면 이 삼각자를 가지고 집안에 있는 여러 가지 물건들에서 직각 찾기 놀이를 할 수 있어요.

○ 직각부등변삼각형 키우기

크기는 달라도 모양은 같은 여러 가지 직각삼각형을 만들어 보세요.

꼭꼭 숨은 각 04
직각보다 둔한 각, 예리한 각

요즘 아이들이 한자를 빨리 시작하는 게 설명하는데 얼마나 많은 도움이 되는지 모릅니다. 둔각과 예각은 한자로 뜻을 알아보면 금방 차이를 이해할 수 있는데, 둔각과 예각의 기준이 되는 것은 무엇일까요? 네, 앞에서 알아본 직각입니다. 직각보다 커지면 직각보다 둔한 모양 둔각이 되고, 직각보다 작으면 직각보다 뾰족한 예각이 되는 거지요.

- '둔각'은 鈍(무딜 둔, 둔할 둔) 자와 角(뿔 각) 자로 '둔한 뿔'입니다. 그래서 뾰족하지 않고 무딘 모양입니다. (90도 보다 크고, 180도 보다 작은 각)

- '예각'의 예는 銳(날카로울 예) 자로 '날카롭고 뾰족한 뿔'이 되지요. 그래서 날카롭고 뾰족한 모양이 되는 겁니다. (90도 보다 작은 각)

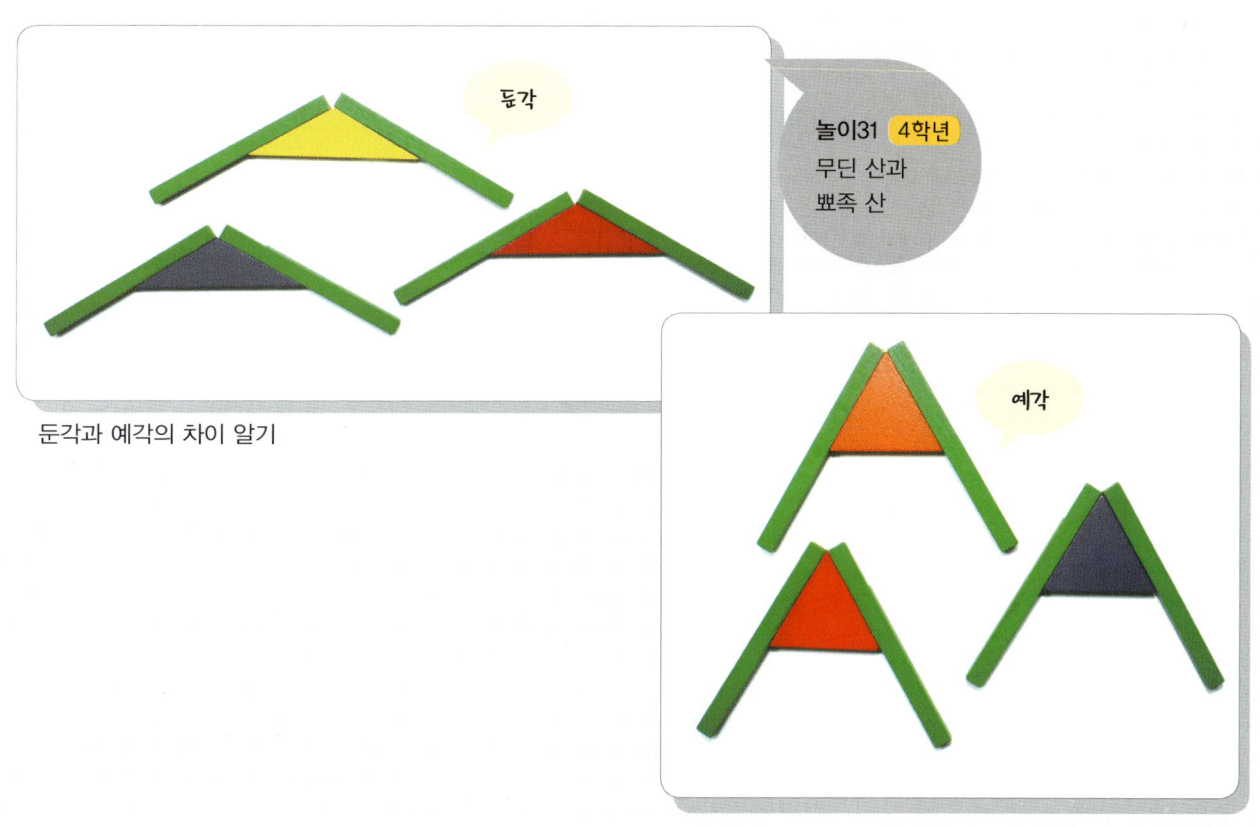

놀이31 **4학년**
무딘 산과 뾰족 산

둔각과 예각의 차이 알기

놀이 31

무딘 산과 뾰족 산

 학년 4-1(3. 각도와 삼각형)

 준비물
7가베, 8가베, 스카치테이프

 학습 목표
둔각과 예각의 차이 알기

 이 놀이를 할 때는요
직각을 처음 대할 때처럼 인사하는 모습으로 알아보고, 그 인사 모양이 있는 평면도형을 찾아봅니다.

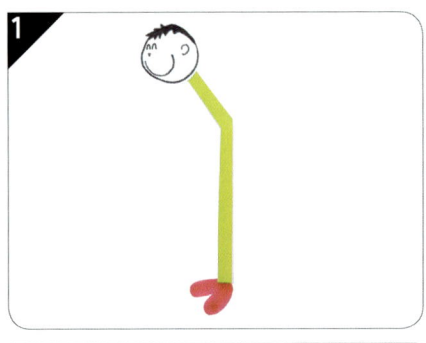
○ 둔각 인사

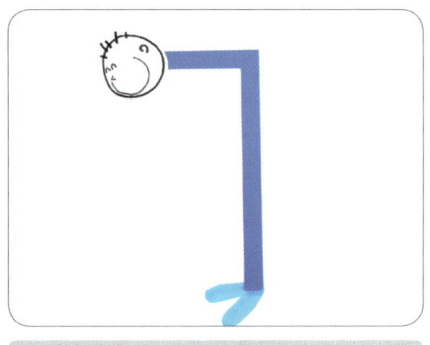
○ 직각 인사

○ 예각 인사

다음 그림을 보고 아이와 따라해 보세요. 직각을 기준으로 더 일어나 각이 무뎌지면 둔각, 더 숙여서 각이 뾰족해지면 예각이 됩니다.

○ 둔각이 있는 도형   ○ 예각이 있는 도형

주머니 그림 위에 7가베에 있는 둔각과 예각이 있는 도형을 찾아 넣어 보세요.

118

3

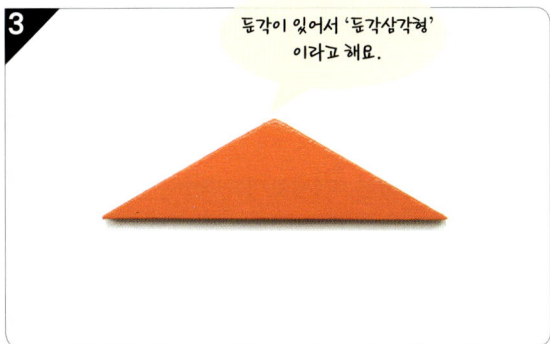

둔각이 있어서 '둔각삼각형'이라고 해요.

모아진 모양 중에서 둔각이 있는 삼각형을 찾아보세요.

4

정삼각형은 예각만 있는 '예각삼각형'이에요.

예각 주머니에서 예각만 있는 삼각형을 찾아보세요.

5

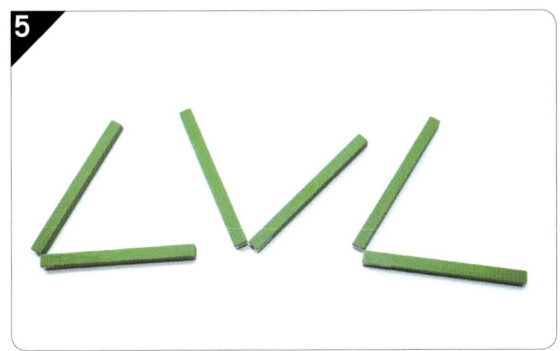

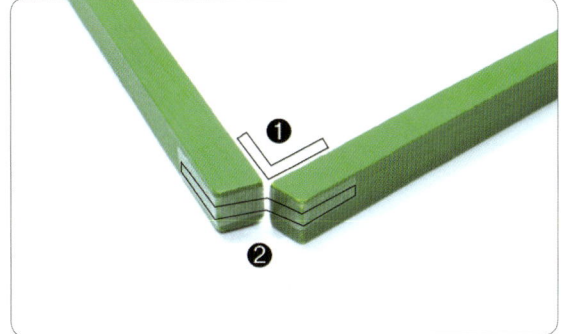

8가베로 각 모양을 3개 만듭니다. 다음 그림처럼 각을 접고 펼 수 있도록 1번과 2번 위치에 테이프를 붙이면 됩니다.

6

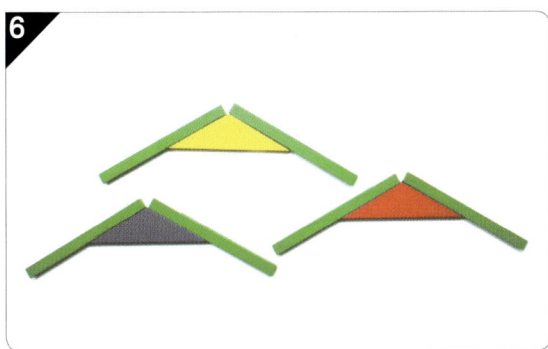

둔각의 모양을 더 확실하게 알아볼 수 있도록 둔각삼각형을 이용하여 둔각산을 만들어 보세요.

7

정삼각형을 이용하여 예각산을 만들어 보세요.

꼭꼭 숨은 각 05 각도 더하기와 빼기

앞에서는 각의 종류에 따라 직각, 예각, 둔각 등을 자세히 배웠습니다. 이제부터는 각도기를 사용해서 각의 크기가 정확히 얼마인지 재어 보고, 각의 크기를 더하거나 빼는 방법을 알아보겠습니다. 이젠 그냥 감각으로 직각을 아는 것이 아니라 정확한 크기를 알게 되는 것이지요.

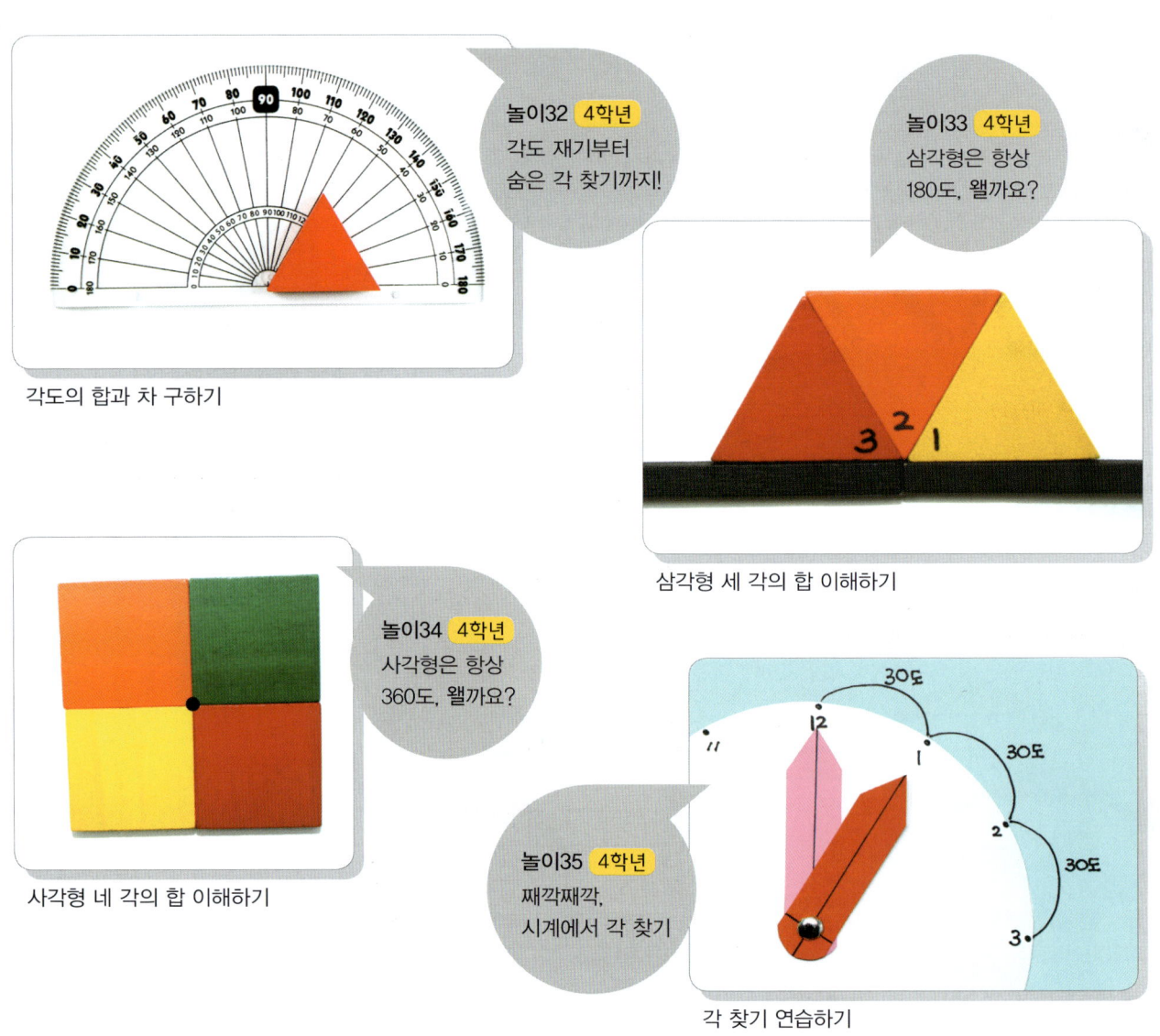

놀이32 4학년
각도 재기부터 숨은 각 찾기까지!
각도의 합과 차 구하기

놀이33 4학년
삼각형은 항상 180도, 왤까요?
삼각형 세 각의 합 이해하기

놀이34 4학년
사각형은 항상 360도, 왤까요?
사각형 네 각의 합 이해하기

놀이35 4학년
째각째각, 시계에서 각 찾기
각 찾기 연습하기

Special

각도기를 알아야 각도를 재지

 학년 4-1(3. 각도와 삼각형)

 준비물
각도기

 학습 목표
각도기 사용법 알기

이 놀이를 할 때는요
'각의 크기'를 '각도'라고 합니다. 각도를 재려면 각도기를 사용할 줄 알아야겠죠? 각도기의 눈금 한 칸이 1도를 나타내고, 쓸 때는 '1°'라고 씁니다. 지금부터 기본 사용법을 알아보고, 다음과 같이 8가베로 직각을 만들어 각도기로 재어 보세요.

1. 각도기의 중심에 각의 끝을 맞추세요.
2. 각의 두 변 중 하나를 각도기의 밑금에 똑바로 맞춥니다.
3. 다른 변 하나가 가리키는 곳의 숫자를 읽습니다.

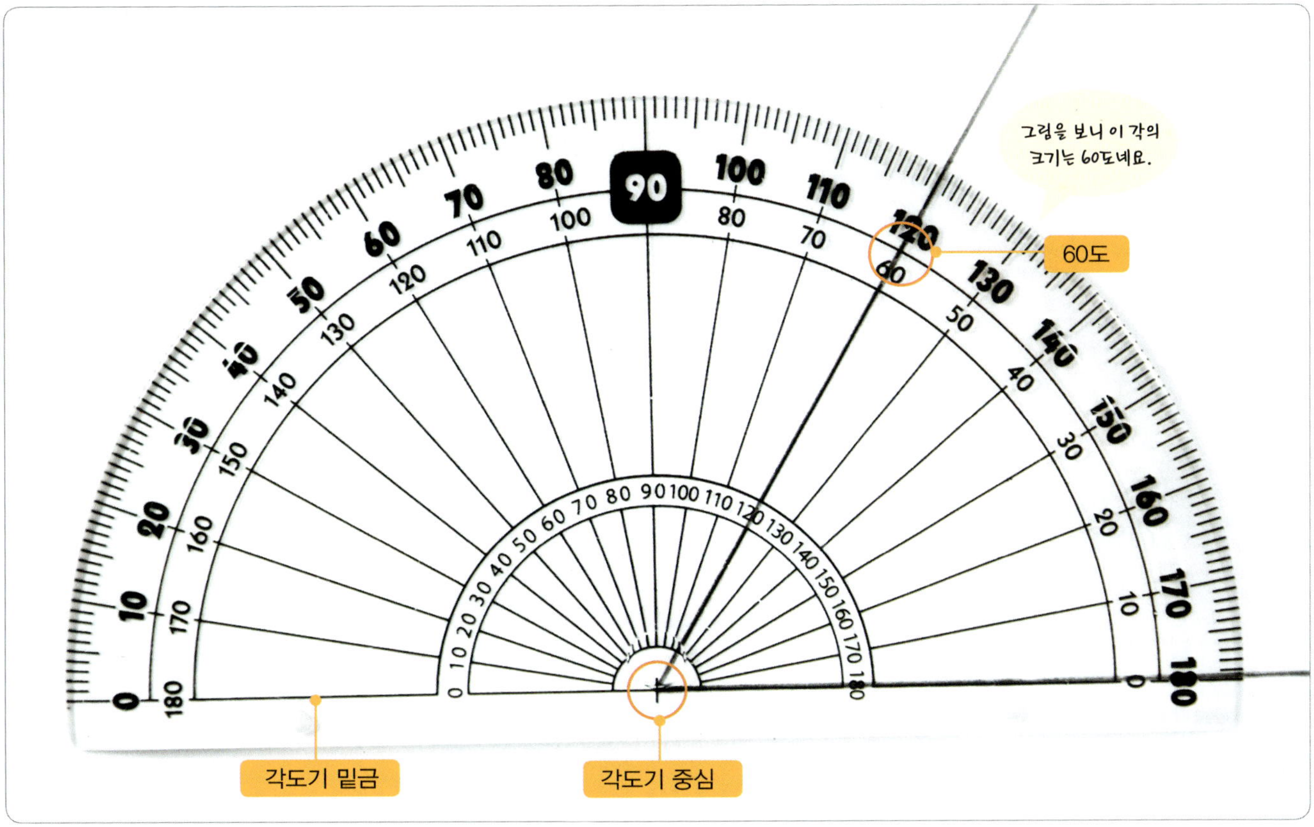

그림을 보니 이 각의 크기는 60도네요.

60도

각도기 밑금 각도기 중심

놀이 32

각도 재기부터 숨은 각 찾기까지!

 학년   4-1(3. 각도와 삼각형)

 준비물
7가베, 8가베, 각도기

학습 목표
각도의 합과 차 구하기

 이 놀이를 할 때는요
각도기를 이용하여 7가베 도형들의 각도를 재고, 도형들의 각을 합치거나 나누어 각의 크기가 커지고 작아지는 것을 알아보겠습니다.

○ 교과서 문제

두 각도의 합과 차를 구하시오.

1

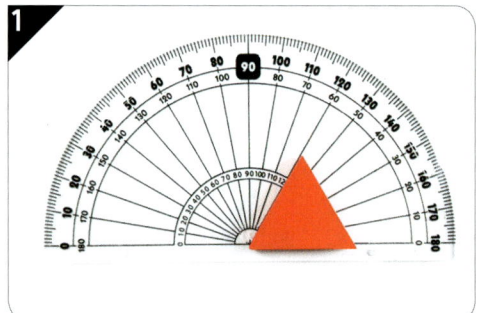
○ 정삼각형 60°

○ 직각이등변삼각형

○ 직각부등변삼각형

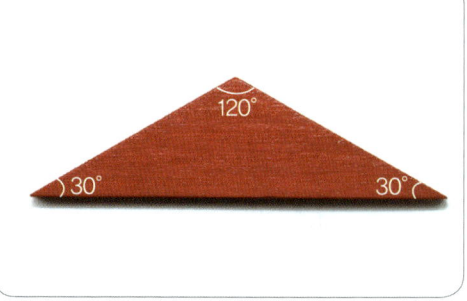
○ 둔각이등변삼각형

각도기를 이용하여 삼각형들의 각도를 알아보세요. 7가베 삼각형들의 각도는 다음과 같습니다.

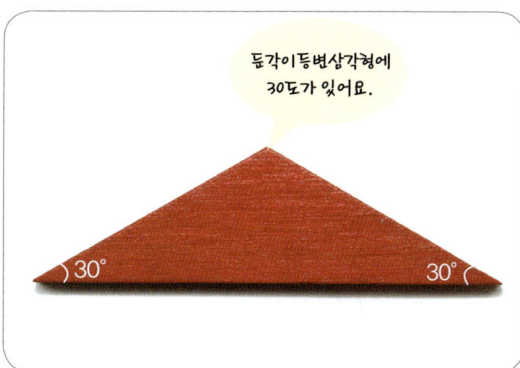

문제에 있는 각 가, 각 나의 크기와 같은 삼각형의 각을 찾아보세요.

○ 60도+30도=90도

두 각을 더하면 어떤 각이 될지 생각해 보고 두 각을 한 꼭짓점에서 만나게 합쳐 보세요. 합은 90도!

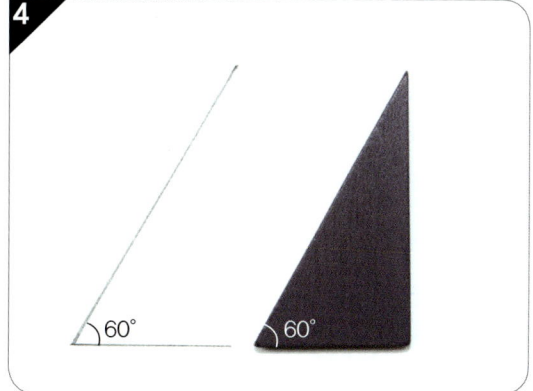

각도의 차도 구해 보세요. 큰 각도에서 작은 각도를 빼야 하므로 60도가 있는 삼각형을 스케치북에 대고 그려 보세요.

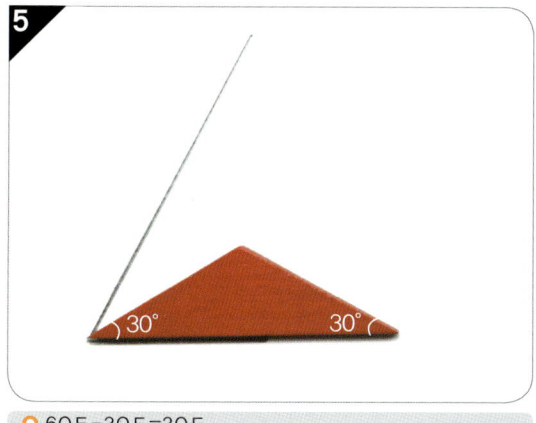

○ 60도-30도=30도

그려 놓은 60도 안에 30도인 삼각형 각을 넣어 보세요. 둔각이등변삼각형의 30도 각이 하나 더 들어갈 만큼 남죠? 그래서 차는 30도입니다.

놀이 33

삼각형은 항상 180도, 왤까요?

 학년   4-1(3. 각도와 삼각형)

 준비물
7가베, 8가베

 학습 목표
삼각형 세 각의 합 이해하기

 이 놀이를 할 때는요
아이들은 삼각형의 모양과 크기가 다르기 때문에, 삼각형 세 각의 크기도 다 다르다고 생각합니다. 그래서 여기서는 180도인 평각 위에 7가베에 있는 여러 삼각형들의 세 각을 모두 올려놓고, 그 합이 모두 같다는 것을 확인해 보겠습니다.

○ **교과서 문제**

다음 □ 안에 알맞은 답을 써 넣으시오.

삼각형 세 각의 크기의 합은 □입니다.

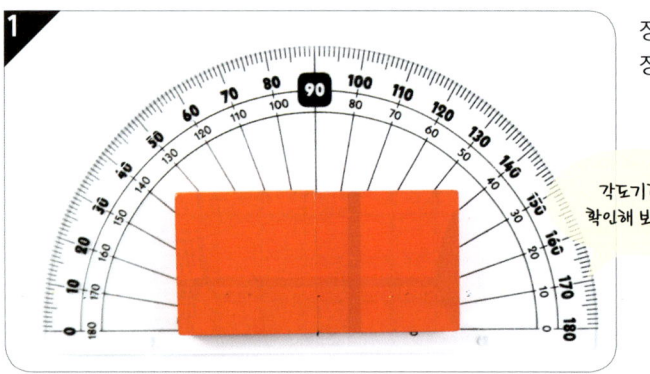

1

정사각형의 각은 직각으로 모두 90도입니다. 그래서 두 정사각형을 나란히 놓으면 180도가 되지요.

각도기로도 확인해 보세요.

2

확인이 되었으니 사각형 아래에 8가베를 놓아 180도라고 하겠습니다.

3 이제 삼각형을 올려놓고 확인해 보세요.
삼각형 내부의 각 세 개를 모두 한 곳에 모으면 180도가 된다는 게 보이죠?

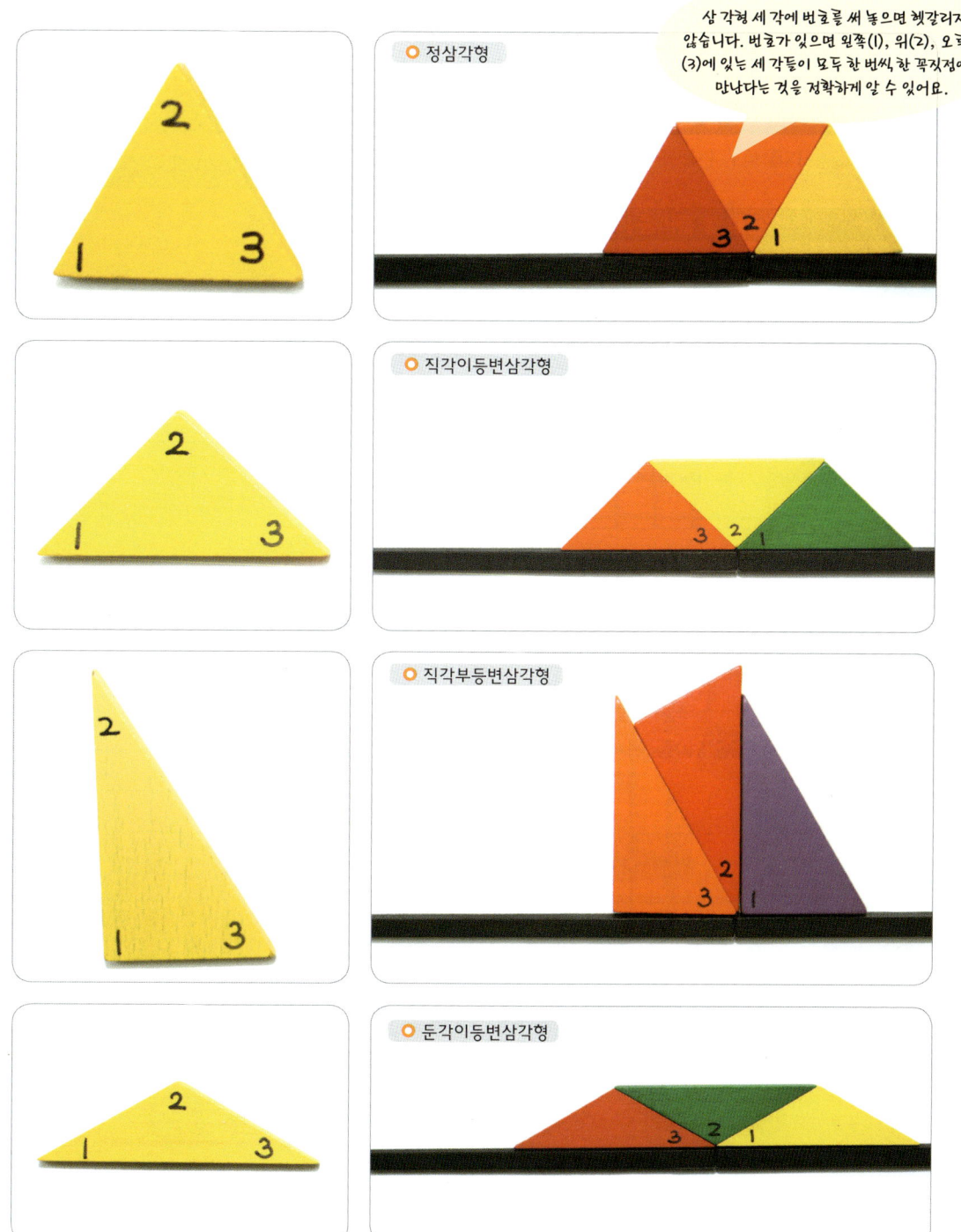

삼각형 세 각에 번호를 써 놓으면 헷갈리지 않습니다. 번호가 있으면 왼쪽(1), 위(2), 오른쪽(3)에 있는 세 각들이 모두 한 번씩, 한 꼭짓점에서 만난다는 것을 정확하게 알 수 있어요.

○ 정삼각형

○ 직각이등변삼각형

○ 직각부등변삼각형

○ 둔각이등변삼각형

PART 4 꼭꼭 숨은 각

놀이 34

사각형은 항상 360도, 왤까요?

 학년 4-1(3. 각도와 삼각형)

 준비물
사각형 네 각의 합 이해하기

 학습 목표
7가베, 스카치테이프

 이 놀이를 할 때는요
여기서는 사각형 4개가 한 점을 중심으로 빈틈없이 채워지면, 사각형 네 각의 크기와 모양에 상관없이 모두 360도라는 것을 알아보겠습니다. 무슨 말인지 놀이해 보면 금방 알 수 있어요.

○ **교과서 문제**

사각형 네 각의 크기의 합을 알아보시오.

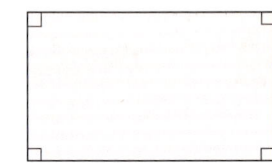
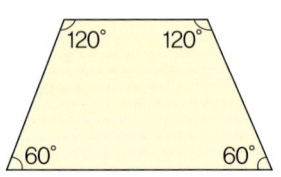

1

가베를 맞춘 후 스카치테이프로 붙이면 됩니다.

정사각형 직사각형

사다리꼴 평행사변형

여러 모양의 사각형을 각각 4개씩 만들어 준비합니다.

2

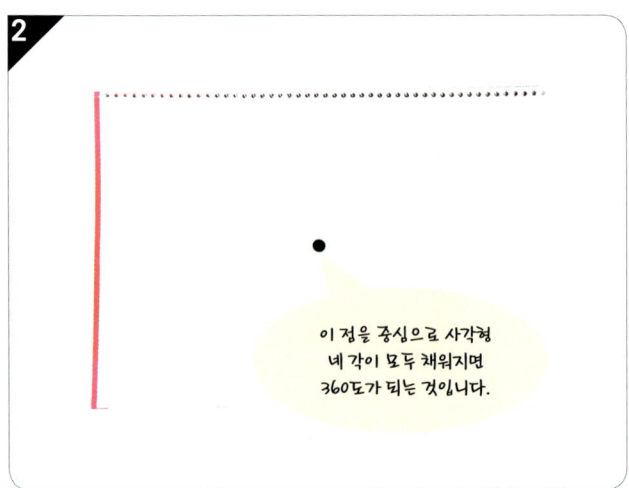

이 점을 중심으로 사각형 네 각이 모두 채워지면 360도가 되는 것입니다.

스케치북에 점 하나를 찍어 주세요.

3 각 사각형들을 모두 채워 넣어 보고, 밑그림을 그려 확인해 보세요. 삼각형 세 각의 크기를 알아볼 때처럼 번호를 쓰면 더 쉽게 보여요.

○ 정사각형

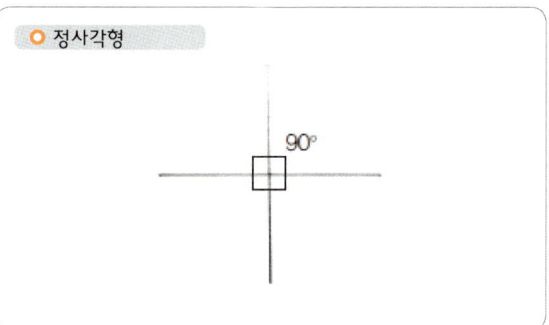

○ 직사각형

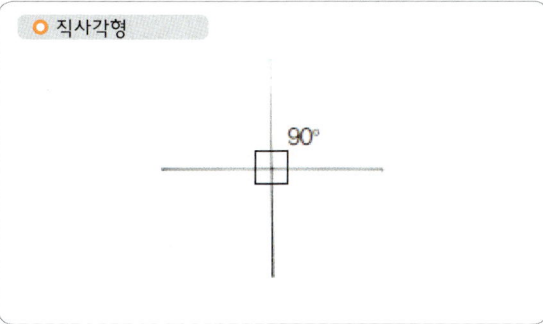

○ 사다리꼴

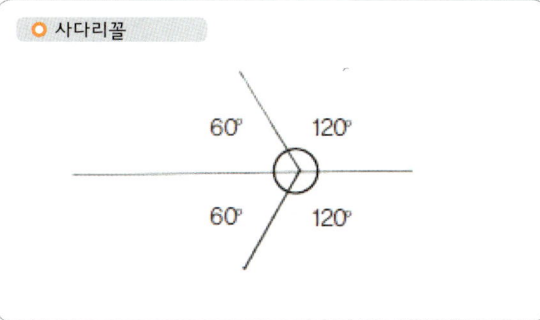

○ 평행사변형

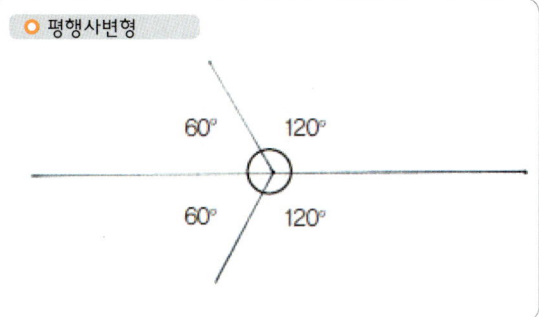

놀이 35

째깍째깍, 시계에서 각 찾기

 학년 4-1(3. 각도와 삼각형)

 준비물
종이 시계 만들기 재료(도화지, 색종이, Y핀)

 학습 목표
각 찾기 연습하기

 이 놀이를 할 때는요

시계의 바늘이 12시에서 출발해서 한 바퀴 빙 돌고, 다시 제자리인 12시로 돌아오면 360도를 돌게 됩니다. 그러면 정각을 알리는 짧은바늘이 각 숫자에 갔을 때는 몇 도가 될까요? 시계를 사용해서 30도, 60도, 90도 같은 다양한 각도의 크기를 자세히 알아보겠습니다.

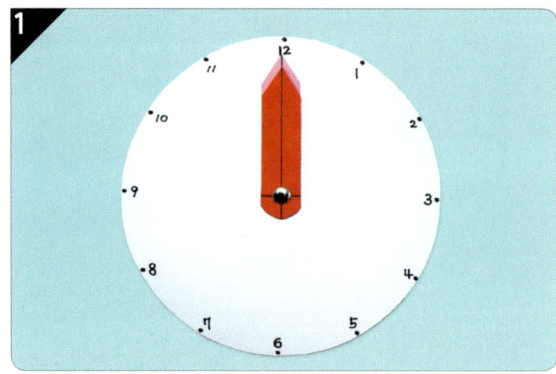

종이 시계를 만듭니다. 도화지로 원을, 색종이로 시계바늘 두 개를 만든 후 Y핀으로 가운데에 고정시키면 끝!

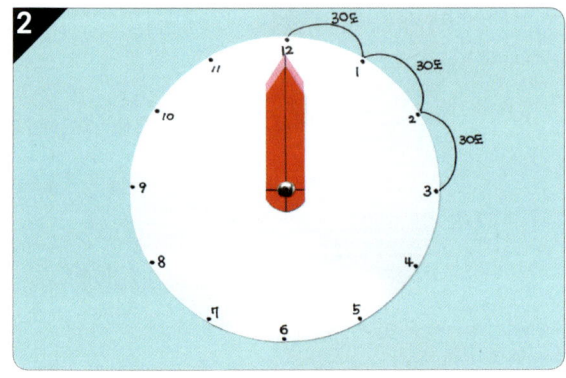

12시와 3시 사이가 직각이죠? 직각인 90도를 똑같이 3등분하였으니 숫자 간격마다 30도라고 써 넣으세요.

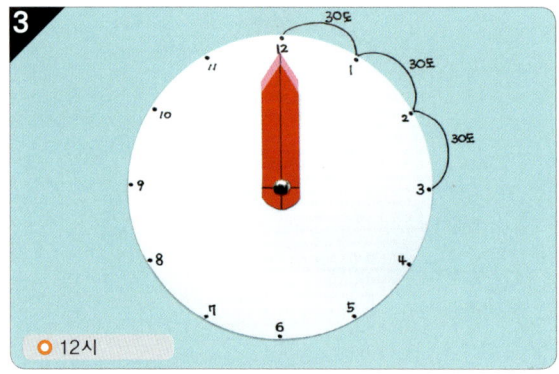

○ 12시

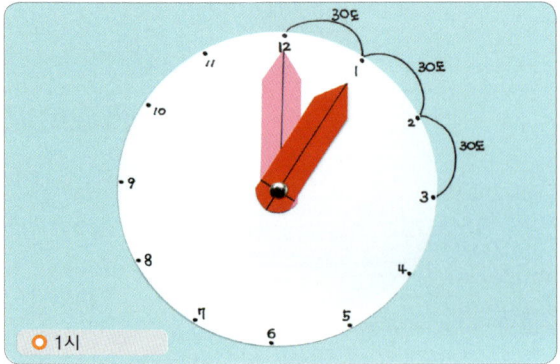

○ 1시

시계의 긴바늘이 한 바퀴 돌 때마다 짧은바늘이 한 시간씩 움직입니다. 즉, 30도씩 움직이는 것입니다.

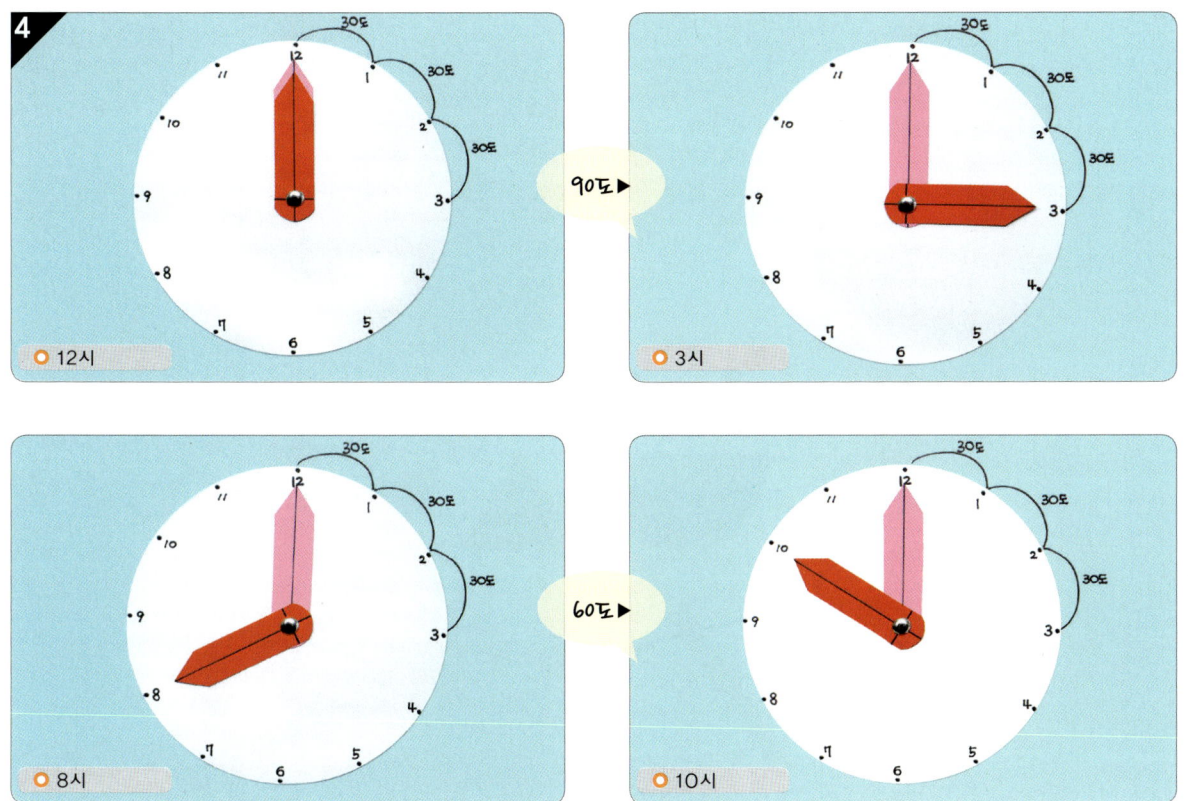

다음과 같은 예시를 보며 아이와 몇 도만큼 움직였는지 알아보세요.

각도 노래 부르기

놀이를 마치고 노래로 마무리해 보세요. '시계는 아침부터~'로 시작하는 '시계' 노래의 가사를 바꿔 부르면 됩니다.

시계는 정각마다 1칸 1칸
시계는 정각마다 30도 30도
언제나 시각을~ 알려주죠.
30도씩 움직이면서~.

PART 5

울퉁불퉁 입체도형

평면도형과 입체도형의 가장 큰 차이는 '높이'를 가지고 있다는 것이죠? 5학년 때 배우는 전개도나 각뿔, 각기둥, 부피 구하기 등 무작정 외우기만 했다간 수학과 멀어지기 딱 좋을, 다소 까다로운 개념들을 가베놀이로 부드럽게 넘길 수 있는 방법들을 알려 드릴게요.

1. 닮은 친구 찾기
2. 착착! 쌓기나무
3. 상자모양! 직육면체, 정육면체
4. 생긴 대로 부르는 기둥 모양, 뿔 모양
5. 각기둥의 옷 크기와 몸 크기

울퉁불퉁 입체도형 01 닮은 친구 찾기

아이가 말을 하기 시작하면 엄마는 집 안 여기저기 한글, 도형, 숫자, 영어 등 학습용 시트지들을 붙이기 시작합니다. 이 시트지에 있는 도형은 대부분 세모, 네모, 동그라미 정도고, 아이들은 냉장고는 네모, 공은 동그라미라는 식으로 배우게 되지요.

뭐가 틀렸냐고요? 틀린 게 아니라 조금 더 설명이 필요하답니다. 2D인 평면도형과 3D인 입체도형은 연계가 되긴 하지만 확실히 다르니까요. 그래서 어느 정도 자라고 나면 구분을 해 주는 것이 좋습니다. 예를 들면 '상자는 네모구나.'가 아니라 '네모가 있는 상자구나.'라고 표현해야 해요. 이 단원에서는 주변 물건들을 모아 입체 모양끼리 분류하고 평면도형과 구분하는 방법을 알아보겠습니다.

공 모양	구(球 공 구)
둥근기둥 모양, 컵 모양	원기둥(圓 둥글 원)
상자 모양	사각기둥
세모기둥	삼각기둥
동그라미	원
세모	삼각형
네모	사각형

> 헷갈리지만 다 같은 이름이에요. 한자가 있는 이름은 한자의 뜻으로 설명해 주세요.

여러 가지 모양 찾아보기

놀이36 1학년
도형 탐정대, 출발!

놀이37 1학년
닮은 친구 그리기

입체도형과 평면도형 구분하기

놀이 36

도형 탐정대, 출발!

 학년 1-1(2. 여러 가지 모양)

 준비물
여러 가지 가베들

 학습 목표
여러 가지 모양 찾아보기

 이 놀이를 할 때는요
학교에 가면 1학년 때는 입체도형들의 정확한 명칭보다는 실제 사물과 비교하여 두루뭉술하게 배웁니다. 그 대표적인 것이 '공 모양, 컵 모양, 상자 모양'이지요. 나중에 학년이 높아지면 보다 정확하고 세련된 '구, 원기둥, 사각기둥'이라는 용어를 사용합니다. 세모가 삼각형이 되고, 동그라미가 원이 되는 것과 같은 과정입니다. 그러니 공 모양이나 구, 둘 다 같다고 봐도 무방합니다.

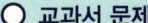 **교과서 문제**

아래 모양은 어떤 모양들을 사용하여 만들었는지 모양의 이름을 쓰시오.

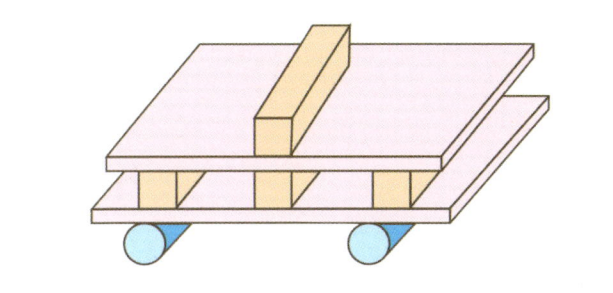

아이와 집에서 공 모양, 컵 모양(또는 둥근기둥 모양), 상자 모양들을 찾아보세요.

○ 공 모양 분류(구)

○ 둥근기둥 모양/컵 모양 분류(원기둥)

○ 상자 모양 분류(사각기둥)

모아 놓은 물건들과 같은 모양을 가베에서 찾아 분류해 보세요.

PART 5 울퉁불퉁 입체도형

놀이 37

닮은 친구 그리기

 학년   1-1(2. 여러 가지 모양)

 준비물   2가베 구, 원기둥, 정육면체, 7가베

 학습 목표
입체도형과 평면도형 구분하기

 이 놀이를 할 때는요

평면도형 단원에서도 말했지만 아이들이 헷갈리는 건 평면도형과 입체도형 그 자체인 경우가 많습니다. 어른들도 많이 헷갈려 한다고 했지요? 이 놀이를 하면서 사물을 정확하게 구분하게 해 주세요.

1

가베를 책상에 올려놓고 이름을 알아봅니다.

2

도형의 이름		그려 보세요
입체모양	구	
	원기둥	
	정육면체	
평면도형	원	
	사각형	

○ 도형 그리기 표

스케치북에 위와 같은 표를 그려 준비합니다.

3

스스로 생각하고 그릴 때는 틀려도 괜찮아요.

표에 있는 이름과 가베의 실제 모양을 보면서, 아이 마음대로 닮은 모양을 그려 보게 합니다.

4

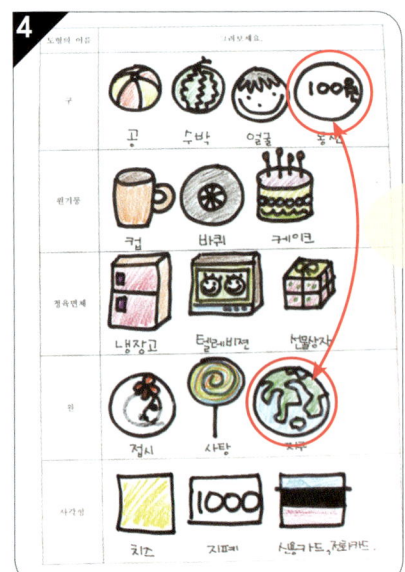

동전은 원 모양, 지구는 구 모양~!

잘못된 곳이 있는지 찾아보고 이야기해 보세요.

Special

모서리는 어디 있나? 여~기!

 학년 전 학년

 준비물
원기둥, 정육면체

 학습 목표
모서리 이해하기

초등학교에서 입체면의 구성은 각기둥에서만 알아봅니다. 다음 그림처럼 각 기둥은 밑면과 옆면이 있고, 면과 면이 만나는 모서리와 선과 선이 만나는 꼭짓점으로 되어 있습니다.

 이 놀이를 할 때는요

입체도형이 무엇으로 이루어져 있는지 그 구성에 대해 알아볼게요. 입체도형의 구성은 6학년 때 처음 배우지만, 가베놀이를 진행했던 아이들에게는 익숙하죠? 기본 개념이니 딱히 학년 구분 없이 쭉 진행해도 됩니다.

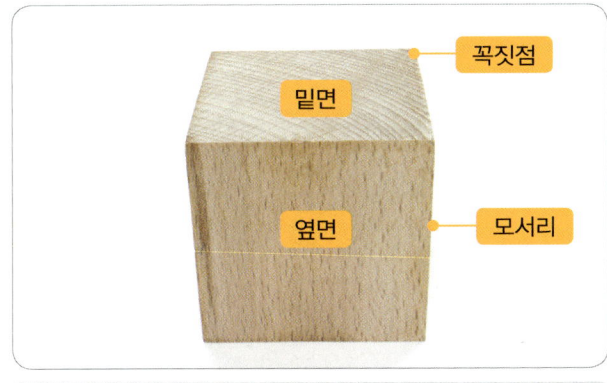

○ 각기둥(정육면체)

> 자, 이제 문제입니다. "원기둥의 면은 3개이다!"
> 맞을까요? 틀릴까요?

초등과정에서는 아예 언급하지 않는 내용이지만, 가베놀이에서는 원기둥을 밑면 2개와 옆면 1개로 면이 3개라고 배웁니다. 원기둥에 모서리도 2개가 있다고 하지요. 여기서 모서리가 2개 있다고 하는 것은 면과 면이 만나는 접점으로 모서리를 봤을 경우입니다. 하지만 더 들어가면 밑면의 원은 선분으로만 이루어져 있지 않기 때문에 모서리가 없다고도 이야기할 수 있습니다. 그러니 정확한 내용은 아이가 중학교 과정에서 알아보면 되겠습니다.

 동요 '어디 있을까?'를 개사해서 부르기

밑면은 어디 있나? 여기!
옆면은 어디 있나? 여기!
모서리는 어디 있나? 여기!
꼭짓점은 어디 있을까? 여기!

울퉁불퉁 입체도형 02 — 착착! 쌓기 나무

이번 단원은 아마 이 책의 차례에서 제일 먼저 찾아보는 엄마들이 있지 않았을까 싶습니다. 잘 안 되는 아이들은 해도 해도 잘 늘지 않는 단원이기 때문이죠. 이유는 분명히 있습니다. 2D와 3D의 차이입니다. 입체 모양을 그림으로 그리는 것이 익숙하지 않기 때문에, 더 어렵게 느껴진답니다. 먼저 아이와 상자 모양 그리기를 많이 해 보세요. 상자를 그릴 줄 알면 쌓기나무 그림을 쉽게 이해할 수 있고, 그 다음 이 책의 놀이를 하다 보면 더할 나위 없이 쉬워집니다.

놀이 38을 하면서 평면도형에는 없는 정육면체의 위, 아래, 앞, 뒤, 오른쪽, 왼쪽을 자세히 살펴보고, 놀이 39, 40, 41 순으로 진행하면서 입체 모양에 익숙해질 거예요.

놀이38 2학년
상자 모양의 방향 알기

곰돌이 정육면체

놀이39 2학년
별별별, 색색색, 보이는 대로 그리기

위치에 따라 보이는 모양 그리기

놀이40 2학년
쌓기나무 따라쟁이

쌓기나무 따라 만들고 수 세기

놀이41 2학년
쌓기나무 퍼즐

여러 가지 방법으로 쌓기나무 만들기

놀이 38

곰돌이 정육면체

 학년 2-2(6. 규칙 찾기)

 준비물
2가베, 인형, A4지, 가위, 색연필

 학습 목표
상자 모양의 방향 알기

 이 놀이를 할 때는요
상자 모양은 위, 아래, 앞, 뒤, 오른쪽, 왼쪽 등 여러 방향이 있습니다. 물체를 방향에 따라 그려 보면서 입체를 이해하면 됩니다. 여기서는 아래는 생략하고 진행하니 헷갈리지 마세요.

 집에 있는 작은 인형 하나를 책상 위에 두고 여러 방향으로 살펴봅니다.
책에서처럼 엄마와 직접 사진을 찍어 알아봐도 좋겠습니다.

앞

뒤

위

왼쪽

오른쪽

앞

뒤

위

왼쪽

오른쪽

 이제 살펴본 모습들을 그림을 그릴 가로, 세로 5cm의 정사각형 5개를 준비해 옮겨 그립니다.

모두 그려진 사각형을 방향에 따라 정육면체에 붙여 완성합니다.

PART 5 울퉁불퉁 입체도형

놀이 39

별별별, 색색색, 보이는 대로 그리기

 학년   2-2(6. 규칙 찾기)

 준비물
5가베, 여러 가지 색깔의 별 스티커, 색연필

 학습 목표
위치에 따라 보이는 모양 그리기

 이 놀이를 할 때는요
스티커를 이용하면 색깔로 방향을 알 수 있기 때문에 쉽게 따라 그릴 수 있습니다. 여러 번 반복하여 익숙해진 후에는 스티커 없이 위치에 따라 그리기면 됩니다.

○ **교과서 문제**

다음 쌓기나무 모양을 주어진 방향에서 본 모양대로 그려 보시오.

위

앞

1

정육면체 여러 개에 모두 스티커를 붙입니다.

2

모양 \ 방향	앞	위	오른쪽	왼쪽	뒤

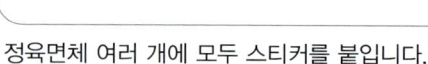

다음과 같이 스케치북에 표를 그려 준비합니다.

엄마가 스티커 색깔의 방향이 잘 맞도록 쌓기나무 모양을 만듭니다.

방향에 따라 돌리면서 아이가 그려 보게 합니다. 이때 정확하게 그릴 수 있도록 층을 구분하여 이야기합니다.

위치에 따라 관찰해 보면서 별의 수와 놓인 모습을 알아보세요.

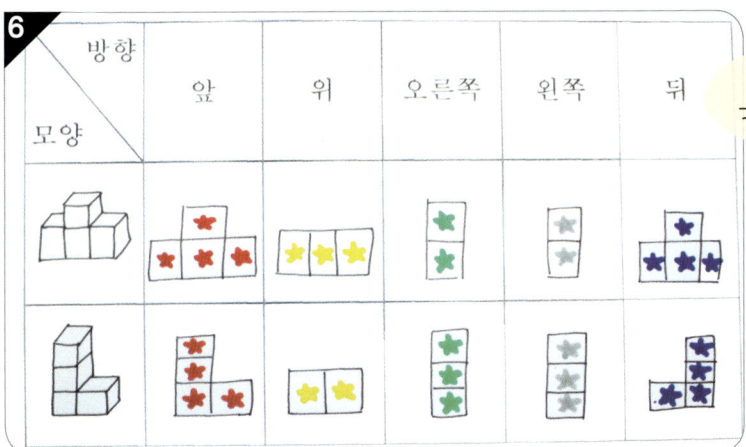

위치에 따라 본 그림을 다음과 같이 간단히 그려 정리합니다.

PART 5 울퉁불퉁 입체도형　139

놀이 40

쌓기나무 따라쟁이

 학년 2-2(6. 규칙 찾기)

 준비물
쌓기나무 따라 만들고 수 세기

 학습 목표
5가베

 이 놀이를 할 때는요
앞의 놀이에서는 방향에 따라 다른 입체 모양을 탐색해 보았어요. 이번에는 정육면체로 다양한 모양의 블록을 만들어 상대방이 만든 모양을 따라 만드는 놀이를 해 보겠습니다. 서로 모양이 같은지 알아보려면 층마다 개수를 확인하면 됩니다.

○ **교과서 문제**

다음 그림을 보고 쌓기나무의 개수를 알아보시오.

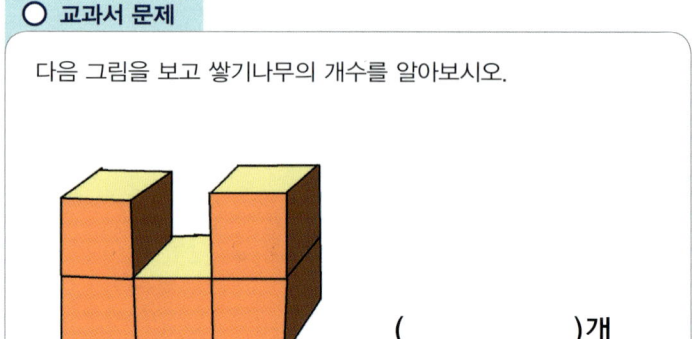

(   )개

1. 아이와 정육면체를 10개씩 나눠 가집니다.

2. 서로 안 보이게 가리고, 처음엔 엄마부터 적은 개수의 정육면체를 쌓아 모양을 만듭니다.

3. 완성된 모양을 보고 아이가 똑같이 만들게 합니다.

두 모양을 비교하고 같은지 다른지 알아봅니다. 다르다면 어디가 다른지 알아보고, 빼야 할 곳은 빼고, 더 올려놓아야 할 곳은 올려 같은 모습이 되도록 완성하세요.

이번엔 아이가 먼저 쌓기나무 모양을 마음대로 만들어 보고, 엄마가 그 모양을 따라 만듭니다. 일부러 엄마가 틀리게 만들어 보세요.

아이에게 어디가 틀렸는지 모르겠다고 말하고 고쳐 달라고 해 보세요.

PART 5 울퉁불퉁 입체도형

놀이 41

쌓기나무 퍼즐

- 학년 2-2(6. 규칙 찾기)

- 준비물
  5가베, 5B가베, 스카치테이프

- 학습 목표
  여러 가지 방법으로 쌓기나무 만들기

- 이 놀이를 할 때는요
  이번에는 몇 가지 모양으로 조합된 블록을 똑같이 2세트 만들어 상대방이 만든 모양을 맞추는 게임입니다. 놀이 40과 비슷하지만 정육면체 하나를 가지고 하는 것이 아니라서 조금 어려울 수 있는데, 아이가 너무 어려워하면 블록 모양을 줄이거나 늘이면서 난이도를 조절하면 됩니다.

교과서(6. 문제) 찾기

왼쪽 모양을 오른쪽 모양과 똑같이 만들려면 빼야 할 쌓기나무는 무엇과 무엇입니까?

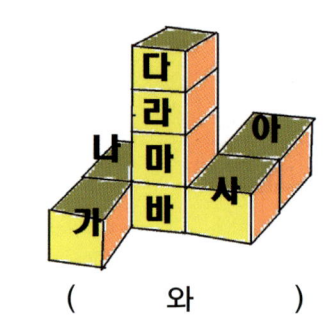 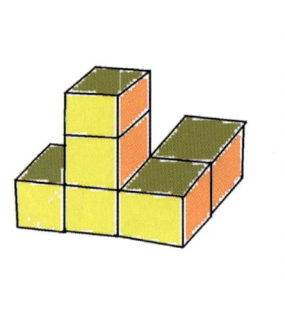

(와   )

똑같은 블록을 만들어 보자!

정육면체를 2~4개 정도 스카치테이프로 붙여 모양이 다른 블록 3개를 만듭니다. 아이도 해야 하니 2세트를 만드세요.

엄마가 먼저 아이가 안 보이게 가리고 3개의 블록으로 모양을 만듭니다.

아이에게 보여 주고 자세히 관찰하여 똑같이 만들어 보라고 하면 됩니다.

잘 만들었으니 엄마가 따라 만들 차례입니다. 아이가 만든 모양을 보고 엄마가 맞춰 보세요.

TIP 만드는 방법이에요. 이외에도 여러 방법이 있을 수 있답니다. 어떤 방법이 더 있을지 찾아보세요.

PART 5 울퉁불퉁 입체도형

울퉁불퉁 입체도형 03 상자모양! 직육면체, 정육면체

5학년에서 나오는 전개도는 입체 모양과 평면을 연계하여 추리할 수 있게 합니다. 평면도형 단원에서 입체 면에 있는 평면도형을 찾으려고 도장을 찍었던 것과 같다고 보면 돼요. 정육면체와 직육면체를 평면으로 펼쳐 그리는 전개도를 그리면서 상하, 좌우, 전후를 모두 감각적으로 구별하고 인지하는 공간 지각력을 키울 수 있습니다.

입체도형에서 평면을 찾아보세요.

직육면체-직사각형 / 정육면체-정사각형 / 삼각기둥-삼각형

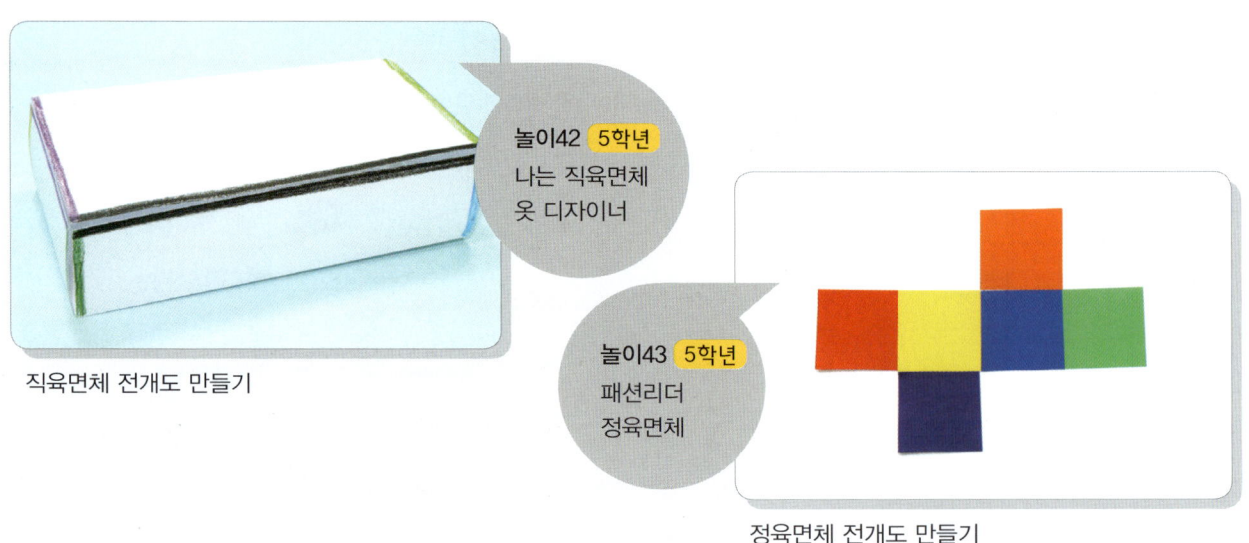

놀이42 5학년
나는 직육면체 옷 디자이너

직육면체 전개도 만들기

놀이43 5학년
패션리더 정육면체

정육면체 전개도 만들기

놀이 42

나는 직육면체 옷 디자이너

 학년 5-1(2. 직육면체)

 준비물
6가베, A4지, 색연필, 가위, 스카치테이프

 학습 목표
직육면체 전개도 만들기

 이 놀이를 할 때는요
직육면체 전개도를 만들기 위해 각 면의 모양을 색종이에 대고 그려 오립니다. 6가베의 직육면체가 좀 작으니 크게 만들어서 놀이해 보세요.

○ **교과서 문제**

직육면체의 전개도를 그리시오.

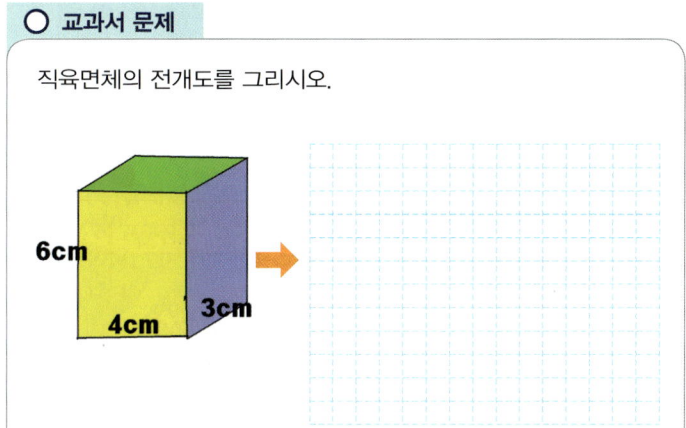

○ 직육면체

직육면체 8개를 합쳐서 크기가 큰 직육면체를 만듭니다. 스카치테이프로 붙여 흩어지지 않게 만드세요.

○ 직육면체 면이 되는 직사각형들

직육면체의 모든 면을 대고 그려 오립니다.

직사각형 6개를 어떻게 놓고 붙여야 직육면체가 될 수 있을지 생각하면서 만들어 봅니다.

이렇게 만들어진 모양을 '직육면체의 전개도'라고 합니다.

만나는 변끼리 같은 색으로 칠해 보세요.

따라하기 1번에서 만든 직육면체를 전개도로 덮어서 같은 색깔끼리 만나는지 확인합니다.

같은 색끼리 만나 모서리가 됩니다.

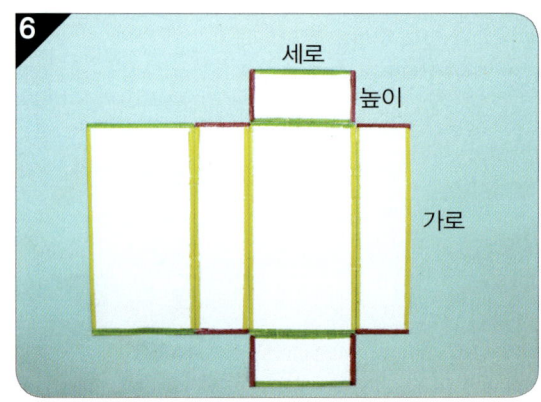

이번에는 전개도를 뒤집은 다음 '같은 길이가 되는 곳'을 모두 같은 색깔로 표시합시다.

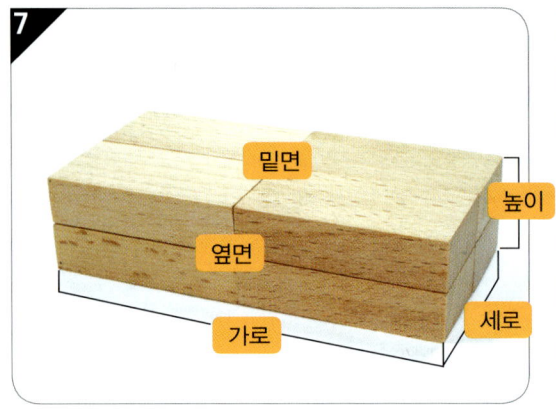

직육면체에서 색칠한 곳이 어디인지 알아보세요.

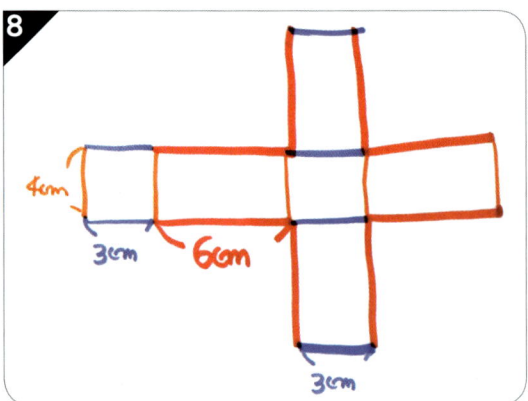

교과서 문제 풀이) 가로, 세로, 높이를 자로 재어 전개도를 그려 보세요. 4cm=가로, 3cm=세로, 6cm=높이가 됩니다.

놀이 43

패션리더 정육면체

 학년 5-1(2. 직육면체)

 준비물
정육면체, 색종이

 학습 목표
정육면체 전개도 만들기

 이 놀이를 할 때는요
주사위가 나오는 문제들은 대부분 정육면체 전개도가 맞는지를 알아보고, 마주 보는 면을 찾기 위한 것입니다. 정육면체 전개도는 모두 11가지 종류가 있는데, 문제지에 나오는 여러 전개도가 머릿속에서 입체로 그려지려면 많이 그려 보는 수밖에 없습니다.

○ **교과서 문제**

주사위 전개도를 그리고, 마주 보는 두 면의 눈의 합이 모두 7이 되도록 그려 넣으시오.

같은 색깔로 된 부분이 마주 보는 면입니다.

놀이에서는 전개도 11개 중 하나를 예를 들어 설명하는데, 같은 방법으로 다른 10가지 종류 모두 아이와 연습하면 됩니다. 여러 가지 종류의 전개도를 만들고, 마주 보는 면들을 찾아보세요. 마주 보는 면이란 입체도형 단원에서 자주 나오는 말이랍니다. 말 그대로 서로 마주 보는 면을 얘기해요. 앞과 뒷면, 오른쪽과 왼쪽 면, 위아래 면이지요.

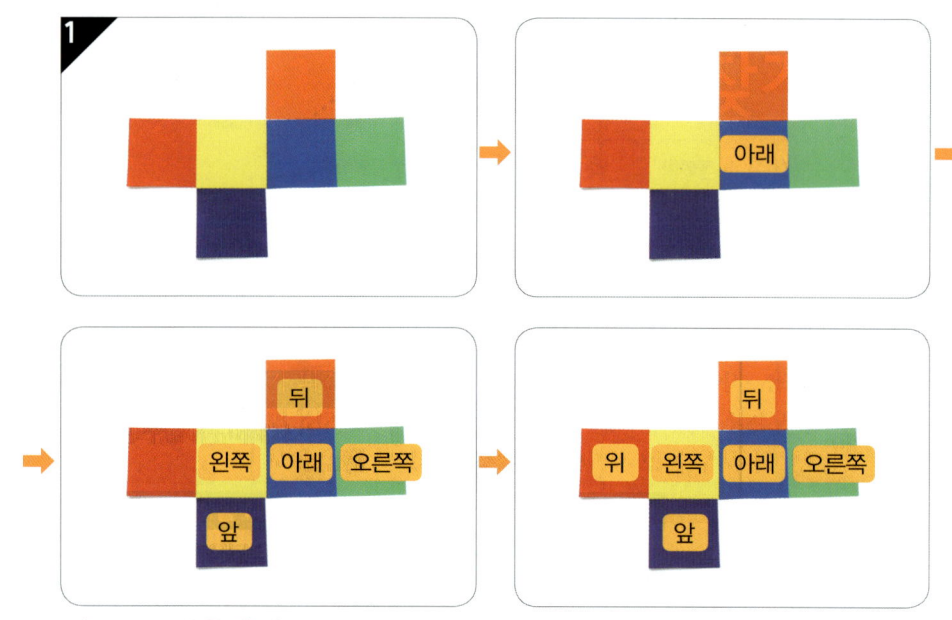

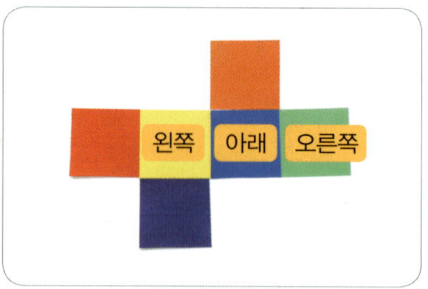

TIP 기준 위치는 어디로 정해야 하나요?

기준 위치는 내 맘대로 아무데나 정하면 됩니다. 기준 위치가 어디든 입체 모양의 면은 앞, 뒤, 위, 아래, 왼쪽, 오른쪽 6개이기 때문에, 시작 위치를 정한다 생각하고 기준점에 붙어 있는 면부터 차근차근 찾아가세요.

마주 보는 면 찾기) 가로, 세로 3cm의 정사각형 6장을 준비한 후 전개도 11개 중 하나를 만들어 보세요. 제일 먼저 기준이 될 정사각형 하나를 선택한 후 위치를 정하세요. 그 다음 마주 보는 면을 찾아가면 됩니다.

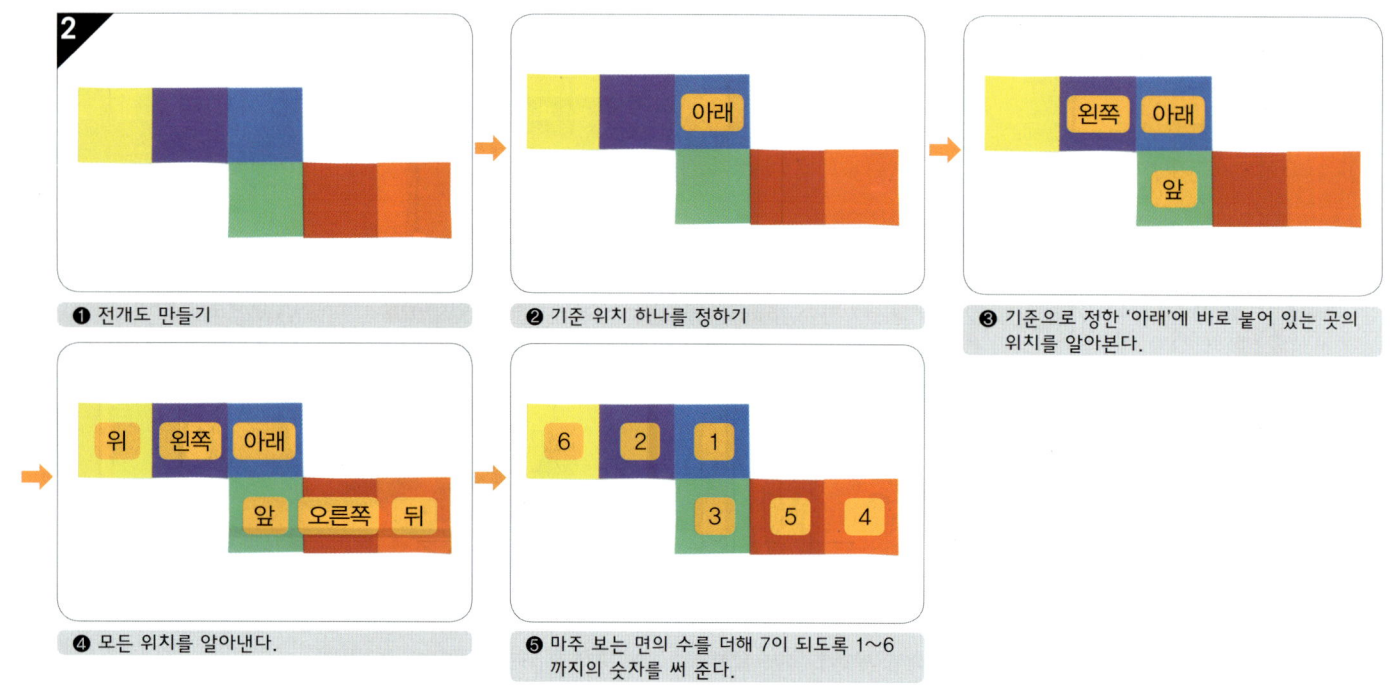

교과서 문제 풀이) 마주 보는 면을 어떻게 찾는지 알아봤습니다. 조금 자신감이 생겼나요? 잘 이해했다면 위에 있는 문제를 풀 수 있습니다. 마주 보는 면의 합이 7이 되도록 숫자를 넣으라고 했으니 일단 마주 보는 면을 찾은 다음 7이 되도록 숫자를 넣으면 됩니다.

Special

공간 지각력을 키워요 I – 테트리스

준비물
6가베, 두꺼운 도화지, 스카치테이프

'테트리스'는 고대 로마에서 유래된 퍼즐로, 정사각형 5개를 이용하여 알파벳 모양 12개를 만든 펜토미노를 바탕으로 만든 게임입니다. 이 게임은 알렉세이 파지트노프라는 러시아 사람이 만들었는데, 얼마나 재미있었는지 만든 사람도 이 게임에 중독될 정도였다고 하네요.

요즘 하는 테트리스는 그림과 같이 정사각형 4개로 만들어진 알파벳 모양 7개입니다. 7개만 가지고 하는 놀이라기보다는 7가지 종류의 테트리스 조각을 가지고 하면 되는 놀이입니다. 아이의 수준을 고려하여 조각의 수를 줄이거나 늘려가며 놀이하세요.

맨 끝에 남은 조각들이 테트리스 모양이 아니라도 그냥 그대로 하면 됩니다. 조각이 작기 때문에 테트리스를 좀 더 쉽게 할 수 있도록 도와주는 역할을 한답니다.

1

색종이로 먼저 만들고 테트리스 조각 모양을 알아봅니다.

2

6가베를 마음대로 모아 커다란 직육면체를 만들고, 도화지에 그 직육면체를 대고 커다란 사각형을 그립니다.

3

테트리스 모양을 찾아 하나씩 떼어 내어 스카치테이프로 붙입니다.

○ 침대 블록　　　　　○ TV 블록　　　　　○ 티셔츠 블록

○ 의자 블록　　　　　○ 오리 블록　　　　　○ 에어컨 블록

테트리스 조각이 다 만들어지면 각 조각에 이름을 붙입니다. 아이가 생각하는 대로 아무 이름이나 붙이세요.

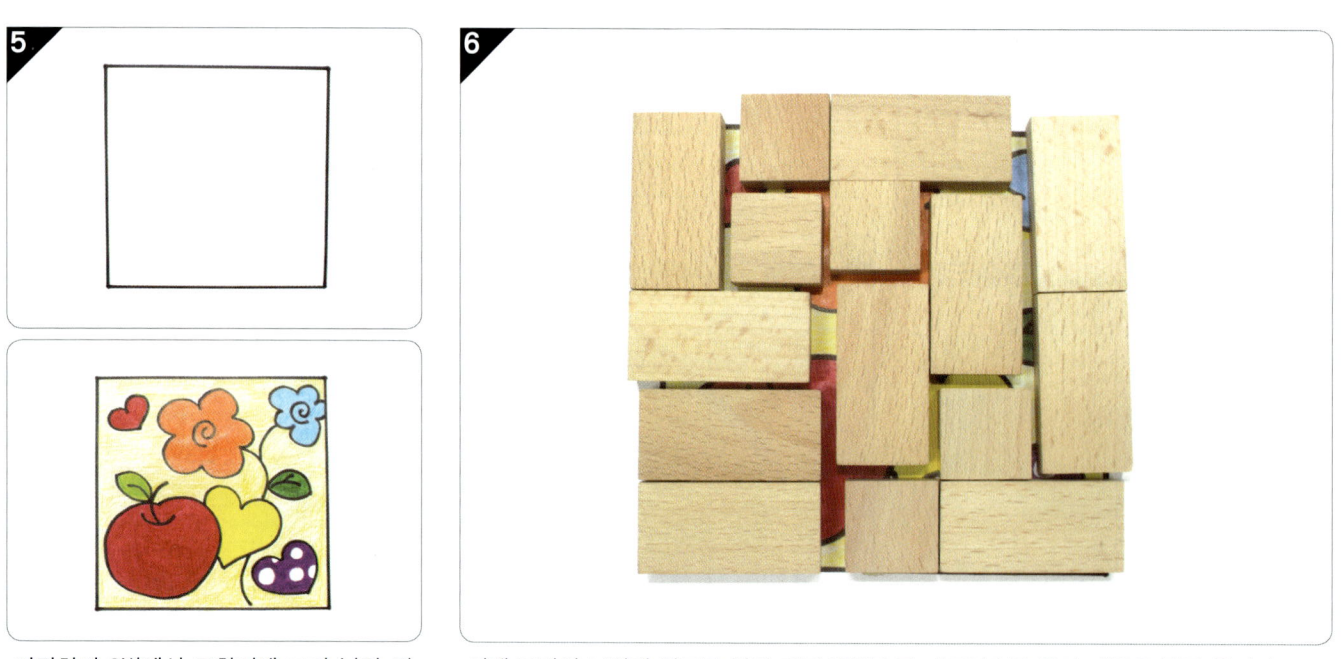

따라하기 2번에서 도화지에 그려 놨던 직사각형에 예쁜 그림을 그려 보세요.

이제 그림이 보이지 않도록 여러 가지 방법으로 테트리스를 올려 게임을 하면 됩니다.

울퉁불퉁 입체도형 04

생긴 대로 부르는 기둥 모양, 뿔 모양

가베의 다각형이 밑면이 되고, 사각형을 옆면으로 하여 각기둥을 만들고, 삼각형을 옆면으로 하여 각뿔을 만들어 봅니다. 이렇게 만들어 보면 각기둥과 각뿔의 정의를 외우지 않아도 자연스럽게 이해할 수 있습니다. 외울 것도 없이 만드는 방법이 그대로 정의가 되기 때문이죠. 예를 들어 사각형이 옆면이면 '각기둥', 삼각형이 옆면이면 '각뿔!' 이해했지요?

각기둥과 각뿔이 만들어지면 면, 모서리, 꼭짓점의 수를 세어 보고, 규칙을 찾아내어 공식을 만들어 보세요. 이때 공식을 미리 알려주지 말고 아이 스스로 규칙을 찾아 만들어 보게 하는 것이 중요합니다.

각기둥과 각뿔의 면, 모서리, 꼭짓점 구하기 공식

각 도형의 밑면을 보고 ○에 수를 넣습니다. 삼각기둥은 3, 사각기둥은 4, 삼각뿔도 3, 사각뿔도 4가 됩니다.

	면	모서리	꼭짓점
각기둥	○+2	○×3	○×2
각뿔	○+1	○×2	○+1

놀이44 6학년
상자 모양은 각기둥

각기둥의 면, 모서리, 꼭짓점의 수 알아보기

놀이45 6학년
뿔 모양은 각뿔

각뿔의 면, 모서리, 꼭짓점의 수 알아보기

놀이 44

상자 모양은 각기둥

 학년 6-1(1. 각기둥과 각뿔)

 준비물
7가베, 두꺼운 도화지, 스카치테이프

 학습 목표
각기둥의 면, 모서리, 꼭짓점의 수 알아보기

 이 놀이를 할 때는요
기둥 만드는 방법은 모두 같으니 여기서는 삼각기둥 만들기만 자세히 알아보겠습니다. 다른 기둥도 꼭 만들어 보세요.

 **교과서 문제**

삼각기둥의 모서리와 오각기둥의 모서리를 모두 더하면 몇 개가 되는지 알아보시오.

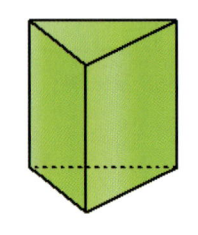 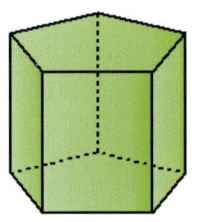

(   )개

7가베의 평면도형들을 조합하여 다음과 같이 같은 모양을 2개씩 만드세요.

각 도형에 맞는 옆면(사각형 모양)들을 도화지에 그리고 오려 준비합니다. 여기서는 높이를 5cm 정도로 만들었어요.

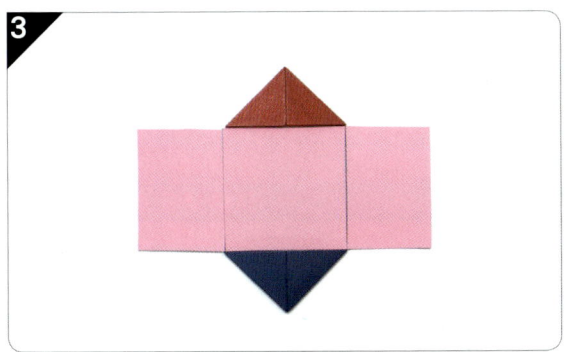
삼각기둥 밑면에 옆면을 모두 붙여 주세요.

삼각기둥이 되었어요.

옆면들을 세워서 옆면들의 변끼리 만나게 하여 스카치테이프로 붙입니다.

5		면		모서리		꼭짓점		공식 만들기
삼각기둥	위	1	위	3	위	3	면:
	중간	3	중간	3	중간	0	
	아래	1	아래	3	아래	3	모서리:
사각기둥	위		위		위		
	중간		중간		중간		꼭짓점:
	아래		아래		아래		
오각기둥	위		위		위		
	중간		중간		중간		
	아래		아래		아래		

○ 각기둥 수 세어 공식 만들기 표

다음 표를 만든 후 각기둥에 있는 면, 모서리, 꼭짓점의 수를 세어 써 넣으세요. 삼각기둥만 적어 볼까요?

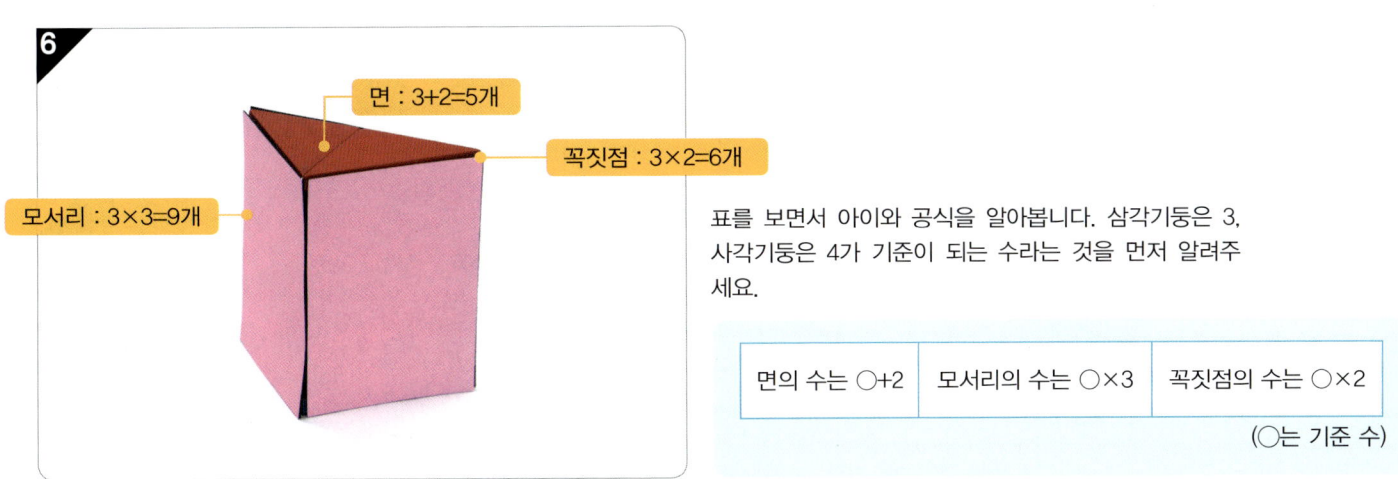

면 : 3+2=5개
꼭짓점 : 3×2=6개
모서리 : 3×3=9개

표를 보면서 아이와 공식을 알아봅니다. 삼각기둥은 3, 사각기둥은 4가 기준이 되는 수라는 것을 먼저 알려주세요.

면의 수는 ○+2	모서리의 수는 ○×3	꼭짓점의 수는 ○×2

(○는 기준 수)

놀이 45

뿔 모양은 각뿔

 학년 6-1(1. 각기둥과 각뿔)

 준비물
7가베, 두꺼운 도화지, 스카치테이프

 학습 목표
각뿔의 면, 모서리, 꼭짓점의 수 알아보기

이 놀이를 할 때는요
각기둥처럼 각뿔을 방법도 모두 같습니다. 여기서는 삼각뿔 만드는 방법을 예로 설명하니, 여러 모양의 다른 각뿔도 만들어 보세요.

○ **교과서 문제**

육각뿔의 면, 모서리, 꼭짓점의 수를 알아보시오.

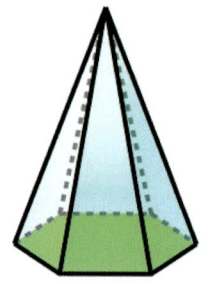

(면 :   )
(모서리 :   )
(꼭짓점 :   )

1

7가베의 평면도형들을 조합하여 아래 그림처럼 삼각형을 만듭니다.

2

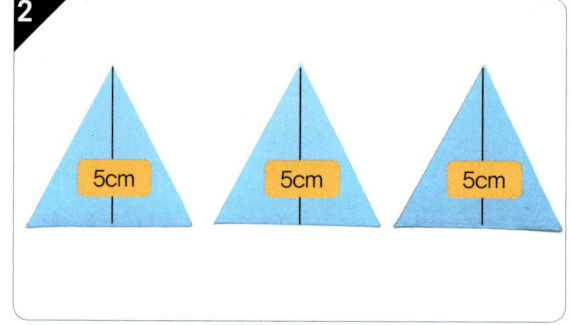

도화지에 옆면의 높이가 5cm인 이등변삼각형을 3개 그리고, 가위로 오립니다.

3

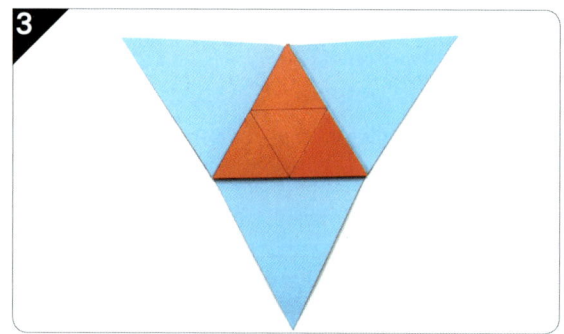

가베로 만든 삼각형 밑면에 색종이로 만든 옆면들을 스카치테이프로 붙입니다.

4

옆면을 모두 세워 옆면끼리 만나게 한 후 스카치테이프로 붙입니다.

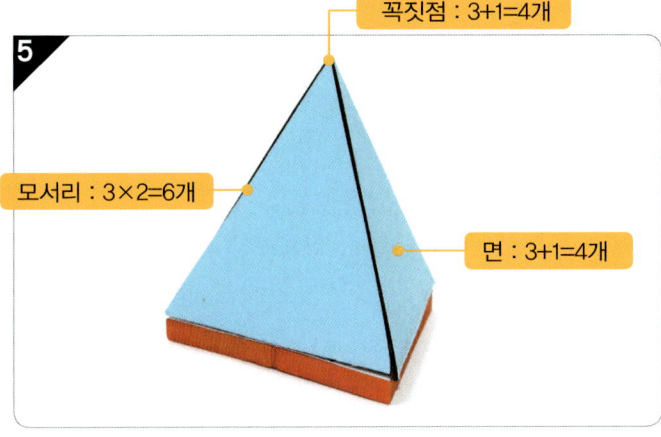

꼭짓점 : 3+1=4개
모서리 : 3×2=6개
면 : 3+1=4개

○ 삼각뿔

각뿔에 있는 면, 모서리, 꼭짓점의 수를 세어 표에 써 보고, 공식을 만들어 봅니다.

	면		모서리		꼭짓점		공식 만들기
삼각뿔	위	1	위	3	위	3	
	중간	3	중간	3	중간	0	면 : ○+1
	아래	1	아래	3	아래	3	모서리 : ○×2
사각뿔	위	0	위	0	위	1	꼭짓점 : ○+1
	중간	4	중간	4	중간	0	(○=각뿔의 밑면으로
	아래	1	아래	4	아래	4	알 수 있는 기준 수)
오각뿔	위	0	위	0	위	1	
	중간	5	중간	5	중간	0	
	아래	1	아래	5	아래	5	

○ 각뿔 수 세어 공식 만들기 표

TIP 위쪽이 뾰족한 뿔 모양이라도, 밑면이 선분으로 이루어지지 않은 원뿔은 각뿔에 속하지 않는답니다.

★ 원뿔은 각뿔이 아니에요. 헷갈리지 마세요.

울퉁불퉁 입체도형 05
각기둥의 옷 크기와 몸 크기

입체도형을 정확하게 이해해야 겉넓이와 부피를 헷갈리지 않고 풀 수 있습니다. 앞에서 여러 평면도형으로 이루어진 입체도형의 전개도를 만들어 봤지요? 전개도가 입체도형의 옷이라고 생각하면 이해하기 쉽습니다. 그 옷의 크기가 곧 '입체도형의 겉넓이'입니다. 입체도형 자체가 가진 공간의 크기는 '부피'가 되는 거구요.

> **평면도형과 입체도형의 차이**
> 평면도형을 이루는 선 길이는 둘레, 그 안의 크기는 넓이.
> 입체도형을 이루는 평면도형의 모든 넓이는 겉넓이, 입체 그 안의 크기는 부피가 되는 거예요.

조금 이해가 되고 있나요? 우선 이 정도만 알아두고, 놀이를 해 보면서 자세한 내용을 알아보겠습니다.

직육면체의 겉넓이 구하기

놀이46 6학년
직육면체 옷 크기를 알아봐요

직육면체의 부피 구하기

놀이47 6학년
직육면체 몸 크기를 알아봐요

놀이 46

직육면체 옷 크기를 알아봐요

 학년 6-1(6. 직육면체의 겉넓이와 부피)

 준비물
6가베, 색종이

 학습 목표
직육면체의 겉넓이 구하기

 이 놀이를 할 때는요
전개도는 입체도형의 옷과 같다고 했었죠? 이 전개도의 크기가 '겉넓이'입니다. 그러니 겉넓이를 알려면 옷을 만들어 봐야죠? 6가베 직육면체에 임의의 수를 정하고 겉넓이를 알아보겠습니다.

○ **교과서 문제**

다음 도형의 겉넓이를 구하시오.

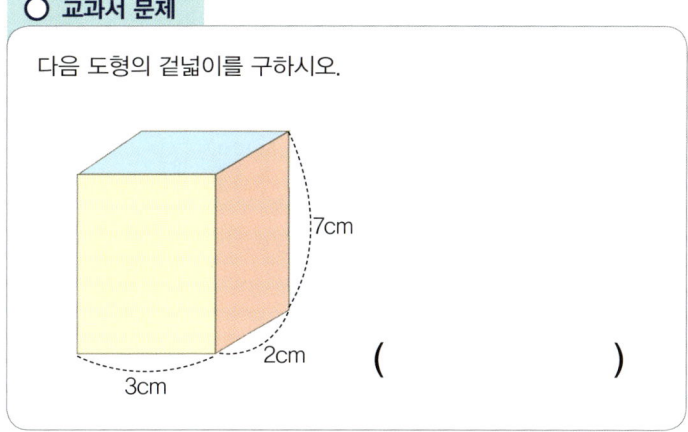

(   )

1

직육면체를 두고 가로, 세로, 높이에 임의의 수를 정합니다.

2

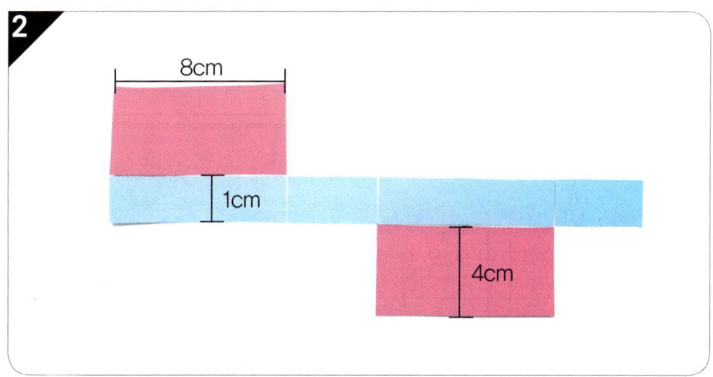

놀이 42를 참고하여 전개도를 만드세요.

두 밑면의 넓이부터 알아봅니다.

3

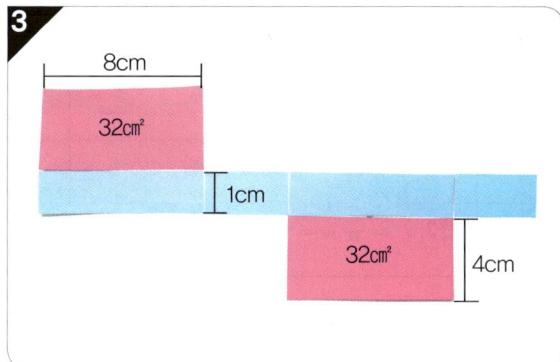

밑면 넓이
= 사각형 넓이
= 가로×세로
= 8cm×4cm = 32cm²

밑면 넓이×2
= 32cm²×2 = 64cm²

PART 5 울퉁불퉁 입체도형

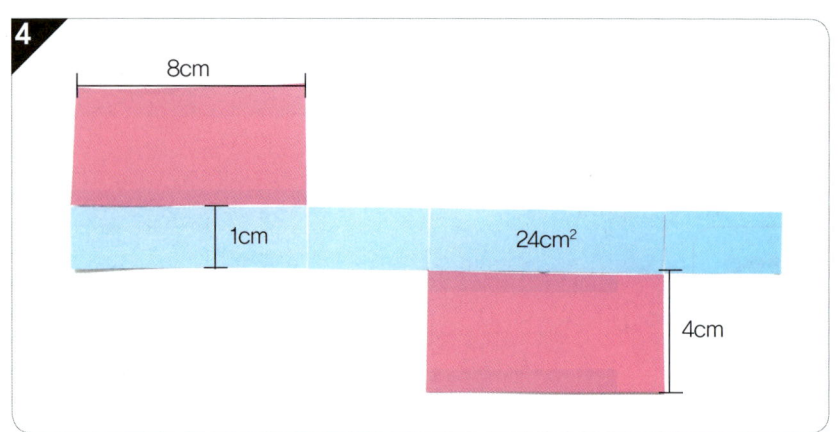

이제 옆면의 넓이를 알아봅니다.

옆면의 넓이
= 사각형의 넓이
= 가로 × 세로
= (4+8+4+8)cm × 1cm
= 24cm × 1cm = 24cm²

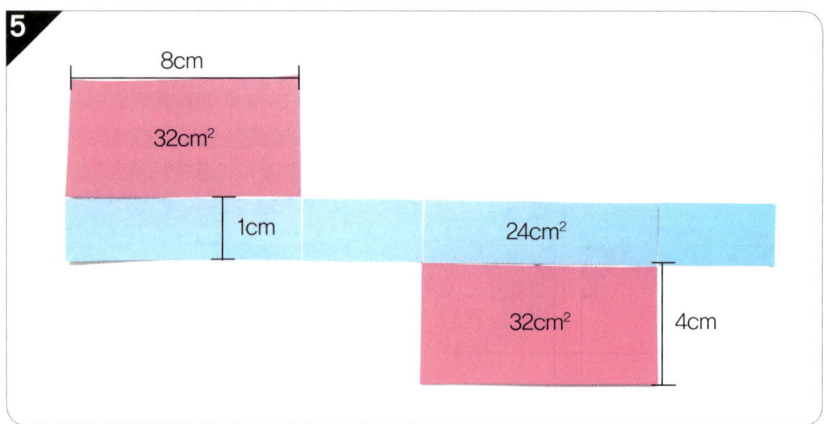

밑면 2개의 크기와 옆면의 크기를 모두 더해 주면 직육면체의 겉넓이가 됩니다.

(밑면 넓이×2) + 옆면의 넓이
= 64cm² + 24cm² = 88cm²

교과서 문제 풀이) 이제 위 문제에 있는 도형의 겉넓이를 구해 보세요. 식은 다음과 같습니다.

겉넓이 = (밑면 넓이 × 2) + 옆면의 넓이
= (3cm × 2cm × 2) + (10cm × 7cm)
= 12cm² + 70cm²
= 82cm²

놀이 47

직육면체 몸 크기를 알아봐요

 학년 6-1(6. 직육면체의 겉넓이와 부피)

 준비물
10가베

 학습 목표
직육면체의 부피 구하기

 이 놀이를 할 때는요

○ **교과서 문제**

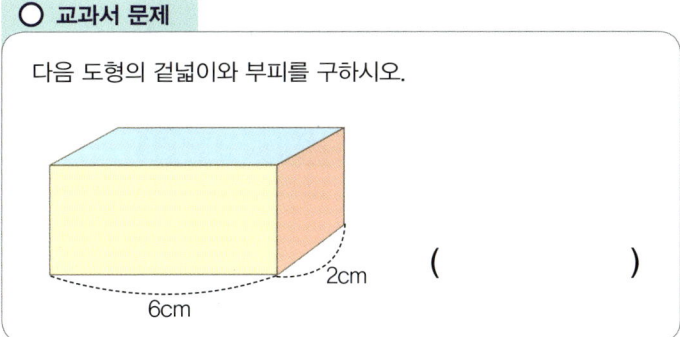

다음 도형의 겉넓이와 부피를 구하시오.

(   )

넓이와 부피의 차이

평면도형 안의 크기는 '넓이'라고 하고, 입체도형 안의 크기는 '부피'라고 합니다.
평면도형과 입체도형은 뭐가 다른가요? 평면도형은 가로, 세로 크기만 늘어나는 납작한 모양이고, 입체도형은 그 위에 높이도 늘어나서 볼록 튀어나오는 입체 모양입니다.

단위

넓이의 단위는 가로, 세로를 곱하기 때문에 'cm를 2번 곱했어요.'라는 의미로 cm^2(**제곱센티미터**)를 씁니다.
부피의 단위는 가로, 세로에, 높이도 곱하기 때문에 'cm를 3번 곱했어요.'라는 의미로 cm^3(**세제곱센티미터**)를 씁니다.

자, 이해가 되고 있나요? 결론은 높이가 있다 없다의 차이가 되는 겁니다. 알 듯 모를 듯하다면 지금부터 시작하는 놀이를 잘 따라해 보세요. 10가베를 이용하여 지금까지 이야기한 평면도형의 넓이에서 입체도형의 부피까지 연결하여 알아보겠습니다.

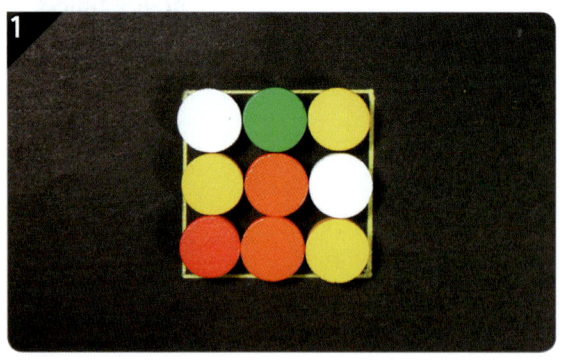

한 변의 길이가 3cm인 정사각형을 그린 후 10가베 점을 넣어 넓이를 알아봅니다.

넓이=가로×세로=3×3=9㎠

부피는 가로, 세로, 높이가 모두 1cm가 되어야 하므로 10가베 점들을 같은 색끼리 2개씩 딱풀로 붙입니다.

10가베 점은 가로 1cm, 세로 1cm, 높이 5mm이기 때문에 2개를 붙이는 거예요.

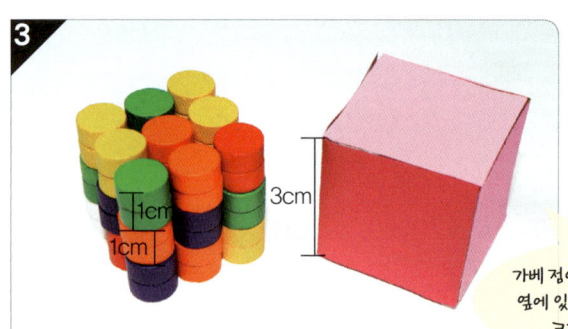

이제 한 변의 길이가 3cm인 정사각형 6개로 만들어진 정육면체의 크기를 알아봅니다. 이것이 가로, 세로, 높이 모두를 곱하는 부피 계산이지요.

부피=가로×세로×높이= 3cm×3cm×3cm=27㎤

가베 점이 정말로 27개 들어갑니다. 옆에 있는 직육면체와 정확히 같은 크기라는 걸 알 수 있죠?

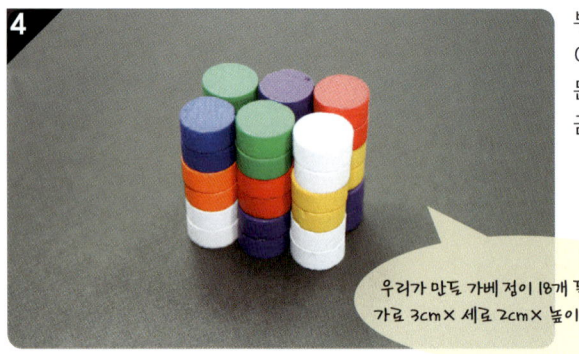

부피를 한 번 더 재어 볼까요? 가로 3cm, 세로 2cm, 높이가 3cm인 직육면체의 부피는 얼마일까요? 우리가 만든 가로, 세로, 높이가 모두 1cm인 10가베로 만들어 보면 금방 알 수 있습니다.

우리가 만든 가베 점이 18개 들어갑니다.
가로 3cm× 세로 2cm× 높이 3cm =18㎤

교과서 문제 풀이) 이제 위 문제에 있는 도형의 겉넓이와 부피를 구해 보세요. 식은 다음과 같습니다.

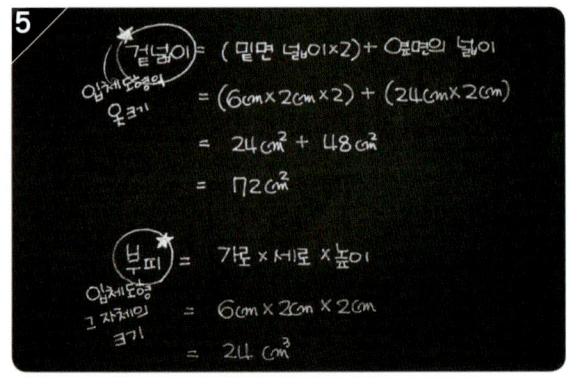

Special

공간 지각력을 키워요 II – 소마큐브

 준비물

3가베, 5가베, 스카치테이프(추가로 한 세트 더 만들 경우 5B가베, 6가베)

테트리스가 2D 퍼즐이라면, 소마큐브는 3D 퍼즐입니다. 덴마크 출신의 시인이자 물리학자이고 수학자인 피에트 하인이 만든 소마큐브는 3~4개의 정육면체로 만든 7조각을 가지고 여러 가지 모양들을 만들어 보는 재미있는, 역시나 중독성 강한 퍼즐 놀이지요.

조각을 만들어 보고 테트리스처럼 조각의 이름을 붙여 놀이해 보세요. 정육면체 27조각이 필요하므로 5가베의 삼각기둥으로 이루어진 정육면체들을 스카치테이프로 붙이거나 3가베 정육면체를 바꿔 놀이하면 됩니다.

1번-의자

2번-총

3번-학교

4번-오리

5번-로봇 다리 오른쪽

6번-로봇 다리 왼쪽

7번-계단

정육면체를 붙여 그림과 같이 1번~7번까지 만들고, 아이가 소마큐브 조각들을 친근하게 느낄 수 있도록 이름을 지어 보세요.

2

❶ 6번 블록을 제일 먼저 놓으세요.

❷ 5번 블록을 오른쪽에 놓으세요.

❸ 앞쪽으로 7번 블록

❹ 왼쪽에 4번 블록

❺ 뒤에 3번 블록

❻ 가운데 1번 블록

❼ 2번 블록을 넣으면 커다란 정육면체 완성!

5가베 정육면체 상자에 쏙 들어갈 수 있도록 모두 조합하여 정육면체 만들기를 합니다. 아이와 누가 더 빨리 정육면체를 만드는지 내기해 보세요. 다음 순서대로 하면 커다란 정육면체가 되니 따라해 보세요.

○ 옥상이 있는 집　　○ 전투함

○ 교회　　○ 거실

○ 비행기　　○ 로켓

5B가베와 6가베 등을 이용하여 한 세트 더 만들어 엄마와 아이가 나눠 가지고 서로의 모양을 따라 만들거나 자유롭게 모양 만들기 놀이를 하며 놀아 보세요.

PART 6

수와 연산

더하기, 빼기, 곱하기, 나누기!
첫발을 잘못 내딛으면 수학이 싫어지게 돼요.
틀리면 혼나고, 하루에 정해진 양을 꼭 해야 한다는 부담보다
왜 더하기와 빼기가 필요한지, 왜 곱하기와 나누기가 더 편하다는 것인지
'이유'를 탐색하는 아이가 되도록 도와주세요.

1. 숫자야, 놀자!
2. 100까지의 수
3. 올라가고 내려오는 덧셈과 뺄셈
4. 더하기가 빨라지면 곱셈구구
5. 똑같이 나누는 건 나눗셈

수와 연산 01 숫자야, 놀자!

1, 2, 3, 4부터 시작해서 수학에서 가장 먼저 접하고, 가장 많이 시행착오를 거치는 단원이 바로 이 수 연산 영역입니다. '때가 되면, 많이 풀다 보면 늘겠지.' 하는 생각에 연산만 반복하는 문제지를 놓지 못하기도 하구요. 하지만 엄마들의 기대와 현실은 다르답니다. 기계적인 반복 연산은 아이의 잔꾀만 늘려서 엄마 눈을 피해 그때그때 외워서 풀기도 하고, 답지를 보고 쓰기도 하고, 수학은 지겨운 것이라는 생각에 질리기도 하지요.

뻔한 말이지만 수학을 공부할 때도 '이해'가 먼저입니다. 왜 그런지, 왜 그렇게 풀어야 하는지 이해해야만 온전한 내 것이 되고 응용할 수도 있습니다. 무작정 가르치고 왜 모르냐고 닦달하지 말고, 가만히 들여다볼 수 있는 시간을 주세요. '이게 뭘까?' 혼자서 생각하고, 헤매고, 결국 해냈을 때의 기쁨을 아는 아이가 더 잘할 수 있습니다. 엄마는 아이의 생각을 유도하는 질문을 간간이 던져 주고, 심하게 헤맬 때 도와주면 됩니다. 어린 아이일수록 놀이를 통한 학습이 도움이 되니 이 책에서 제시하는 놀이는 좋은 해결책이 될 수 있습니다.

아이가 질리지 않게, 외워서만 풀지 않게 하려면 1학년 첫 수학을 들어서는 걸음마가 제일 중요합니다. 보통 수 세기나 수 가르기 모으기, 10보수쯤은 아이가 잘 하는 것 같으니 가볍게 여기죠? 하지만 이 부분이 가장 공을 많이 들이고, 가장 천천히 즐겁게 알아봐야 할 중요한 단원입니다. '아는 것처럼' 보이는 게 아니라 '진짜 잘 이해해야' 하는 내용이기 때문입니다.

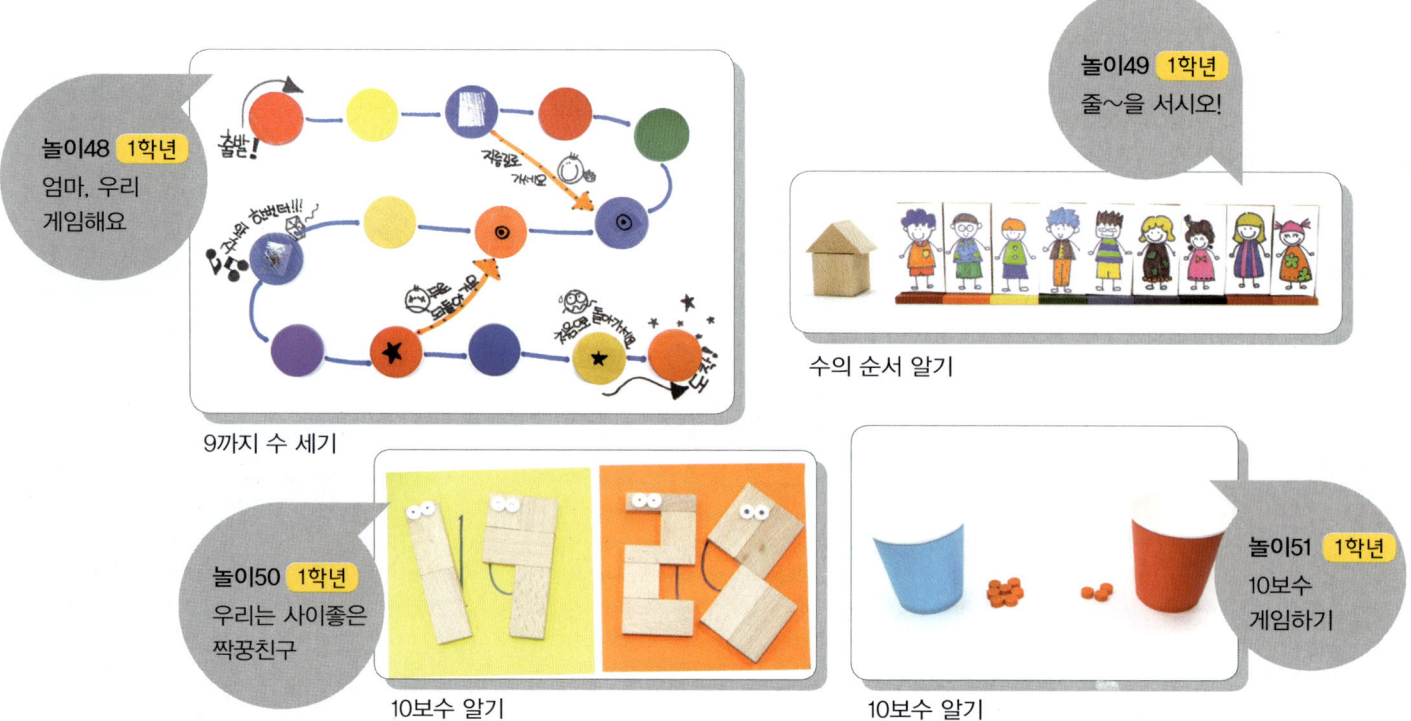

놀이48 1학년
엄마, 우리 게임해요
9까지 수 세기

놀이49 1학년
줄~을 서시오!
수의 순서 알기

놀이50 1학년
우리는 사이좋은 짝꿍친구
10보수 알기

놀이51 1학년
10보수 게임하기
10보수 알기

놀이 48

엄마, 우리 게임해요

 학년 1-1(1. 9까지의 수)

 준비물
7가베, 5가베, 스케치북, 스카치테이프

 학습 목표
9까지 수 세기

 이 놀이를 할 때는요
크고 작은 수의 크기를 비교할 수 있고, 앞과 뒤를 표시한 주사위를 사용하여 앞으로 가는 것은 더하기, 뒤로 가는 것은 빼기라는 것을 배우는 놀이입니다. 이 놀이를 할 때는 더하기나 빼기에 대한 설명은 하지 마세요. 이 과정이 이렇게 연산과 연결된다는 것은 엄마만 알면 됩니다.

○ **교과서 문제**

다음의 수를 큰 수부터 나열하시오.

7, 5, 1, 2, 9

(   )

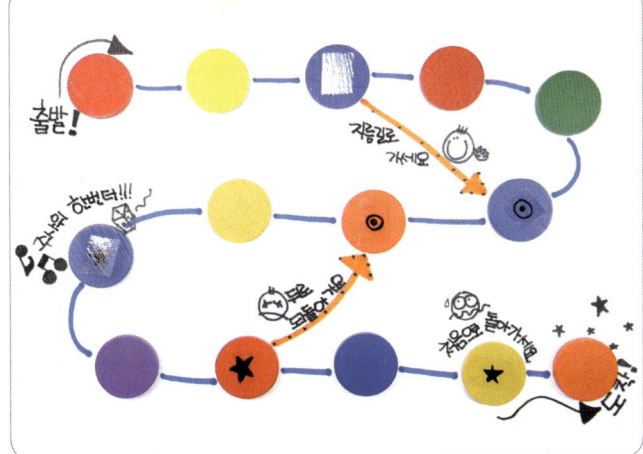

다음과 같은 게임판을 만듭니다. 아이와 함께 놀이 규칙들을 정해서 길 위에 적어 보세요.

PART 6 수와 연산

2

○ 말

정육면체에 그림을 붙여 게임에 쓰일 각자의 말을 2개 만듭니다.

3

깡이 있어야 게임이 더 재밌어요.

○ 위치 주사위

또 다른 정육면체 한 개에는 '앞, 뒤, 깡' 등을 적은 '위치 주사위'를 만듭니다.

4

○ 숫자

정육면체 10개에 숫자 1~10까지를 적어서 빈 5가베 상자에 넣습니다.

5

게임 시작! 눈을 가리고 상자에서 숫자 하나를 뽑습니다. 서로의 수를 비교하여 누구 수가 더 큰지 알아보세요.

6

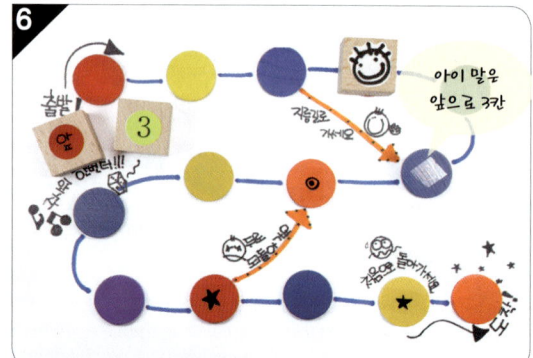

아이 말은 앞으로 3칸

큰 수를 꺼낸 사람이 먼저 합니다. 위치 주사위를 던져 위치를 정하고, 5가베 상자에서 숫자 하나를 꺼냅니다. 꺼낸 결과만큼 자기 주사위 말을 움직입니다.

7

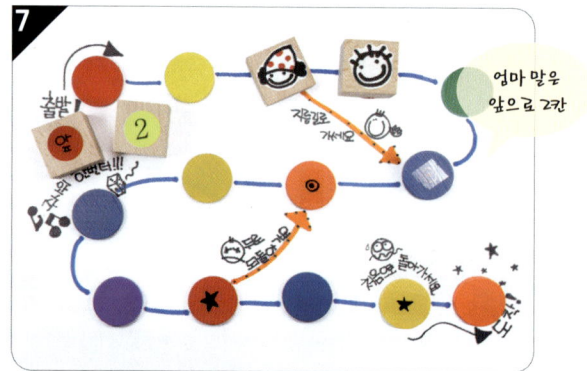

엄마 말은 앞으로 2칸

이번에는 엄마 차례. 엄마도 똑같이 한 다음 엄마 말을 움직입니다. 엇, 지름길이 나왔네요.

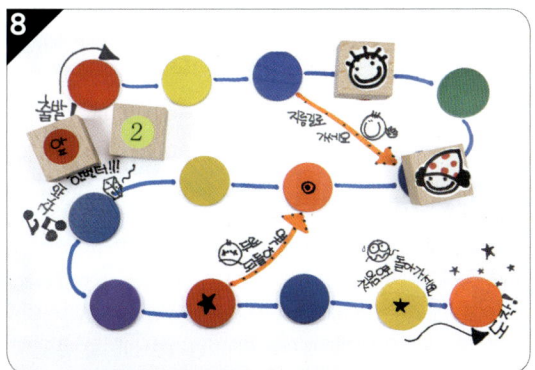
지름길을 타고 주르륵~!

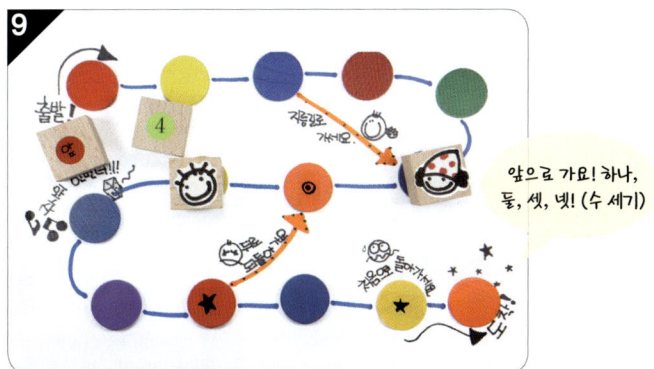
다시 아이 차례. '앞과 4'가 나왔으니 앞으로 4칸 움직이면 됩니다.

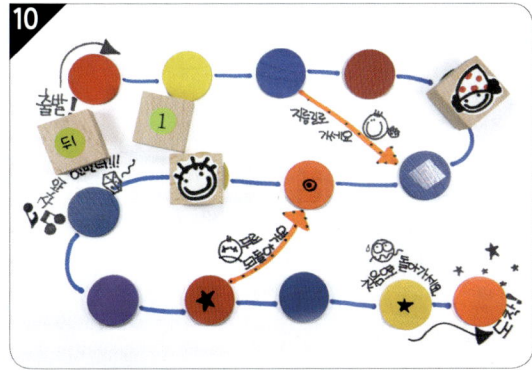
다시 엄마 차례. 뒤가 나오면 돌아가야 하니 빼기(−)가 됩니다.

 어? 처음부터 '뒤'가 나왔네?

만약 게임 시작할 때부터 위치 주사위가 '뒤'가 나온다면? 뒤로 갈 곳이 없으므로 제자리입니다.

 수 연산 게임으로 만들 수도 있어요!

이 놀이를 수 세기가 아니라 수 연산 게임으로 할 수도 있습니다. 게임판에 붙인 원에 숫자들을 쓰고, 위치 주사위 '앞, 뒤' 부분에 살짝 '+, −'를 써주면 됩니다. 놀이 방법은 같으므로 위치 주사위와 수를 뽑아서 나온 결과대로 움직이면 되지요. 예를 들어 지금 위치가 4인데, '앞(+), 3'이 나오면 4에 있던 말이 앞으로(+) 3칸 움직여 4+3=7이 되는 거죠.

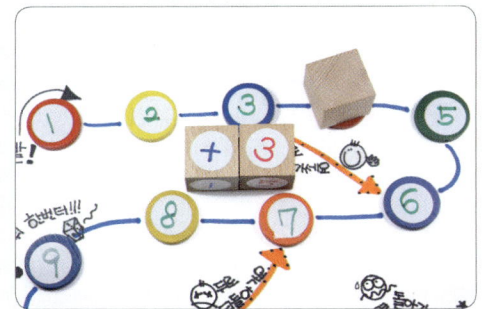

PART 6 수와 연산

놀이 49

줄~을 서시오!

- **학년** 1-1(1. 9까지의 수)
- **준비물** 6가베, 7가베, 스케치북
- **학습 목표** 수의 순서 알기

이 놀이를 할 때는요

기억력 게임을 응용한 놀이를 합니다. 첫째부터 열째까지의 카드 중 같은 것이 써 있는 두 장의 카드를 골라 맞추고, 그 카드에 맞는 가베를 가져가요. 많이 가져간 사람이 승리! 기억력 연습과 서수 배우기를 동시에 할 수 있습니다.

○ **교과서 문제**

다음의 친구들이 서 있는 모습을 보고 첫째부터 아홉째까지 써 보시오.

( ) ( ) ( ) ( ) ( ) ( ) ( ) ( ) ( )

1

정육면체와 삼각기둥으로 작은 집을 하나 만들어 주세요. 종이에 사람이나 동물 그림 10개를 그려 직육면체에 붙입니다. 7가베 정사각형 위에 올려 집 옆에 차례로 쭉 놓습니다.

7가베 원 20개를 꺼내고 순서를 2개씩 적어 가로 5개, 세로 4개가 되게 섞어 놓습니다.

전부 뒤집은 다음 가위 바위 보로 순서를 정하고 게임을 시작합니다.

가위 바위 보로 순서를 정하고 이긴 사람이 먼저 두 원을 뒤집어 봅니다. 서로 다른 것이라면 기억해 둔 다음 그 자리에 그대로 다시 뒤집어 놓습니다.

다음 순서인 사람이 두 원을 뒤집어 '셋째'라고 쓰인 원 2개를 찾으면, 같은 원 2개를 가져갑니다.

첫째, 둘째, 셋째!
입으로 세면서 찾고, 가져가세요.

집에서 가까운 순서로 '셋째'를 찾아, 그 위치의 직육면체를 빼서 가지면 됩니다. 게임을 반복하여 많이 가진 사람이 승리!

놀이 50

우리는 사이좋은 짝꿍친구

 학년 1-2(5. 덧셈과 뺄셈 2)

 준비물
6가베, 4가베, 색종이, 장난감 눈알, 가위, 스카치테이프

 학습 목표
10보수 알기

 이 놀이를 할 때는요
10보수를 만드는 짝꿍수를 찾는 놀이입니다. 10보수란 1~9까지의 수를 가지고 10이 만들어지는 수를 말하는데, 굉장히 중요해요. 아이가 더하기는 곧잘 하는데 빼기를 싫어한다면 가장 큰 이유는 대부분 10보수가 잘 안 되는 경우랍니다.

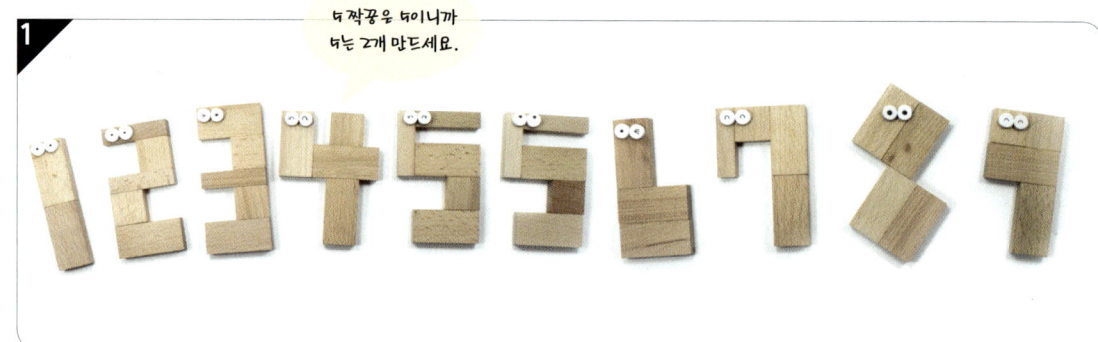

두 짝꿍은 5이니까 5는 2개 만드세요.

1 6가베로 1~9까지의 수를 만들고 순서대로 놓으세요. 부족하면 4가베의 직육면체를 더해 활용하세요.

TIP 엄마가 하나 놓으면, 아이가 짝꿍을 찾아요. 반대로 해도 되겠죠? 순서대로 찾아 놓기를 여러 번 반복한 후 이번에는 숫자들을 뒤죽박죽 섞은 다음 다시 해 보세요. 노래를 부르며 하면 더 재미있어요.

"♬ 즐겁게 춤을 추다가 짝꿍끼리 모여라!"

2 10이라고 쓴 색종이를 5개 준비하고 '돗자리'라고 약속합니다.

3 돗자리에 짝꿍수를 놓습니다. 제일 작은 수와 제일 큰 수가 짝꿍이 되는 순서이니 차례로 찾아 놓아 보세요.

놀이 51

10보수 게임하기

 학년 1-2(5. 덧셈과 뺄셈 2)

 준비물
10가베, 종이컵, 스티커

 학습 목표
10보수 알기

 이 놀이를 할 때는요
종이컵을 이용하여 10가베 점 10개를 가르고 모아 보면서 짝꿍수를 알아보는 놀이입니다. 간단한 게임이지만 10보수를 익히기엔 아주 효과가 높으니 아이와 함께 많이 해 보세요.

1. 10가베 점 10개와 종이컵 2개를 준비합니다.

컵 안에는 10가베 점들이 들어 있겠죠?

2. 엄마가 먼저 종이컵 2개를 가지고 좌우로 마구 움직이다가 10가베 점을 양쪽으로 가릅니다.

3개가 나왔네. 파랑 컵에는 몇 개 있을까?

7개가 들어 있어요.

3. 한쪽 종이컵만 열고, 다른 컵에는 점이 몇 개 있는지 아이에게 맞춰 보라고 하세요.

4

스케치북에 간단한 스티커 표를 그리세요. 아이가 맞추면 표에 스티커를 하나 붙이고, 이번에는 아이가 엄마에게 문제를 냅니다.

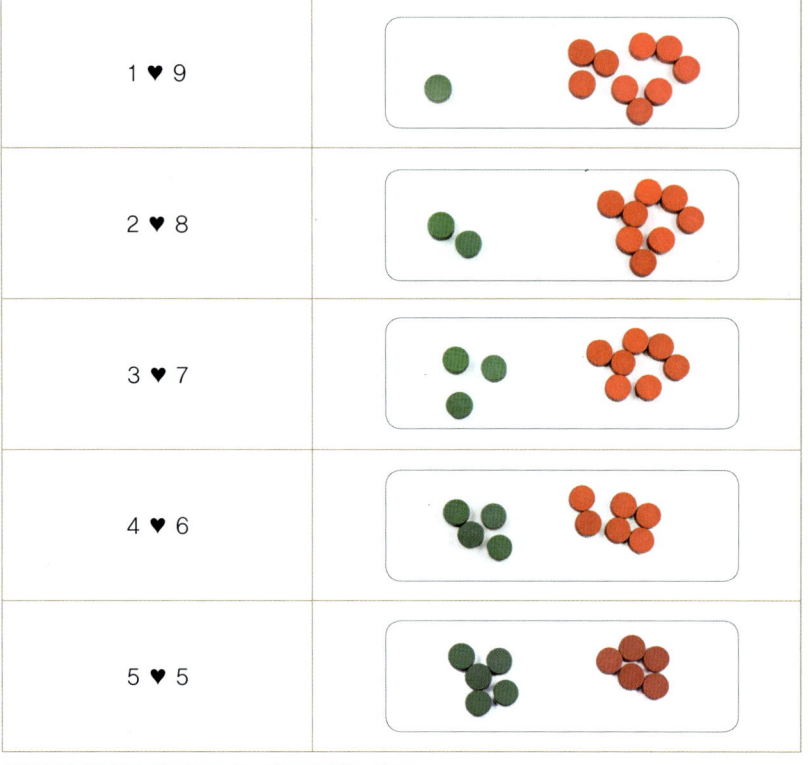

o 짝꿍수

아이	엄마
아이가 맞출 때마다 스티커를 붙입니다.	엄마가 맞출 때마다 스티커를 붙입니다.

o 10보수 스티커 표

TIP 이 게임을 제대로 하려면 엄마는 가끔 일부러 틀려야 해요. 아이가 4개를 보여 주고, 맞추라고 했을 때 엄마가 "5!"라고 틀리게 얘기하면 아이가 "에이~ 아니죠. 6이에요. 보세요." 하면서 열어 보여 주겠죠? 이쯤 되면 아이가 10보수를 완전하게 알게 되었다고 할 수 있답니다.

수와 연산 02 100까지의 수

10까지의 수를 알았으니 이제 100까지의 수를 배울 차례입니다. 일의 단위와 십의 단위를 구분하는 단원이지요. 이때 처음 '묶음수'라는 말이 나오는데, 묶음수란 수가 일의 자리에서 십의 자리 이상으로 올라가는 것을 말합니다.

수 막대를 이용하여 십의 자리와 일의 자리의 수를 배우고, 큰 수 만들기, 100까지의 수 알기를 게임으로 풀어 보겠습니다. 100까지의 수를 이해하는 것이 이 단원의 목표이니 게임 중간에 자꾸 "맞니? 틀리니? 알겠어?" 라는 말을 하지 않도록 조심하세요. 아이가 즐기는 게 아니라 질리게 된답니다.

놀이52　1학년
세기 쉽게 묶기

10씩 묶어서 세고 99까지 수 읽기

십의 자리와 일의 자리 알기

놀이53　1학년
큰 수 만들기 게임

놀이54　1학년
100까지 누가 먼저 도착할까?

100까지의 수 알기

놀이 52

세기 쉽게 묶기

 학년 1-2(1. 100까지의 수)

 준비물
8가베, 고무줄

 학습 목표
10씩 묶어서 세고 99까지 수 읽기

 이 놀이를 할 때는요
교과서에서 보는 묶음과 낱개를 실제로 하나씩 만들어 보면서 묶음수를 알아봅니다. 그리고 십의 자리와 일의 자리의 정확한 개념을 알기 위해 게임을 이어서 해 보세요.

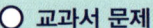 **교과서 문제**

모두 얼마인지 세어 쓰고, 읽어 보시오.

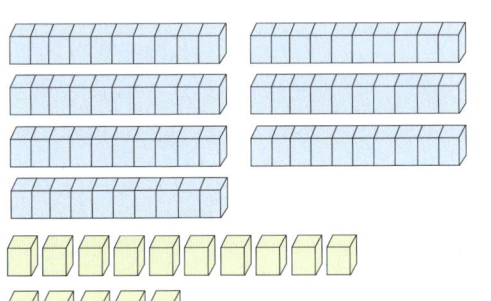

1

낱개 10개를 하나로 묶어 한 묶음!

8가베의 5번이나 6번 막대를 10개씩 고무줄로 묶습니다.

2

11(십일)!

묶음 1개와 낱개 1개를 놓고 수를 읽어 보세요.

3 10개짜리 묶음을 여러 개 만듭니다. 낱개도 따로 준비하세요.

4

○ 묶음 3, 낱개 8=38

○ 묶음 5, 낱개 7=57

○ 묶음 9, 낱개 0=90

게임 시작! 엄마가 묶음과 낱개를 놓고, 아이에게 맞춰 보라고 합니다. 묶음과 낱개가 몇 개인지 알아보고 수를 읽어 보세요.

묶음(수)	낱개(수)	수 읽기
3(30)	8(8)	38, 삼십 팔
5(50)	7(7)	57, 오십 칠
9(90)	0(0)	90, 구십

○ 묶음수 쓰기 표

♬ 숫자 노래 – '일은 랄랄라~ 하나이고요' 가사 바꿔 부르기

수를 읽는 방법은 수에 붙는 단위에 따라 달라집니다. 단위에 따라 부를 수 있도록 노래를 개사해서 불러 보세요.

십은 랄랄라~ 열이고요!
이십은 랄랄라~ 스물이고요!
삼십은 랄랄라~ 서른이고요!
사십은 랄랄라~ 마흔이고요!
오십은 랄랄라~ 쉰이고요!
육십은 랄랄라~ 예순이고요!
칠십은 일흔!
팔십은 여든, 구십은 아흔, 백은 백!
열, 스물, 서른, 마흔, 쉰, 예순, 일흔 여든, 아흔, 백!

놀이 53

큰 수 만들기 게임

 학년 1-2(1. 100까지의 수)

 준비물
5가베 상자, 6가베 상자, 10가베

 학습 목표
십의 자리와 일의 자리 알기

 이 놀이를 할 때는요
묶음수와 낱개를 이해할 수 있는 또 다른 게임입니다.

1

5가베, 6가베 상자를 준비하고 상자 앞에 '십의 자리, 일의 자리'라고 써서 붙입니다.
쉽게 알 수 있도록 십의 자리 상자에는 10개씩 묶은 묶음을 붙이고, 일의 자리 상자에는 낱개 1개를 붙여 보세요.

2

아이는 노란색, 엄마는 빨간색으로 10가베 점을 10개씩 나누어 가집니다.

3

십의 자리에 아이는 3개 엄마는 2개, 일의 자리에 아이는 1개 엄마는 8개가 들어갔네요.

상자를 멀리 놓으세요. 각자 자기가 가지고 있는 점을 상자에 던져 넣습니다.

4 누가 더 큰 수를 만들었는지 표에 쓰면서 게임합니다.

아이(노랑)			수 비교	엄마(빨강)		
십의 자리	일의 자리	수 읽기		십의 자리	일의 자리	수 읽기
3	1	31	>	2	8	28

○ 십의 자리 일의 자리 쓰기 표

31>28, 엄마가 점을 더 많이 넣었지만 십의 자리에 아이가 더 많이 넣어서 큰 수가 만들어졌어요. 아이 승리!

놀이 54

100까지 누가 먼저 도착할까?

 학년 1-2(1. 100까지의 수)

 준비물
100까지의 숫자표

 학습 목표
100까지의 수 알기

 이 놀이를 할 때는요
100까지의 숫자표를 만들어 보면 오른쪽으로 가면서 1씩 커지고, 왼쪽으로 가면서 1씩 작아집니다. 그리고 아래로는 10씩 커지고 위로는 10씩 작아지지요. 위, 아래, 오른쪽, 왼쪽으로 방향을 알려주는 주사위와 몇 칸씩 움직이는지 알려주는 숫자 주사위로 게임하면서 100까지 먼저 오는 사람이 이기는 게임입니다. 게임을 하면서 수의 증가와 감소 과정을 알아보세요.

1 다음과 같은 숫자표를 준비하세요. 없으면 도화지에 대충 그려도 됩니다.

1 (시작)	2	3	4	5	6	7	8	9	10
11	12	13	14	15	16	17	18	19	20
21	22	23	24	25	26	27	28	29	30
31	32	33	34	35	36	37	38	39	40
41	42	43	44	45	46	47	48	49	50
51	52	53	54	55	56	57	58	59	60
61	62	63	64	65	66	67	68	69	70
71	72	73	74	75	76	77	78	79	80
81	82	83	84	85	86	87	88	89	90
91	92	93	94	95	96	97	98	99	100 (도착)

○ 숫자표 : 100까지의 수

2

○ 말

정육면체에 그림을 붙여 게임에 쓰일 각자의 말을 2개 만듭니다.

3

○ 방향 주사위, 숫자 주사위

주사위 2개를 만듭니다. 방향 주사위에는 위, 아래, 오른쪽, 왼쪽과 꽝, 노래 부르기 등을 넣어 재미를 더해 주고, 숫자 주사위는 1~3까지의 수만 2번씩 적어 줍니다.

4

아이가 먼저 시작하는 걸로 해 볼까요?

가위 바위 보로 선을 정하고 시작합니다. 오른쪽 3이 나왔네요.

5

1에서 출발한 말을 오른쪽으로 3만큼 이동시킵니다. 3만큼 수가 증가하여 이동했더니 4가 되었어요.

6

이번에는 엄마가 주사위를 던지세요.

7

아래로 2가 나왔으니 10씩 2번 증가한 것입니다. 아래로 2칸 내려가 '21'에 말을 둡니다.

8

같은 방법으로 말을 이동하면서 100까지 먼저 도착하는 사람이 이기게 됩니다.

올라가고 내려오는 덧셈과 뺄셈

수와 연산 03

아이들이 처음 더하기를 배울 때가 생각나나요? 대부분 처음에는 엄마가 사과나 동그라미를 그려서 하나, 둘 하고 설명하다가 익숙해지면 손가락을 쓰지요. 손가락 쓰는 것에 대해서는 아직도 의견이 분분합니다. 습관이 되니 안 된다. 아니다, 써도 된다. 안 된다. 된다. 안 된다.

이제껏 가베로 수학 놀이를 진행해 본 결과 '써도 된다'고 생각합니다. 뭐든지 실물이 기초가 되고, 탄탄한 기초가 쌓여야 나중에 추상적인 사고를 원활하게 진행할 수 있다고 확신하기 때문입니다. 단 손가락셈은 수가 커지면 받아올림에서 문제가 생기게 됩니다. 그래서 10보수가 중요하다 말했고, 손가락셈에 너무 의존하지 않도록 가베 놀이를 제안하는 것입니다.

다음 놀이들은 10가베를 가지고 수의 양을 보면서 직접 더하거나 빼기 때문에 무작정 머리로만 할 때보다 연산을 쉽게 받아들이는 데 도움이 됩니다. 다만 한 번 해 봤다고 당장 잘 되는 것은 아니니 꾸준히 놀이해 보세요.

놀이55 1학년 더해요, 빼요
한 자리수의 덧셈과 뺄셈

놀이56 1학년 10을 넘어가면 어떻게 더하지?
받아올림 알기

놀이57 1학년 낱개가 부족한데 어떻게 빼지?
받아내림 알기

놀이58 2학년 두 자리수도 문제없어!
두 자리수의 덧셈과 뺄셈

Special 받아올림과 받아내림의 실수 줄이기 노하우

놀이 55

더해요, 빼요

1학년

 학년   1-1(3. 덧셈과 뺄셈)

 준비물
10가베, 그릇, 숟가락

 학습 목표
한 자리수의 덧셈과 뺄셈

 이 놀이를 할 때는요
가베로 더하기와 빼기를 해 볼까요? 답이 10 아래인 간단한 연산부터 받아내림과 받아올림까지 진행합니다. 책에서는 연결된 놀이이기 때문에 이렇게 쭉 나가지만 처음 배우는 아이라면 한 번에 하지 말고, 덧셈과 뺄셈을 적당히 끊어서 해 보세요.

○ **교과서 문제**

다음을 계산하시오.

❶ 3+4=

❷ 7-3=

❸ 5+6=

❹ 13-7=

1

○ 파랑은 10, 빨강은 1

2가지 색깔(파랑, 빨강)의 10가베 점을 준비하고 파랑은 10, 빨강은 1이라고 약속합니다.

2

그릇과 숟가락을 준비합니다.

■ 더하기 : 3+4=?

그릇에 빨강점 3개를 넣습니다. 다시 숟가락에 빨강점 4개를 올려 그릇에 '더' 넣습니다.

그릇 안에 모두 몇 개가 있는지 세어 보세요.

■ 빼기 : 7-3=?

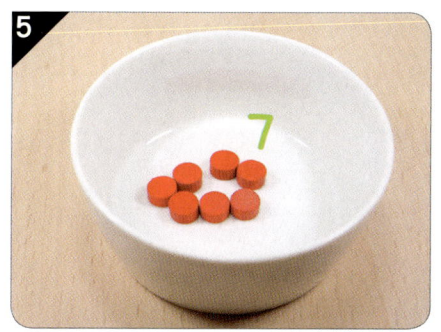  

몇 개가 남았나요?

이번에는 빼 볼까요? 그릇 안에 빨강점 7개를 넣고 숟가락으로 그릇 안의 빨강점 3개를 빼줍니다.

놀이 56

10을 넘어가면 어떻게 더하지?

 학년 1-2(5. 덧셈과 뺄셈 2)

 준비물

10가베, 그릇, 숟가락

 학습 목표

받아올림 알기

 이 놀이를 할 때는요

10이 넘으면 십의 단위로 바뀌는 받아올림 놀이입니다. 10의 장벽을 넘기가 쉽지 않죠? 받아올림과 받아내림을 할 때는 앞에서 배운 10의 보수를 사용하세요. 더할 때는 먼저 10을 만들게 하고, 뺄 때는 10에서 먼저 빼는 방법을 사용하면 좀 더 쉽게 이해할 수 있습니다.

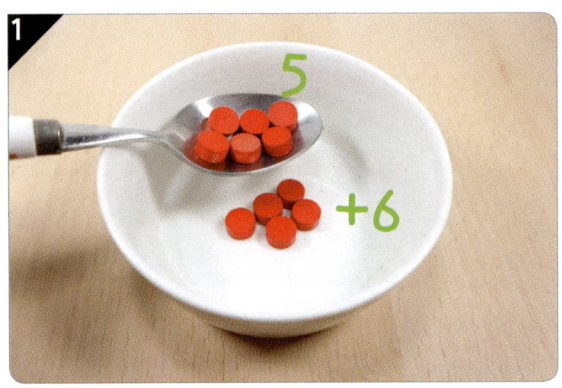

○ 5+6=?

그릇 안에 빨강점 5개를 넣고, 더 넣을 빨강점 6개를 그 '옆에' 놓습니다.

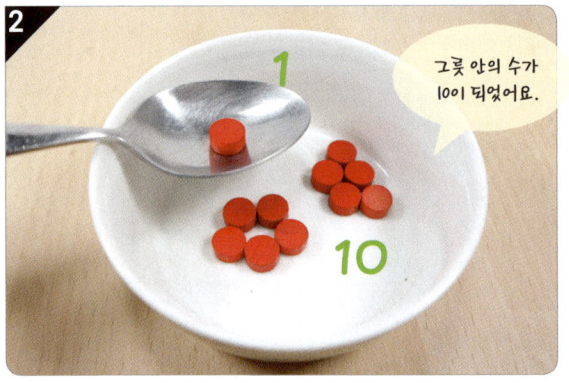

수저에 있는 빨강점 6개 중 5의 짝꿍수를 찾아 먼저 그릇에 넣습니다. 보수를 사용하여 먼저 10을 만드는 방법을 가르치는 것입니다.

빨강점 10개를 파랑점 1개로 바꿉니다. 파랑점 1개는 10이라고 약속했으니까요.

놀이 57

낱개가 부족한데 어떻게 빼지?

 학년 1-2(5. 덧셈과 뺄셈 2)

 준비물
10가베, 그릇, 숟가락

 학습 목표
받아내림 알기

 이 놀이를 할 때는요
십의 자리에서 1을 빌려오면, 일의 자리에서 10이 되는 받아내림을 이용한 놀이입니다.

○ 13-7=?

그릇 안에 파랑점(10) 1개와 빨강점(1) 3개를 넣습니다. 그럼 13이죠?

파랑점은 10이니까 거기서 7만큼을 빼기로 할까요? 파랑점을 수저로 빼냅니다.

> 빼기니까 7개를 수저로 빼야 하는데 빨강점이 3개밖에 없어요.

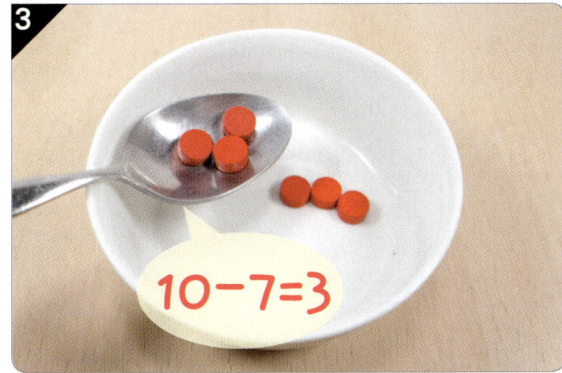

파랑점은 10이니까 7을 빼주면 3만큼이 남죠? 남은 빨강점 3개는 다시 그릇에 넣습니다.

○ 13-7=6

이제 계산이 끝났으니 몇 개가 되었는지 아이에게 세어 보도록 하세요.

PART 6 수와 연산

놀이 58

두 자리수도 문제없어!

 학년   2-1(3. 덧셈과 뺄셈)

 준비물
10가베

 학습 목표
두 자리수의 덧셈과 뺄셈

 이 놀이를 할 때는요
십의 자리와 일의 자리를 구분할 수 있도록 점의 색깔을 정하고 받아올림과 받아내림이 왜 필요한 건지 그리고 어떤 과정으로 십의 자리에서 10을 일의 자리에 빌려 주는지 알아봅니다.

○ **교과서 문제**

다음을 계산하시오.

❶ 33+29=

❷ 32-15=

1

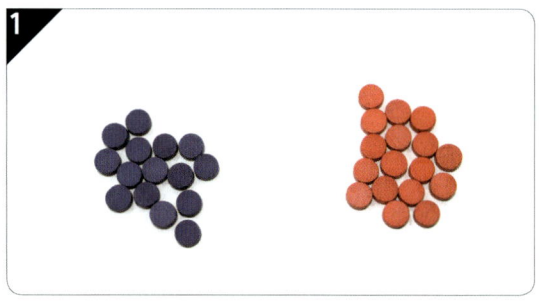

○ 파랑은 10, 빨강은 1

10가베 점을 준비합니다. 파랑은 10, 빨강은 1이라고 약속합니다.

2

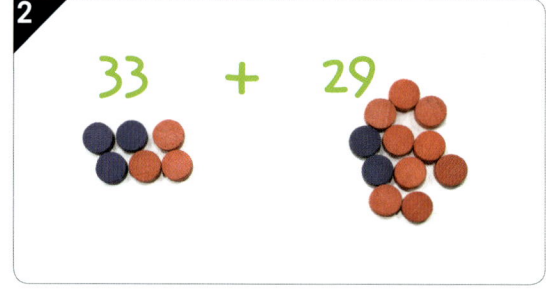

○ 33+29=?

색깔에 맞게 33과 29를 준비합니다.

3

파랑점은 5개, 빨강점은 12개가 되었어요.

더해야 하니까 색깔별로 모아 보세요.

4

빨강점의 개수가 10개가 넘었으니, 뒷자리 2는 두고 빨강점 10개를 10의 자리인 파랑점 쪽으로 옮깁니다.

5

파랑점 6개, 빨강점 2개로 62가 되었어요.

빨강점 10개를 파랑점 1개로 바꿉니다. 이제 얼마가 되었는지 알아보세요.

6

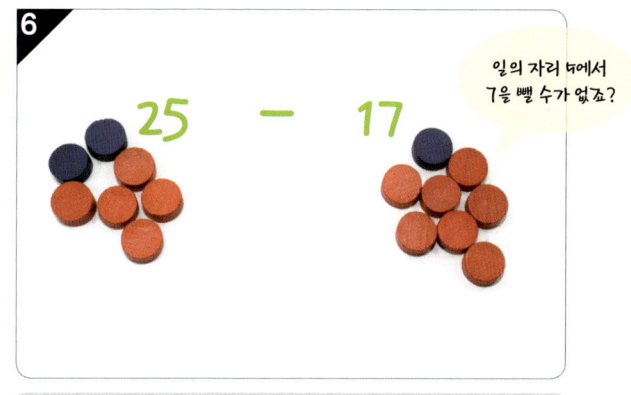

일의 자리 5에서 7을 뺄 수가 없죠?

○ 25-17=?

이번에는 빼기를 해 보겠습니다. 색깔에 맞게 25와 17을 준비합니다.

7

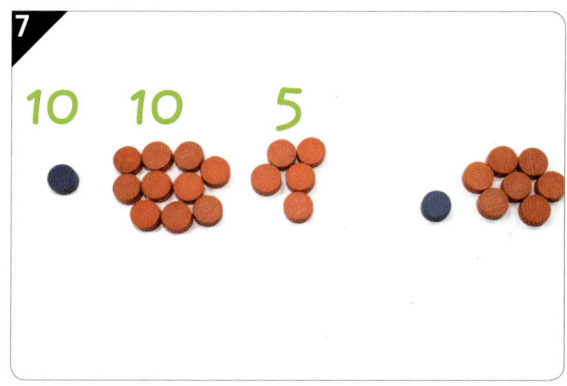

25의 파랑점 2개 중 1개를 빨강점 10개로 바꿔 줍니다. 이제 색깔별로 뺄 수 있어요.

8

두 자리수의 받아내림에서도 '십의 자리 1개를 10개로 바꾼다.'는 부분이 가장 중요해요.

○ 10-10=0, 15-7=8 즉 25-17=8

파랑점은 양쪽에 하나씩 밖에 없으니 모두 빼서 없어지고, 빨강점만 8개가 남게 됩니다.

Special
받아올림과 받아내림의 실수 줄이기 노하우

아이가 문제를 다 잘 풀어 놓고는 '실수로' 받아 내리거나 올린 것을 계산에 넣지 않고 그대로 답을 쓰곤 하죠? 실수 치고는 참 고쳐지지 않기도 하구요. 이런 경우는 대부분 실수라기보다는 '잘못된 습관' 때문인 경우가 많습니다. 대부분의 아이들이 겪는 시행착오이기도 하구요. 여기서는 이런 실수를 고칠 수 있는 방법을 알려드리겠습니다.

세로쓰기로 연산을 배울 때 보통 받아올림과 받아내림을 뒤에서부터 하는 걸로 배웁니다. 그런데 이 방법으로 문제를 풀다 보면 꼭 뒷자리수를 잘 풀어 놓고 앞자리에서 실수를 합니다. 그리고 이 방법에서 아이들이 착각하는 게 있어요. 덧셈보다 **뺄셈**에서 가끔 그러는데, 다음 문제를 예로 설명하자면 74에서 4에 10을 빌려줄 때 그 빌려주는 7이 70인걸 모르는 경우가 있답니다. 설마 하겠지만 실제로 많은 아이들이 이렇게 하고 있습니다. 아이들이 자주 하는 실수를 한 번 보세요.

○ 실수하는 경우

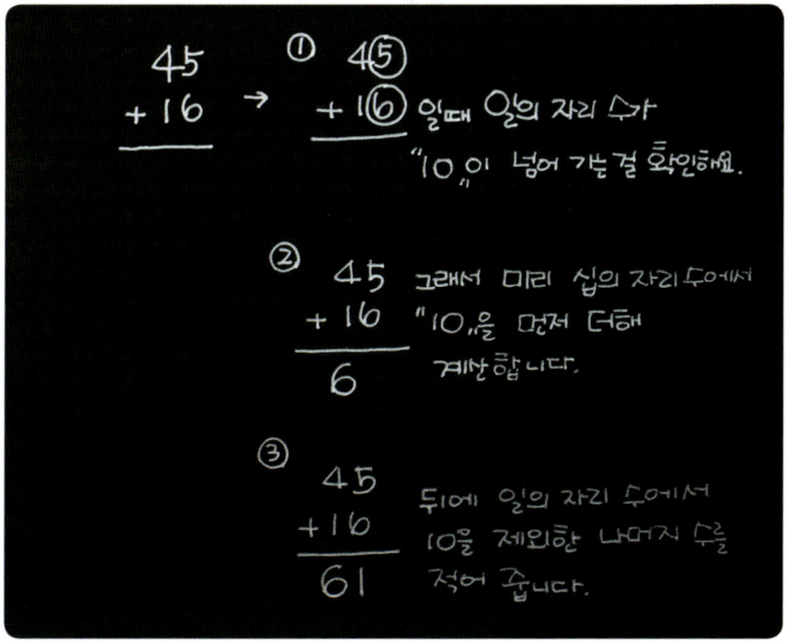

이런 실수를 줄이려면 지금까지처럼 뒤부터가 아니라 앞부터 계산하는 것도 좋은 방법입니다. 무슨 말인지 다음 그림을 잘 보세요. 뒤의 수를 보면서 앞에 있는 십의 자리 답부터 먼저 적고, 일의 자리를 계산하여 답을 적는 것이죠. 이 방법은 확실히 '실수'를 줄여 줍니다. 이런 실수를 자주 하는 아이라면 한 번 시도해 보세요.

○ 앞부터 계산하는 받아올림이 있는 더하기

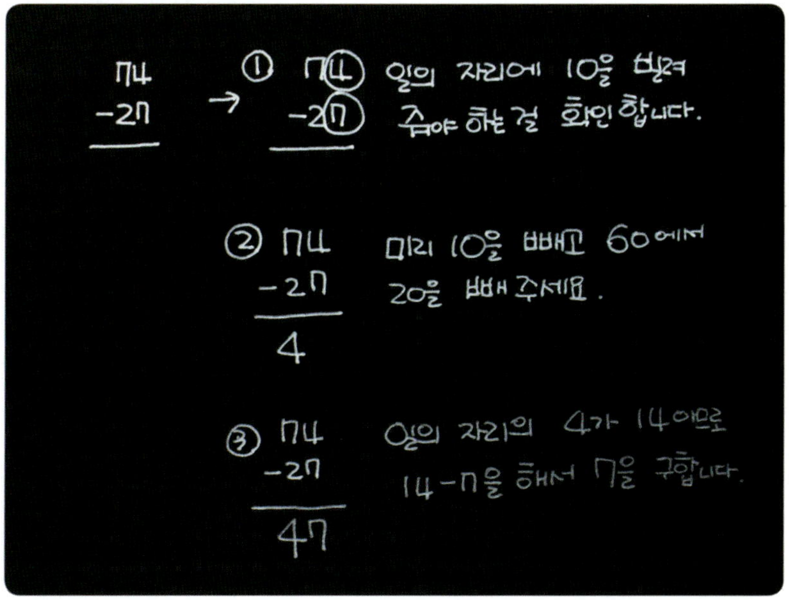

○ 앞부터 계산하는 받아올림이 있는 빼기

수와 연산 04 더하기가 빨라지면 곱셈구구

"2학년에서 다루는 곱셈구구? 2학년이 돼서야 겨우 구구단을 외운다고?"

이런 생각을 하는 부모님이 많죠? 사실 요즘은 취학 시기가 되면 구구단을 줄줄줄 외워서 학교에 들어가는 경우가 대부분입니다. 이것, 한 번 생각해 볼 문제입니다. 구구단을 외우는 것이 지금 우리 아이에게 정말 중요할까요? 일단 외워두면 수학 문제를 풀 때 편하기 때문에 나중에 도움이 되는 것은 확실합니다. 그런데 정작 1학년에서 쓸 일이 있을까요? 더하기 빼기도 헷갈리는 마당인데요? 구구단이 뭔지도 모르고 그저 노래 부르듯이 외우는 건 더 의미가 없습니다.

배워야 할 시기에 정확하게 알고 이해한 상태에서 외우게 해 보세요. 구구단은 같은 수가 연속으로 더해질 때 그 결과를 빨리 알 수 있도록 만든 방법일 뿐이랍니다. 다음의 놀이를 통해 확인해 보세요.

놀이59 2학년
배에 싣고 가자

배수 개념 알기

놀이60 1학년
구구단을 외자,
구구단을 외자

구구단 외우기

놀이 59

배에 싣고 가자

 학년   2-1(6. 곱셈)

 준비물
10가베, 색종이

 학습 목표
배수 개념 알기

 이 놀이를 할 때는요

구구단의 배수 개념은 1배, 2배, 3배처럼 늘어납니다. 이 말은 '같은 수를 1번 더했다, 2번 더했다, 3번 더했다'라는 뜻이지요. 그래서 이번 놀이에서는 종이배를 만든 다음 종이배의 수를 증가시키면서 배수 개념을 알아봅니다. 숫자를 태운 종이배를 사용하여 배수 개념에서 얘기하는 배(倍 곱하기 곱)를 이야기하므로 잊지 않고 이해하기 쉽습니다.

1

색종이로 종이배 10개를 접어 준비합니다.

2

배 안에 점을 2개씩 넣습니다.

3

> 배가 2척이면 2배, 2의 2배면 4개~.

이제 배수 개념에 대해 알아봅니다. 아이가 쉽게 이해하도록 1배, 2배 늘어나는 개념을 종이배의 개수로 이야기해 보세요.

4

> 이번 배는 7척, 7척은 7배. 2의 7배는 2×7=14

더 많은 종이배를 놓고 점의 개수를 알아봅니다.

5

○ 6+6+6+6+6=6×5=30

이번에는 배에 좀 더 큰 수를 넣어 볼까요? 6개씩 넣어 보고 5배를 알아보세요.

6

배(×) \ 점의 수	2	3	4	5	6	7	8	9
1								
2								
3								
4								
5								
6								
7								
8								
9								
10								

○ 구구단 표

배에 점을 하나씩 더 넣으면서 구구단 표를 완성해 보세요.

 종이배 접기가 귀찮다면!

종이배를 접는 것 자체에 여러 가지 교육적 효과가 있습니다. 하지만 시간이 없을 때는 종이배를 대신할 종이컵이나 적당한 크기의 포스트잇을 이용해서 간편하게 해 보세요.

놀이 60

구구단을 외자, 구구단을 외자

 학년 2-2(2. 곱셈구구)

 준비물
도화지, 연필

 학습 목표
배수 개념 알기

 이 놀이를 할 때는요
구구단을 그냥 외우기만 하는 건 아주 지루하고 재미없죠? '구구단을 외자' 게임을 하면서 다음과 같이 좌표에 점을 찍어 그림 그리기를 해 보세요. 구구단 외우기가 엄마와 함께 하는 즐거운 놀이가 됩니다.

1 엄마와 아이 것 2개의 구구단 표를 그리세요. 엄마가 먼저 묻고 아이가 대답해 봐요.

♬ 구구단을 외자, 구구단을 외자.
 3, 9(3×9)? 27!

36이 되는 구구단은 9×4와 4×9도 있어요.
6, 6(6×6)? 36!

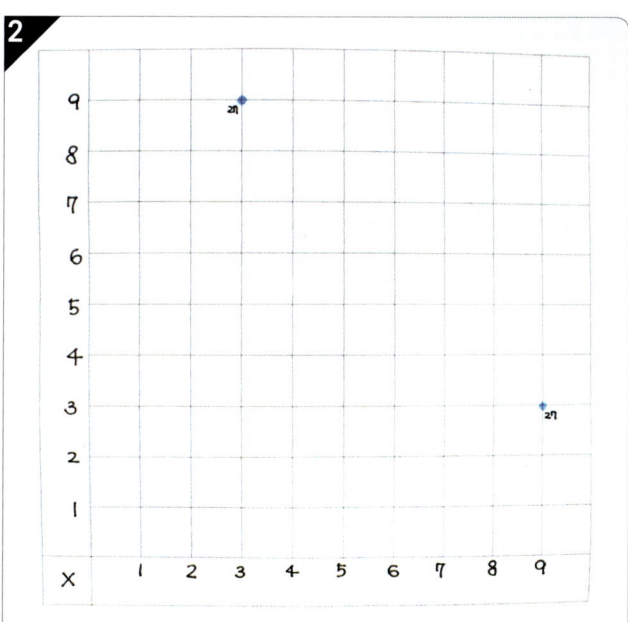

아이가 맞게 대답하면 아이 구구단표에서 3과 9가 만나는 곳에 점을 찍고 27이라고 쓰게 합니다. 똑같은 27을 만들 수 있는 곳을 모두 찾아 점을 찍게 하세요. 9×3을 찾을 수 있죠?

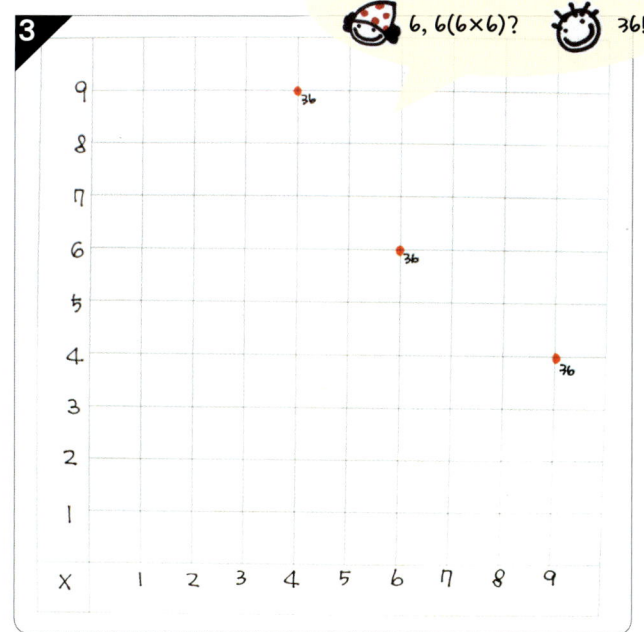

이번에는 아이가 문제를 냅니다. 엄마가 답을 말한 후 엄마 구구단표에도 같은 방법으로 점을 찍고 숫자를 씁니다.

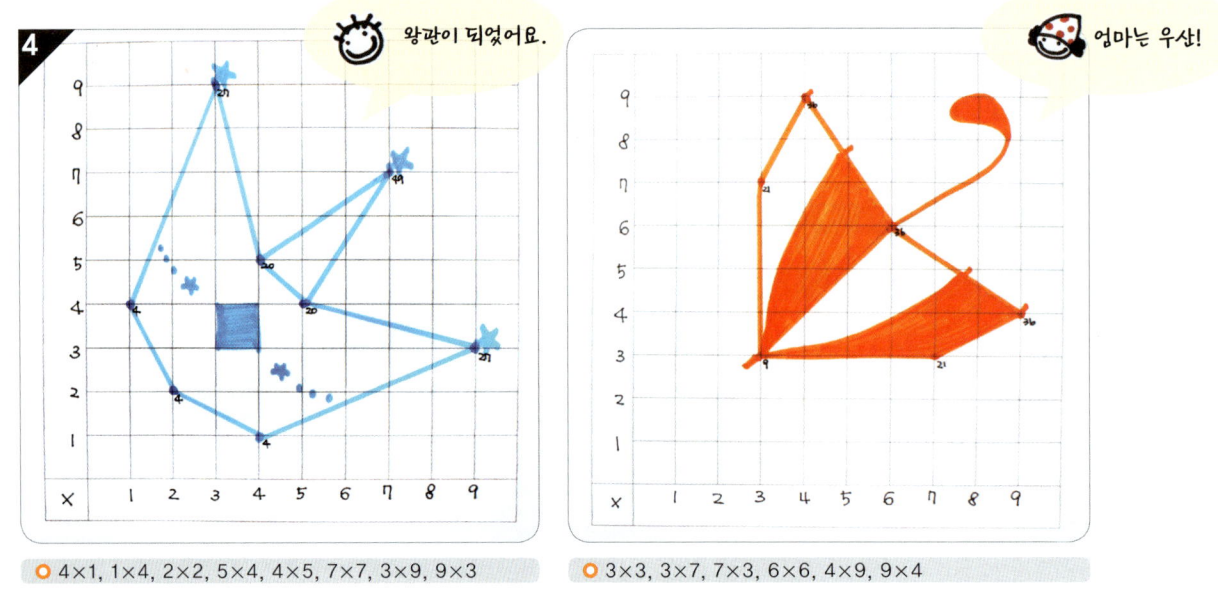

○ 4×1, 1×4, 2×2, 5×4, 4×5, 7×7, 3×9, 9×3 ○ 3×3, 3×7, 7×3, 6×6, 4×9, 9×4

구구단 외우기를 번갈아 반복한 후 만들어진 좌표끼리 선을 잇습니다. 만들어진 모양을 보고 연상하여 그림을 그려 보세요.

TIP 그리드판이 있다면 이렇게 게임할 수도 있어요

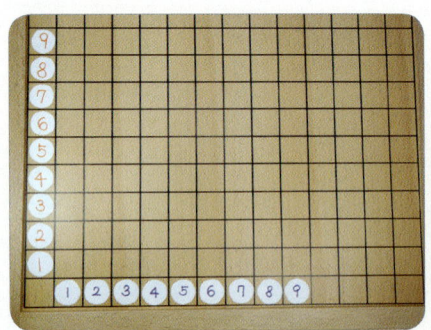  

❶ 그리드판 칸에 사진과 같이 숫자를 써 넣어요. 먼저 할 선을 정해요.

❷ "구구단을 외자, 구구단을 외자~. 3×2(삼이)?" 하면 상대방이 맞춰야 해요. "6!"이라고 정답을 말하면 그 칸에 자기 말을 올려놓을 수 있어요.

❸ 한 번 더! 4×4(사사)=? 16!이라고 맞추면 그 칸에 자기 말을 올려요. 몇 번할 것인지 정해서 많이 올려놓은 사람이 승!

수와 연산 05 — 똑같이 나누는 건 나눗셈

아이들에게 "나눗셈이 뭐지?"라고 물으면 거의 다 "곱셈을 거꾸로 하는 거요."라고 대답합니다. 곱셈을 활용하는 것은 맞으나 곱셈을 거꾸로 하기 위해서 나눗셈을 하는 것은 아니랍니다.

'곱셈을 거꾸로 한다'고 생각하면 단순한 연산 문제를 빨리 풀 수 있지만, 복잡한 문장으로 된 서술형 문제를 만났을 때 그 문제를 해결하기 위한 도구로서 나눗셈을 선택할 수는 없습니다. 어떤 경우에, 왜 나눗셈을 사용하는지 근본적인 것을 모르기 때문이죠. 나눗셈을 써야 하는지, 곱셈을 써야 하는지, 더해야 하는지, 빼야 하는지 모르는 거랍니다.

나눗셈이 뭔지, 왜 어떤 경우에 써야 하는지 그 개념만 철저하게 알면 서술형 문제라도 전혀 힘들게 고민하지 않아도 됩니다. 이번 단원에서는 놀이들을 통해 나눗셈이 필요한 상황과 얻어지는 몫과 나머지에 대해 알아보겠습니다.

곱셈과 나눗셈

같은 수만큼 계속 더하면 곱셈식이 되고, 큰 수에서 같은 수만큼 계속 빼면 나눗셈이 됩니다.

$2+2+2+2+2+2+2=14 \rightarrow 2 \times 7 = 14$

$12-3-3-3-3=0 \rightarrow 12 \div 3 = 4$

나누어 떨어지는 나눗셈

놀이61 3학년
똑같이 나눠 주세요

놀이62 3학년
도넛을 나눠 먹어요

나머지가 있는 나눗셈

놀이 61

똑같이 나눠 주세요

 학년 3-1(3. 나눗셈)

 준비물
3가베, 색종이

 **학습 목표**
나누어 떨어지는 나눗셈

이 놀이를 할 때는요

나눗셈은 우리가 생활하면서 균등한 분할, 즉 똑같이 나누기 위해 많이 사용하게 됩니다. 아이와 여러 개의 조각을 엄마와 똑같이 나누면서 나누기 방법과 나눗셈이 왜 필요한지 알아보겠습니다.

○ **교과서 문제**

치즈 4개가 있습니다. 훈이와 윤지가 나누어 먹으려면 몇 개씩 먹으면 될까요?

식)

답) _____ 개

1. 다음 그림처럼 3가베 정육면체를 꺼내어 쌓은 다음 '케이크'라고 합니다.

2. 케이크를 모두 잘라 8조각을 만듭니다.

3. 엄마와 똑같이 나누어서 먹어야 하니 나누기 접시 2개를 준비하세요.

4. 방법 1 접시에 하나씩 담아서 케이크가 모두 없어질 때까지 옮기기

방법 2 케이크 조각을 반으로 갈라 2묶음을 만든 다음 접시에 담기

어떻게 나눌 수 있는지 나누는 방법을 알아보세요. 이 과정이 모두 나누기 방법이 됩니다.

생각해 본 방법대로 접시 2개에 나누어 담습니다. 똑같이 나눈 후에 아무것도 남은 것이 없으면 '나누어 떨어진다'고 말합니다.

6

나누는 상황
케이크 8조각을 엄마와 내가 똑같이 나눠서 먹으려고 해요. 엄마와 내가 몇 개씩 먹으면 되는지 알아봐요.

나눗셈 식 8÷2=4
8 나누기 2는 4와 같다.
나눗셈으로 얻은 답을 '몫'이라고 합니다.

이 과정을 나눗셈 식으로 만들어 보세요.

TIP 5가베를 이용하면 3조각으로 나눠 볼 수도 있어요

또 3조각에서 9조각으로 9조각에서 27조각의 작은 정육면체까지 자를 수 있으니 더 큰 수를 활용한 나눗셈 놀이도 가능하답니다.

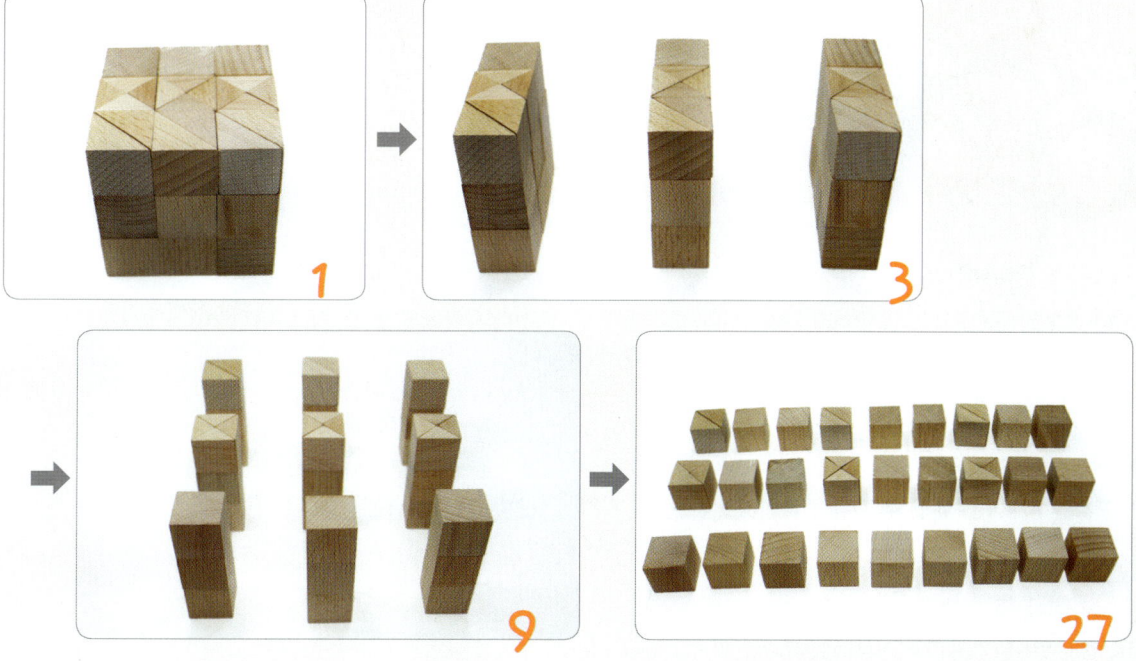

PART 6 수와 연산   197

놀이 62

도넛을 나눠 먹어요

 학년 3-2(2. 나눗셈)

 준비물
9가베

 학습 목표
나머지가 있는 나눗셈

이 놀이를 할 때는요
똑같이 나누다 보면 딱 맞게 나누어지기도 하고, 남기도 합니다. 나눌 수 없을 만큼 남게 되면 이때 '나머지'라는 것이 생기지요. 다음의 놀이를 통해 나눗셈에서 딱 맞게 나누어지지 않았을 때 생기는 나머지에 대해 알아봅니다.

○ **교과서 문제**

도넛 17개가 있습니다. 한 사람에게 4개씩 나눠주려 합니다. 몇 사람에게 나눠 줄 수 있고, 도넛은 몇 개가 남습니까?

(　　)사람, (　　)개

1

9가베 큰 고리 17개를 준비하고 '도넛'이라고 약속합니다.

2

4개씩, 모두 나눴는데 1개가 남았죠.
이것을 '나머지'라고 해요.

4개씩 나누면 4사람에게 줄 수 있고, 마지막에 도넛 1개가 남습니다.

3

나누는 상황

17개의 도넛을 4개씩 나누면 몇 사람과 나눠먹을 수 있는지와 몇 개의 도넛이 남는지를 알아봅니다.

나눗셈 식 17÷4=4…1
이때 1을 17÷4의 '나머지'라고 하고, 쓸 때는 몫 옆에 '…'로 표시한다.

나머지를 쓰는 나눗셈 식을 만들어 보세요.

■ 가로로 할 수 있는 나눗셈!

세로셈으로만 익숙한 나눗셈! 이해하고 풀면 가로셈도 쉽습니다. 가로셈에 익숙해지면 세로셈으로 다시 써서 하는 것보다 더 빨리 문제를 풀 수 있지요. 다음 내용을 꼼꼼히 보고, 아이에게 연습시켜 보세요.

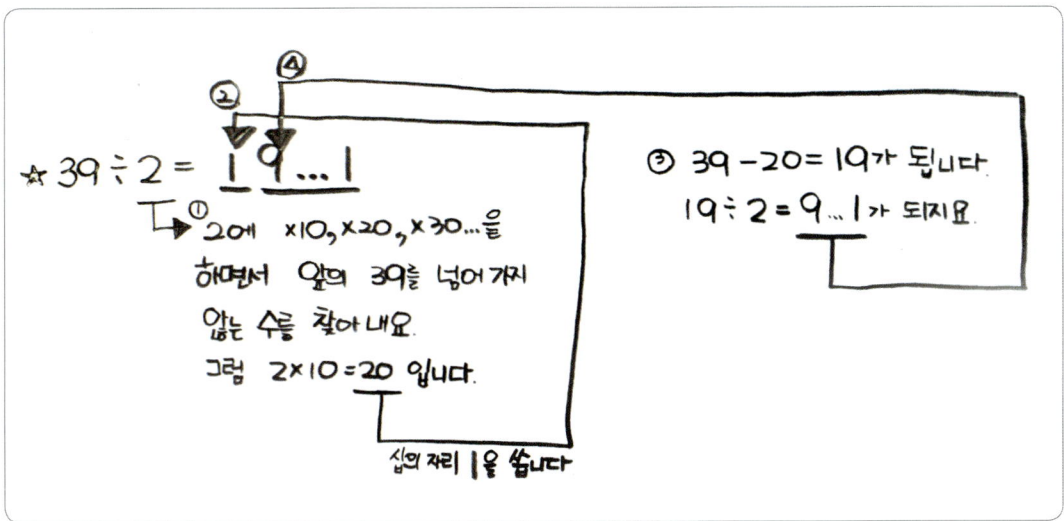

○ 가로로 푸는 방법

○ 가로셈 연습하기

PART 7

시간이야? 시각이야?

아이가 아직 시계를 볼 줄 모르나요?
아무리 알려줘도 멍한 아이 표정을 보니 기가 막힌다고요?
말로만 해서 그래요. 아이랑 시계도 만들고, 계획표도 만들고,
매일 아침마다 시간도 외쳐 보면 금방 할 수 있으니 걱정 마세요.
문제집에 나오는 시간 계산 문제가 아니라
'아이의 하루'를 기준으로 배우면 재미있어요.

1. 아직 시계 볼 줄 모른다고?
2. 전혀 다른 말! 시각과 시간
3. 더하고 뺄 수 있는 시각과 시간

시간과 시각 01
아직 시계 볼 줄 모른다고?

시계를 볼 줄 모르는 아이들의 시간 개념도 나름대로 자기가 무엇을 하는 때로 정해져 있습니다. 일어나는 시간, 밥 먹는 시간, 학교 가는 시간, 만화 나오는 시간, 학원 가는 시간 등이지요. 문제가 있다면 무엇을 어느 정도나 하고 있는지도 모르고, 그 시간을 엄마가 꼭 도와줘야 한다는 점이에요.

시간은 생활에 꼭 필요합니다. 시계를 볼 줄 알게 되면 시간을 낭비하지 않고 효율적으로 잘 활용할 수 있게 되지요. 이걸 먼저 아이에게 이야기해야 합니다. 시계 보는 법을 왜 배워야 하는지 필요성을 못 느끼는 아이에게 시계 보기를 가르쳐 주기란 여간 힘든 게 아니니까요. 시계 보기를 더 쉽게 하려면 엄마들의 말하는 방법부터 바꿔 보세요. "이제 일어나, 아침이야!"를 "이제 일어나, 아침 7시야!"로 말이에요.

정각과 30분 읽기

놀이63 `1학년`
빙글빙글 바늘시계 만들기

5분 단위의 시각 읽기

놀이64 `2학년`
편리한 전자시계 만들기

시간의 흐름 알기

놀이65 `2학년`
나의 하루 생활계 획표 만들기

놀이 63

빙글빙글 바늘시계 만들기

- **학년** 1-2(4. 시계 보기)
- **준비물**
  1가베, 7가베, 원, 색종이, Y핀, 펀치, 스카치테이프
- **학습 목표**
  정각과 30분 읽기
- **이 놀이를 할 때는요**
  아이와 함께 바늘시계를 만들어 보면서, 숫자의 위치, 긴 바늘과 짧은바늘의 의미, 정각, 30분을 배웁니다. 아이의 하루 일과를 적용해서, 입으로 시계 소리를 내면 더 재미있게 배울 수 있어요.

○ **교과서 문제**

다음 시각을 읽어 보시오.

(   )   (   )

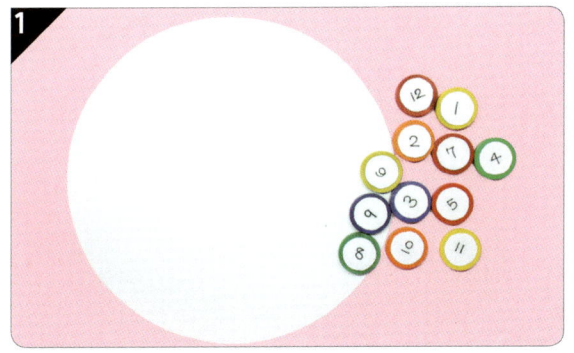

1 원을 준비하고, 7가베 원에 1~12까지 숫자를 써서 붙여요.

2 시계의 짧은바늘과 긴바늘 모양을 색종이로 만들고, 끝에 펀치로 구멍을 뚫습니다.

짧은바늘에는 '시', 긴바늘에는 '분'이라고 써 넣습니다.

PART 7 시간이야? 시각이야?

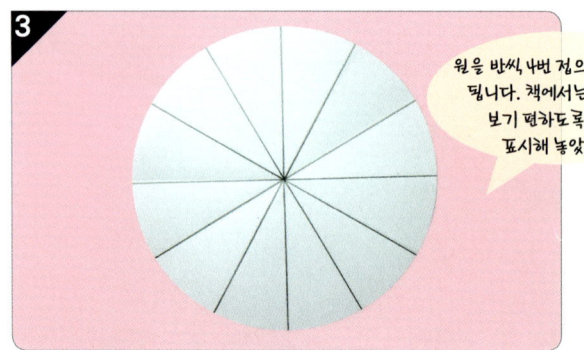

원을 반씩, 4번 접으면 12등분이 됩니다. 책에서는 여러분이 보기 편하도록 선으로 표시해 놓았어요.

시계에 숫자를 붙이기 위해, 원을 12등분으로 접어 정확한 위치를 알아봅니다.

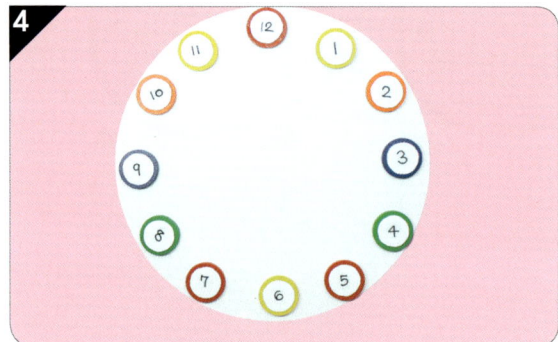

접은 원에 숫자 12개를 붙입니다.

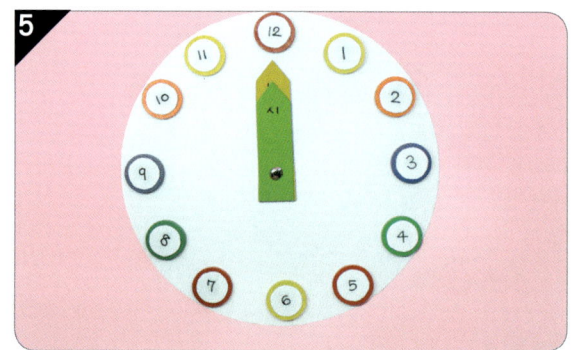

Y핀에 짧은바늘을 먼저 넣고, 긴바늘을 넣어 원의 중심에 꽂아 고정합니다.

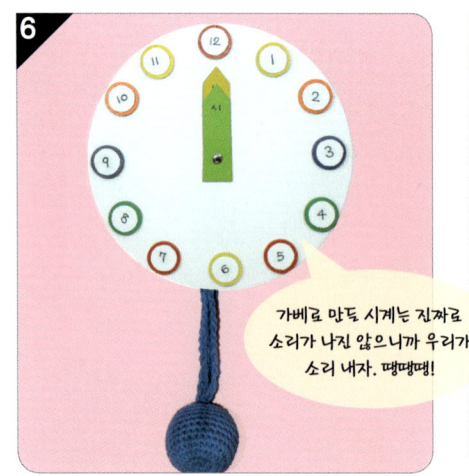

가베로 만든 시계는 진짜로 소리가 나지 않으니까 우리가 소리 내자. 땡땡땡!

완성된 시계 모형에 종을 답니다. 1가베의 끈 있는 공을 숫자 6 아래에 스카치테이프로 붙여 주세요.

아이의 하루 일과 중 몇 가지를 정각과 30분으로 구분하여 쓴 다음 시계 모형과 함께 벽에 붙입니다. 그 시각이 되면 아이가 시계를 돌려 맞게 해 보세요.

긴바늘을 12에 고정하고, 1시부터 12시까지 짧은바늘만 돌리면서 정각 읽기 놀이를 합니다.

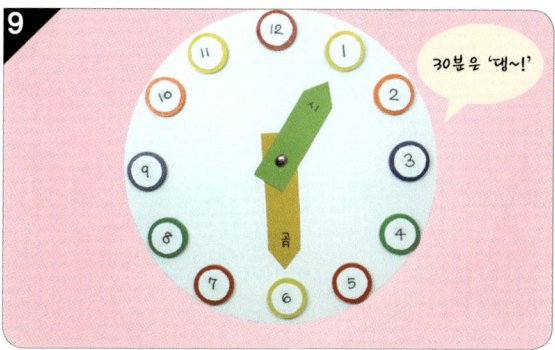

이번엔 긴바늘을 6에 고정하고, 짧은바늘만 돌리면서 30분을 알려줍니다.

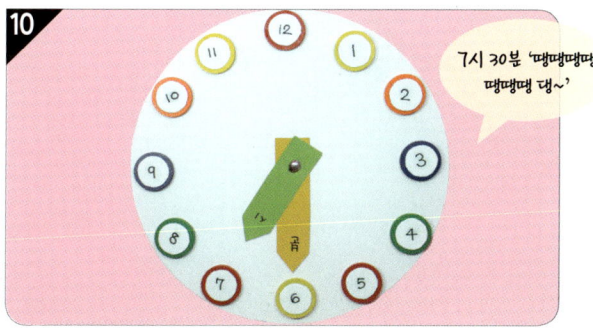

○○가 밥 먹는 시각은 7시 30분!

놀이 64

편리한 전자시계 만들기

 학년 2-2(4. 시각과 시간)

 준비물
2가베 원기둥, 색종이, 스카치테이프

학습 목표
5분 단위의 시각 읽기

이 놀이를 할 때는요
시각을 숫자로 알려주는 전자시계는 아주 편해요. 이번에는 0분에서 55분까지 5 단위로 늘어나는 '분'을 배우겠습니다. 숫자를 직접 써서 읽어 보기 때문에 시계에 더 흥미를 느낄 수 있어요. 바늘시계와 병행하여 놀이하면 더 효과적입니다.

○ **교과서 문제**

다음 시각을 읽어 보시오.

(   )

원기둥과 원기둥 옆면을 감쌀 색종이 2개를 준비합니다.

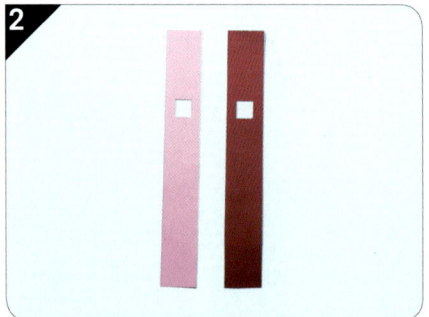

분홍색 색종이를 반으로 잘라 그림처럼 한 곳에 네모난 구멍을 만듭니다.

흰색 색종이를 접어 왼쪽에는 1~12까지를, 오른쪽에는 00~55까지를 씁니다. 이렇게 나란히 해 놓으면 숫자 12가 0분을, 1이 5분, 2가 10분이라는 것을 금방 알 수 있어요.

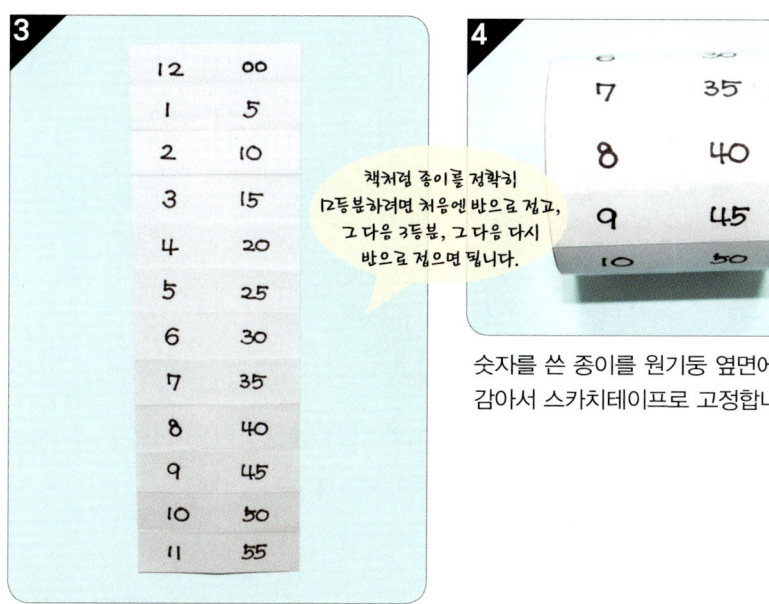

책처럼 종이를 정확히 12등분하려면 처음엔 반으로 접고, 그 다음 3등분, 그 다음 다시 반으로 접으면 됩니다.

숫자를 쓴 종이를 원기둥 옆면에 딱 맞도록 감아서 스카치테이프로 고정합니다.

짠! 전자시계 완성!

구멍이 있는 색종이 2개도 원기둥에 감아 붙입니다. 이때 테이프를 색종이에만 붙여야 빙글빙글 돌아갑니다.

스케치북이나 종이에 다음과 같은 표를 그리세요.

시	분	시각읽기

시	분	시각읽기
6	15	6시 15분

색종이를 돌려가면서 시각을 표에다 쓰고 시각 읽기 놀이를 합니다.

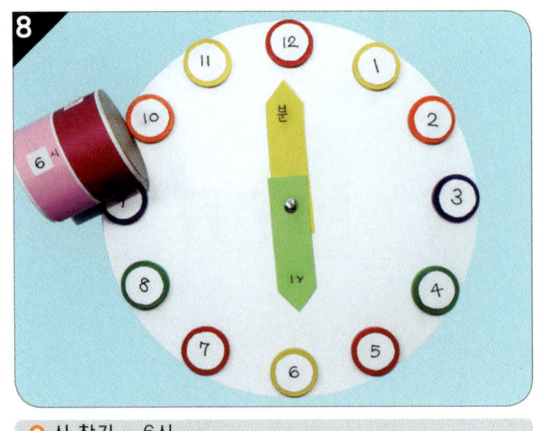
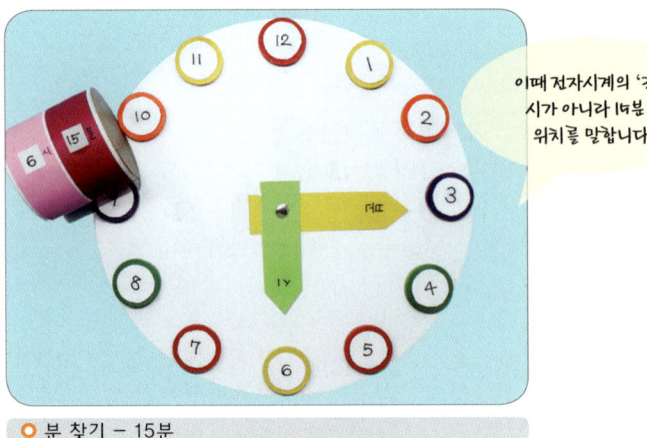

◦ 시 찾기 - 6시   ◦ 분 찾기 - 15분

이때 전자시계의 '3'은 시가 아니라 15분의 위치를 말합니다.

바늘시계와 전자시계를 같이 보면서 분의 위치가 어떻게 변하는지 알아보세요. 바늘시계 긴바늘을 15분에 놓으려면, 전자시계에서 15분이 시의 숫자 어디와 같은지 돌려 보면 됩니다.

전자시계로 9시 35분을 만들어요.   짧은바늘을 9에 맞춥니다.   긴바늘을 숫자 7에 맞추면 35분!

한 번 더 해 볼까요? '7은 35분이구나'하고 이해하면 됩니다.
전자시계로 9시 35분을 만들어요.

TIP ○○이는 우리 집 시계 보기 전문가!

아이가 곧잘 하면, 1분 단위로 시각 읽기에 들어가세요. 앞에서 했던 바늘시계에 분 마디를 모두 만들어 놀이를 반복하면 됩니다. 정각과 30분을 잘한다고 바로 1분 단위를 읽기는 쉽지 않으니 충분히 연습한 다음 넘어가야 해요.

한참 시계가 갖고 싶을 나이이니 시계를 하나 마련해 주세요. 전자시계가 알려주는 분 단위의 시각을 바늘시계로 만들어 보면 더욱 재미있습니다.

1분 단위까지 모두 표시한 바늘시계

놀이 65

하루 생활계획표 만들기

 학년 2-2(4. 시각과 시간)

 준비물
10가베, 원, 도화지, 자, 색종이, 색연필

 학습 목표
시간의 흐름 알기

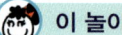 **이 놀이를 할 때는요**

시계 보는 법을 배웠으니, 이제 실제로 우리가 어떤 시각에 맞춰 하루를 보내고 있는지 계획표를 만들어 볼까요? 1학년 때의 첫 계획표이니 정각으로만 만들어 보세요. 시각과 시각 사이의 흐름인 시간도 알 수 있답니다.

커다란 원을 그린 후 아이와 하루 일과를 어떻게 보내고 있는지, 무엇을 꼭 해야 하는지 규칙을 정하면서 계획표를 만들어 보세요. 계획표를 보면 무엇을 '몇 시에서 몇 시까지' 하고 있는지 알 수 있습니다.

이렇게 시간을 알아보면 낭비하는 시간 없이 효율적인 하루를 보낼 수 있게 된답니다.

하루 동안 제일 많이 하는 시간과 제일 적게 하는 시간 등이 한눈에 보이죠? 10가베 점 하나를 '한 시간'이라고 약속하고 붙이면서, 시간을 알아보세요.
잠자는 시간 : 10시간 / 아침 준비 시간 : 1시간 / 학교에서 보내는 시간 : 4시간 등

시간과 시각 02
전혀 다른 말! 시각과 시간

운동을 7시부터 9시까지 했습니다.
이때 운동한 시각은 뭐고, 운동한 시간은 뭘까요? 시각과 시간이 뭐가 다를까?

앞에서 하루 계획표를 만들어 보았으니 살짝 느낌은 오지요? 시각은 '시계의 정확한 때'이고, 시간은 '그 시각과 시각 동안 어떤 행동을 한 시각의 흐름'입니다. 운동을 시작하고 끝낸 시각은 7시와 9시가 되는 것이고, 시작부터 끝까지 운동을 한 전체 시간은 2시간이 되는 것이지요.

운동을 시작한 시각 : 7시
운동을 끝낸 시각 : 9시
운동을 하는데 사용한 시간 : 2시간

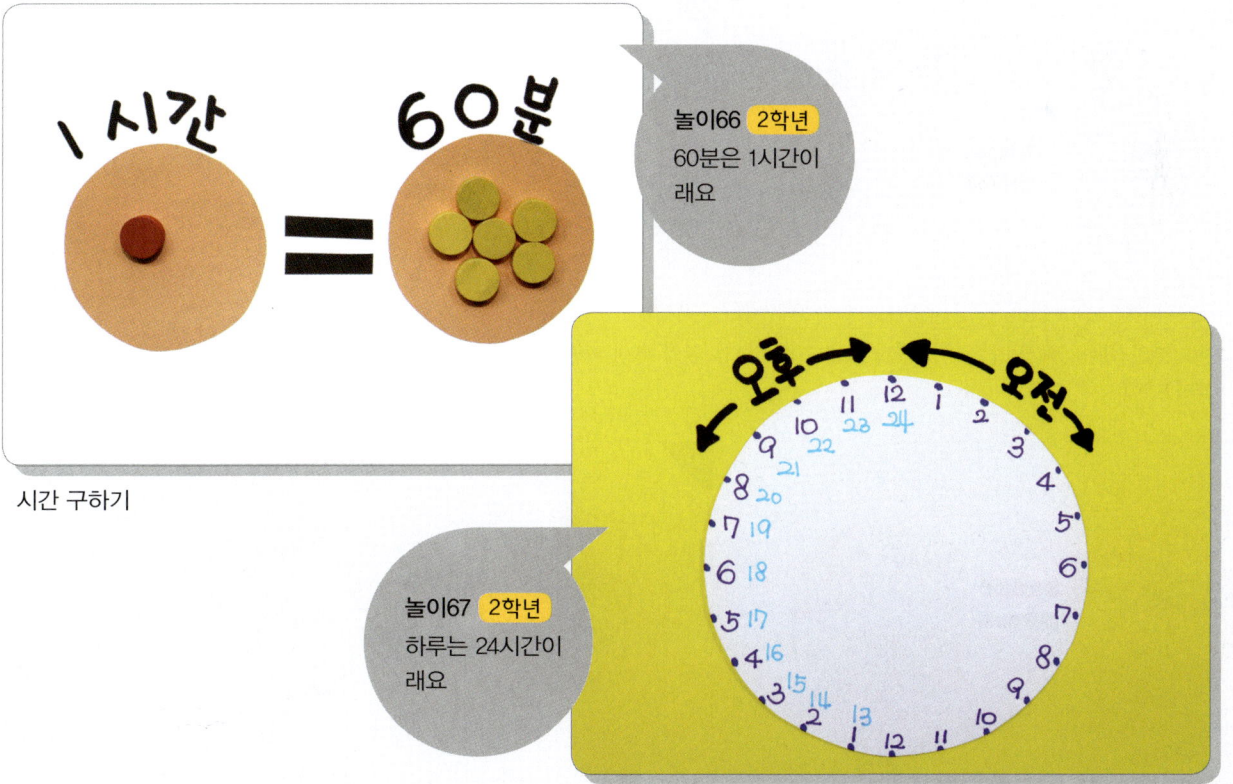

시간 구하기

놀이66 2학년
60분은 1시간이래요

놀이67 2학년
하루는 24시간이래요

오전과 오후를 알고 하루의 시간 나타내기

놀이 66

60분은 1시간이래요

 학년 2-2(4. 시각과 시간)

 준비물
10가베

 학습 목표
시간 구하기

 이 놀이를 할 때는요
긴바늘이 0분에서 시작해서 한 바퀴 돌아 60분, 즉 다시 0분으로 돌아오면 1시간이 된다는 것과 시간과 분 단위를 가베로 바꿔 시간을 쉽게 계산해 보겠습니다.

○ **교과서 문제**

다음을 몇 분으로 나타내시오.

❶ 1시간 10분=

❷ 3시간 20분=

❸ 2시간 30분=

1

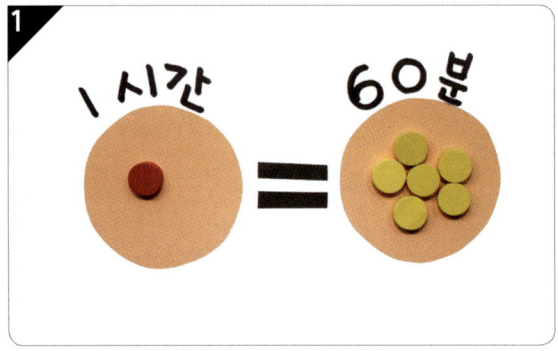

1시간은 60분이라는 것을 알려주고, 시간과 분을 가베 점으로 약속합니다.

2

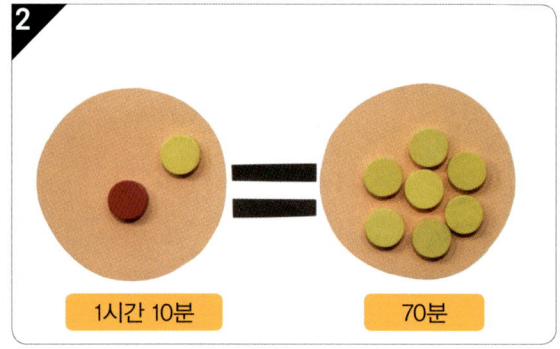

1시간 10분 / 70분

위의 문제 1번을 풀어 봅니다.

3

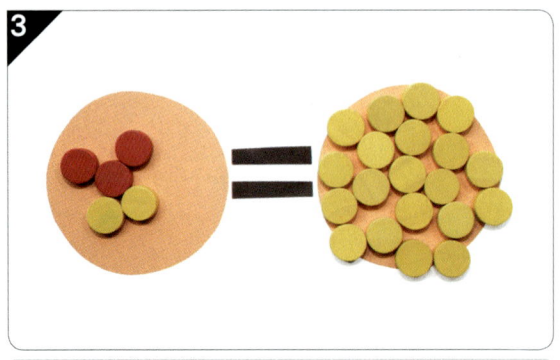

○ 3시간 20분=200분

4

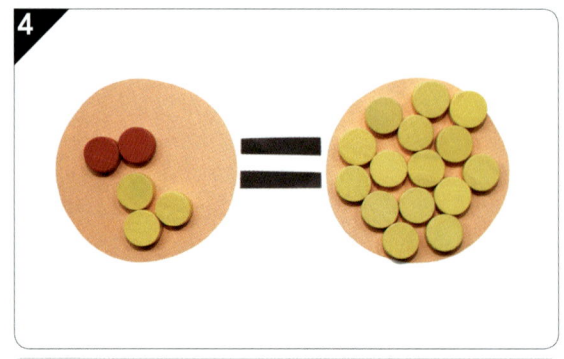

○ 2시간 30분=150분

놀이 67

하루는 24시간이래요

 학년 2-2(4. 시각과 시간)

 준비물
원, 색종이, 자, 연필

 학습 목표
오전과 오후를 알고 하루의 시간 나타내기

 이 놀이를 할 때는요
하루에 짧은바늘은 몇 바퀴를 돌까요? 모두 2바퀴를 돕니다. 하루에 12시간이 2번 있다는 얘기지요. 그래서 하루는 24시간이 됩니다. 24시간은 오전과 오후의 개념으로 나뉘어 한 바퀴는 오전, 다른 한 바퀴는 오후를 가리켜요. 이번에 만들 하루 일과 계획표에서는 오전과 오후를 나누어 만들어 보고 하루 24시간의 개념을 알아보겠습니다.

○ **교과서 문제**

태영이와 현이는 오전 10시 30분에 노래 연습을 시작하여 오후 1시 35분에 마쳤습니다. 태영이와 현이는 얼마 동안 노래 연습을 했나요?

( )시간 ( )분

오전	밤 12시 ~ 낮 12시
오후	낮 12시 ~ 밤 12시
밤 12시=24시=0시	

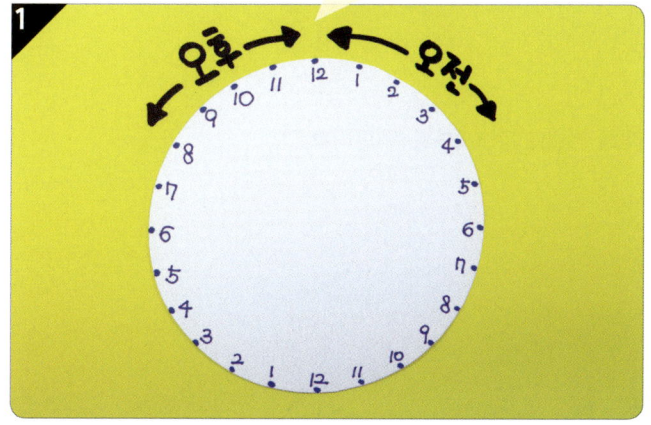

원을 그린 후 그림처럼 숫자를 넣고 반을 접어 오른쪽은 '오전', 왼쪽은 '오후'라고 알려줍니다.

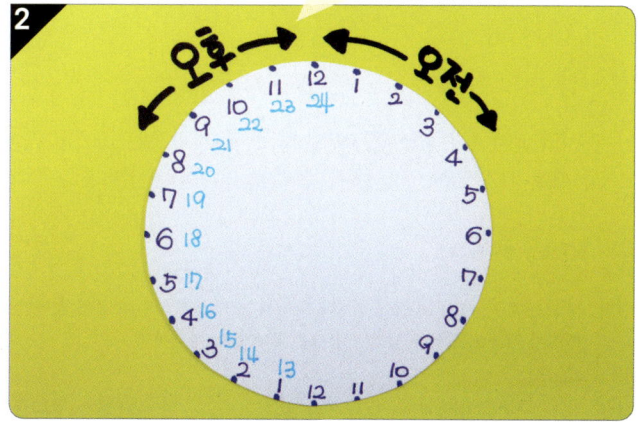

오전과 오후 시각을 구분하며 이야기해 보고 오후 시각을 그림처럼 바꿔 써보세요.

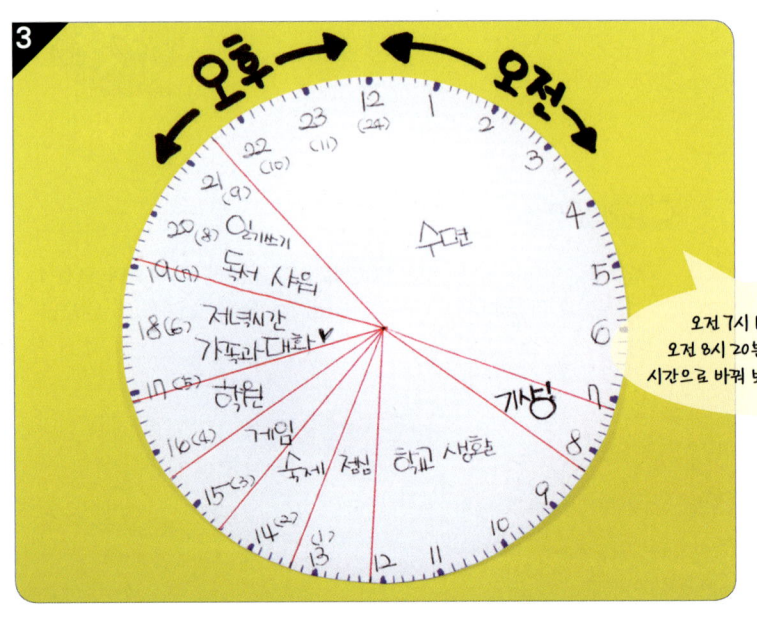

이번에는 시와 시 사이를 작게 5칸을 나누어서 10분 단위로 계획표를 짜봅니다. 다 만들어진 계획표를 보면서, 각각의 일들을 몇 시간 몇 분 동안 하는지 알아봅니다.

> 오전 7시 10분에 일어나서 오전 8시 20분까지 학교에 가요. 시간으로 바꿔 보면 1시간 10분이에요.

4 오전과 오후, 시각과 시간의 개념까지 제대로 이해되었다면 앞의 문제를 풀 수 있습니다.

식으로 나타내기

노래 시작한 시각 : 오전 10시 30분
노래 끝난 시각 : 오후 1시 35분
걸린 시간 : 오후 1시 35분 - 오전 10시 30분
 = 13시 35분 - 10시 30분 (오후 1시를 24시로 쓴 시각으로 바꾸면 13시가 되니까)
 = 3시간 05분

TIP 아리송한 시간 계산? 쉽게 하는 방법!

1. 이제부터 시간 계산 문제가 나오면, 문제에 있는 '오전과 오후 시각'에 연필로 동그라미를 꼭 합니다.
2. 오후 시각 위에 '+12'를 쓴 후 12를 더하여 계산한다.

■ 다음을 계산하시오.

민희는 ⓞ오전 11시 20분에 피아노 학원에 가서 ⓞ오후 1시 40분에 돌아왔습니다. (위에 +12)
민희가 피아노 학원에 있었던 시간은 얼마 동안 입니까? (2시간 20분)

오후 1시 40분 - 오전 11시 20분
= (+12)1시 40분 - 11시 20분
= 13시 40분 - 11시 20분
= 2시간 20분

시간과 시각 03 — 더하고 뺄 수 있는 시각과 시간

시각이 무엇인지, 시간이 무엇인지 앞에서 배웠습니다. 시간의 덧셈과 뺄셈을 하려면 이 개념을 확실하게 알고 있어야 합니다. 시각과 시간만 잘 이해했다면 계산 자체는 복잡한 것이 아니기 때문에 비교적 수월하게 넘어가지만, 한 번 막히면 잘 해결되지 않는 부분이 시간 계산입니다. 1시와 1시간이 어떻게 다른지 물어 보세요. 아직 잘 이해하지 못했다면 다시 앞으로 돌아가서 반복하세요. 자, 시간 계산의 규칙은 다음과 같습니다.

시간 계산 규칙

시각+시간=시각	2시에 시작해서 1시간 동안 발레를 했더니 3시가 되었어요.
시각−시간=시각	지금은 11시입니다. 1시간 전은 10시예요.
시간+시간=시간	1시간 동안 축구를 했고, 1시간 동안 공부를 했어요. 축구와 공부를 모두 2시간 동안 했어요.
시각−시각=시간	독서를 3시에 시작해서 4시에 끝냈어요. 책을 1시간 동안 읽었어요.

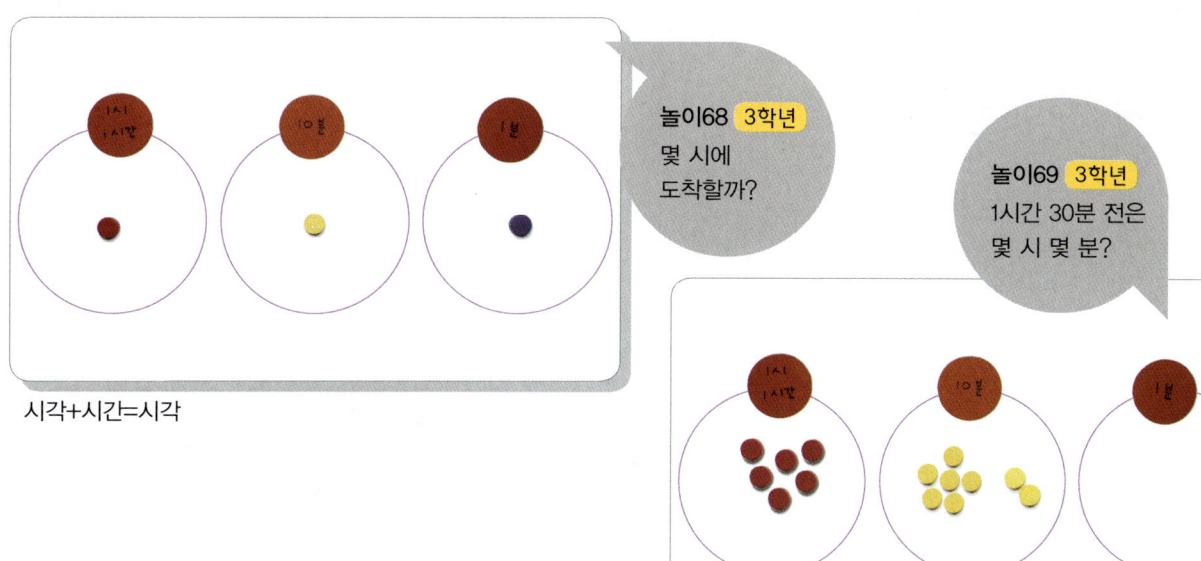

놀이68 [3학년] 몇 시에 도착할까?

시각+시간=시각

놀이69 [3학년] 1시간 30분 전은 몇 시 몇 분?

시각−시간=시각

놀이 68

몇 시에 도착할까?

 학년 3-1(5. 시간과 길이)

 준비물
10가베, 가베 바늘시계

 학습 목표
시각+시간=시각

 이 놀이를 할 때는요
시간 문제를 풀려면 먼저 문제 자체를 잘 읽고 시각인지 시간인지를 구별해야 합니다. 그 다음 더하는 것인지 빼는 것인지를 체크합니다. 1시간=60분을 이용하여, 분을 시로 바꿔 계산합니다.

○ **교과서 문제**

다음을 계산하시오.

경훈이는 기차를 타고 할머니댁에 가려고 3시 38분에 기차를 탔어요. 할머니 댁은 40분 후에 도착합니다. 몇 시에 도착할까요?

1
할머니가 기차를 탄 시각 : 3시 38분
할머니가 댁에 도착할 때까지 걸리는 시간 : 40분 후
도착 시각을 물었으니 : +(더하기)

문제를 잘 읽고 시각인지, 시간인지, 더할지, 뺄지를 생각해 보세요.

2

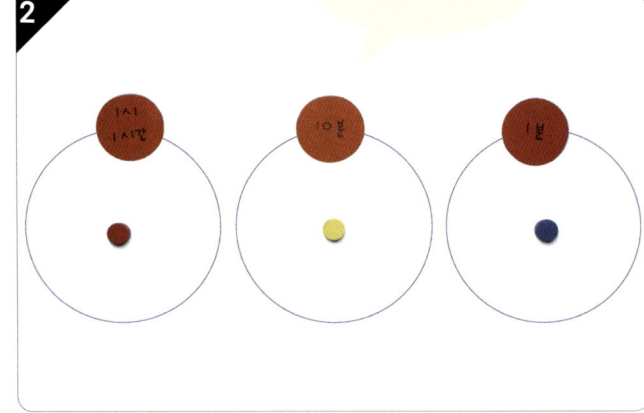

10가베 대신 점 스티커를 이용해도 돼요.

스케치북에 동그라미 3개를 그립니다. 10가베 점을 사용하여 색깔별로 시와 분을 약속하세요.

빨강=1시, 1시간
노랑=10분
파랑=1분

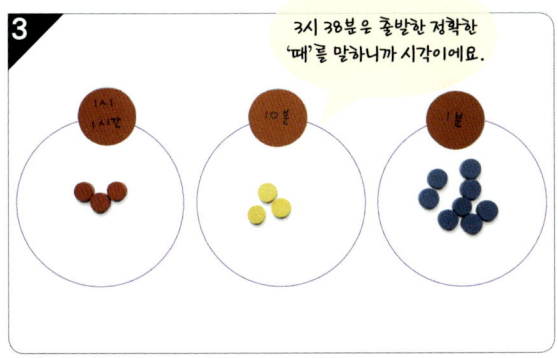

○ 시각 : 3시 38분

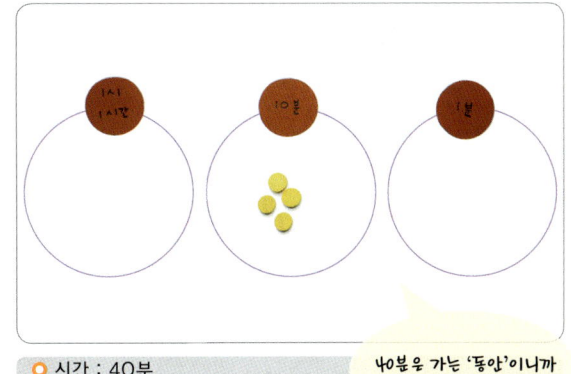

○ 시간 : 40분

문제에 있는 시각을 동그라미 위에 10가베 점으로 만들어 봅니다.

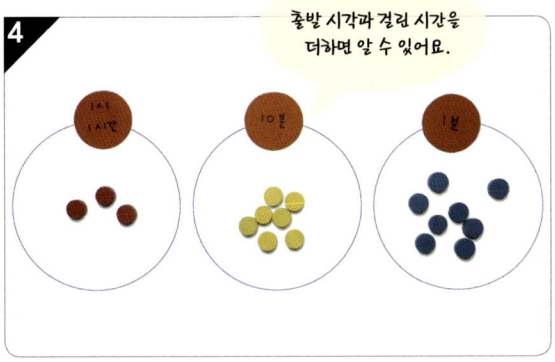

○ 3시 + 70분 + 8분

도착한 시각을 알아야 하므로 두 동그라미에 있는 점들을 더합니다.

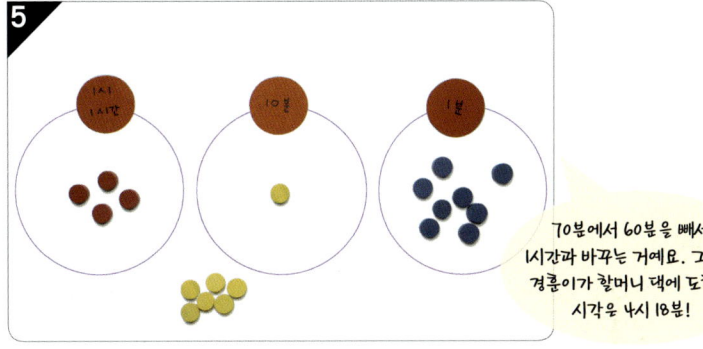

○ 4시 18분

점을 보고 시각을 읽어 본 후 1시간=60분이라는 것을 이용하여 분을 시로 바꿉니다.

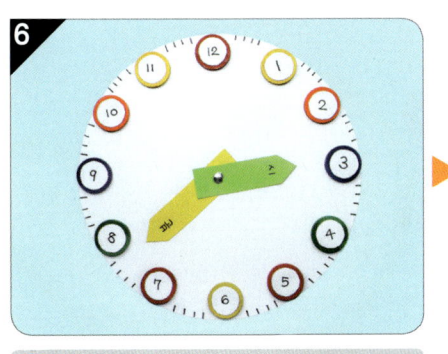

○ 3시 38분

○ 긴바늘이 12를 지나가면, 짧은바늘은 4시로 넘어갑니다.

○ 40분을 다 돌렸더니 4시 18분이 되었어요.

바늘시계를 이용하여 직접 시계를 돌리면서 확인하세요.

놀이 69

1시간 30분 전은 몇 시 몇 분?

 학년   3-1(5. 시간과 길이)

 준비물
10가베, 가베 바늘시계

 학습 목표
시각-시간=시각

 이 놀이를 할 때는요
시간 문제를 풀려면 먼저 문제 자체를 잘 읽고 시각인지 시간인지를 구별해야 합니다. 그 다음 더하는 것인지 빼는 것인지를 체크합니다. 1시간=60분을 이용하여, 이번에는 시를 분으로 바꿔 계산합니다.

○ **교과서 문제**

다음을 계산하시오.

지금 시각은 6시 20분입니다.
1시간 30분 전은 몇 시 몇 분입니까?

1
지금 시각 : 6시 20분
뒤로 돌아간 시간 : 1시간 30분
'전'을 물었으니 : -(빼기)

문제를 잘 읽고 시각인지, 시간인지, 더할지, 뺄지를 생각해 보세요.

2

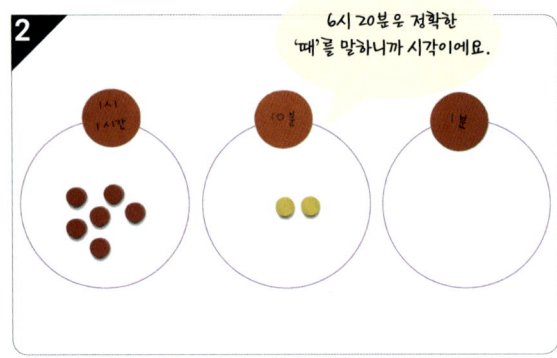

6시 20분은 정확한 '때'를 말하니까 시각이에요.

○ 시각 : 6시 20분

얼마큼 돌아가는지 '동안'이니까 시간이에요.

○ 시간 : 1시간 30분

시각과 시간을 찾아보고 점을 올려놓습니다.

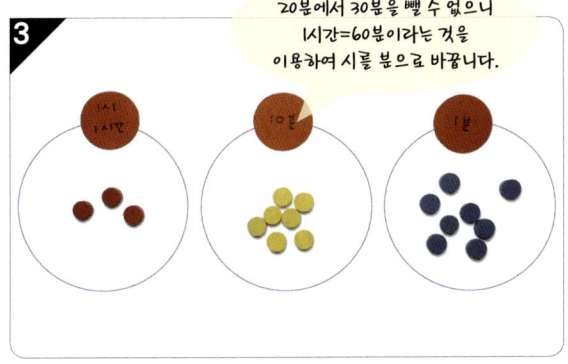

20분에서 30분을 뺄 수 없으니 1시간=60분이라는 것을 이용하여 시를 분으로 바꿉니다.

빨강 1개, 노랑 3개만큼 빼었더니 4시 50분이 되었어요.

○ 6시 20분=5시 80분

○ 5시 80분-1시간 30분=4시 50분

'전'의 시각을 물어봤으므로, 시각에서 시간을 빼야 합니다.

이제 분이 커졌으니 1시간 30분 전은 몇 시인지 알아보세요.

바늘시계를 이용하여 확인해 보세요.

○ 6시 20분

○ 20분 뒤는 6시 정각이 되었어요.

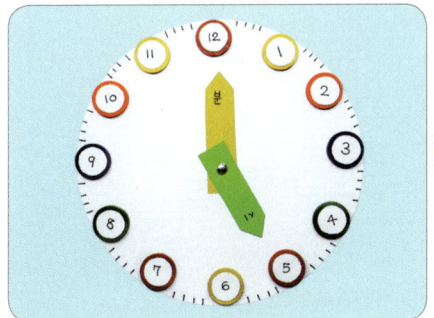

○ 1시간 더 뒤로 돌아가니 5시가 되었어요.

○ 10분 더 뒤로 돌아가니 4시 50분이 되었어요.

TIP 두 놀이를 통해 시간 계산하는 방법을 알아봤습니다. 같은 방법으로 시간+시간=시간, 시각-시각=시간도 공부하면 됩니다. 시간 계산에서 중요한 것은, 문제를 천천히 잘 읽고 문제에서 말한 것과 원하는 답이 시각인지 시간인지를 구분하는 것입니다.

PART
8

길이 재기

길이, 들이, 무게, 부피, mm, cm, m, km, g, kg, ml, l.
이 암호 같은 영어들은 무슨 의미가 있나요?
왜 이렇게 많은 단위들이 필요한 걸까요? 각각 뭐가 다른가요?
꼭 이렇게 어려운 말을 써야 하나요? 다른 말로 표현할 순 없나요?
아이 입에서 이런 질문들이 터져 나올 시간을 만들어 주세요.
그런 다음 '공부'에 들어가야 머리에 쏙쏙 들어온답니다.

1. 기준이 필요해!
2. 작은 물건 길이는 cm와 mm
3. 아주 많이 길어지면 m와 km
4. 얼마나 먼지 거리 계산!

길이재기 01 기준이 필요해!

서로 다른 길이를 가진 두 자루 연필이 있을 때 하나는 길고, 하나는 짧다고 얘기할 수 있죠? 무엇을 기준으로 하는 말일까요? 연필이 하나만 있다면 길다, 짧다 말할 수 있을까요?

연필 A를 기준으로 한다면, 연필 B가 짧다고 할 수 있고, 연필 B를 기준으로 한다면, 연필 A가 길다고 할 수 있습니다. 이처럼 어떤 길이를 재고자 할 때 기준이 되는 길이를 '단위길이'라고 합니다.

다음 그림은 서로가 단위길이가 되어서 비교해 본 것입니다. 만약 연필 A를 단위길이로 한다면, 연필 A보다 긴 물건은 연필 A 길이의 □배라고 말할 수 있습니다.

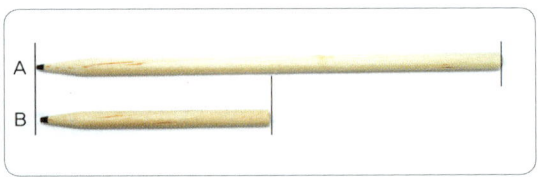

손바닥 한 뼘의 길이, 한 걸음의 보폭, 양팔 벌린 길이 등 우리 몸으로도 이런 길이의 기준을 정해 볼 수 있습니다. 이번 단위길이 단원에서는 다양한 단위길이를 알아보고, 길이를 측정하는 감각을 키워 보겠습니다.

단위길이 재기

놀이70 2학년
여러 가지 물건으로 길이 재기

놀이71 2학년
우리 몸으로 길이 재기

단위길이의 어림재기

놀이 70

여러 가지 물건으로 길이 재기

 학년 2-1(4. 길이 재기)

 준비물
주변의 여러 가지 물건들

 학습 목표
단위길이 재기

 이 놀이를 할 때는요
단위길이는 뭐든지 될 수 있어요. 주변의 물건으로 단위길이를 만들고, 몇 배가 되는지 알아보겠습니다. 단위길이가 길면 길이를 잰 숫자가 작아지고, 단위길이가 짧으면 숫자가 커지는 것을 주의해서 보세요.

길이를 재기 위해 집에 있는 여러 가지 물건을 모아 보세요.

길이가 제일 짧은 물건부터 사용하여 길이를 재어 봅니다.

우리가 책의 길이를 알기 위해 사용한 여러 가지 물건들이 모두 '단위길이'가 되는 거예요.

지우개의 6배

렌즈 케이스의 5배

칼의 2배

단위길이에 대해 알려주고, 길이를 비교합니다.

놀이 71
우리 몸으로 길이 재기

 학년 2-1(4. 길이 재기)

 준비물
다양한 물건들, 우리 몸

 학습 목표
단위길이의 어림재기

 이 놀이를 할 때는요
길이를 감으로 알아보세요. '어림재기'란 직접 재어 보지 않고, 눈으로 짐작해서 길이를 재는 것입니다. 이때는 정확하지 않으므로 '~쯤'이라는 말을 사용합니다.

○ 우리 몸에서 찾을 수 있는 단위길이 : 한 뼘, 양팔을 펼쳤을 때의 길이, 한 발자국

우리 몸 중 단위길이가 될 수 있는 곳을 찾아보세요.

○ 여러 번 해 보면 한 뼘의 길이를 대충 기억하게 돼요.

단위길이가 된 한 뼘으로 책상의 길이나 액자 길이 등을 재어 보세요.

 6뼘쯤 될 것 같아요.

 재어 보니 6뼘이네.

이제 대충 한 뼘의 길이를 손으로, 눈으로 익혔다면 어림재기로 물건의 길이를 유추해 보세요.

길이재기 02 - 작은 물건 길이는 cm와 mm

자가 없었다면 어떻게 됐을까요? 우리가 앞에서 한 놀이처럼 단위길이를 손바닥으로도 해도 대충 길이를 알 수는 있지만, 사람마다 손 크기가 다르니 같은 물건이라도 사람마다 길이가 달라져 버려요. 아빠의 한 뼘과 아이의 한 뼘이 같을 수는 없으니까요. 그러면 많은 불편함과 어려움이 생기겠죠?

그래서 사람들은 길이를 모두 약속했어요. 그것이 바로 '1cm'입니다. 모두 같은 단위를 사용하면, 세계 어느 나라 사람과도 길이를 똑같이 이야기할 수 있어요. 이번 단원은 모든 사람들이 약속한 단위길이인 1cm를 알아보고, 자의 올바른 사용법과 cm 길이의 계산 방법을 알 수 있어요.

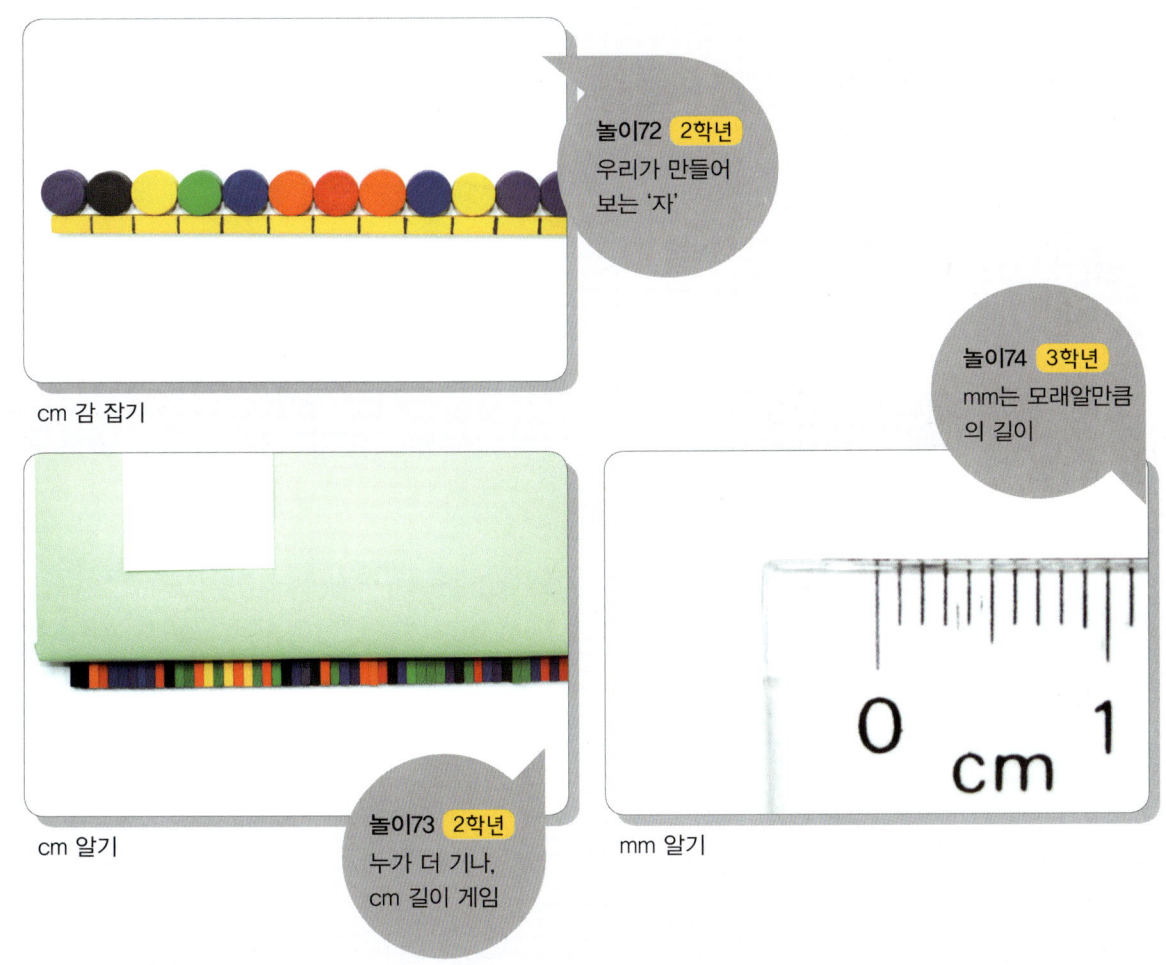

놀이72 2학년
우리가 만들어 보는 '자'

cm 감 잡기

놀이74 3학년
mm는 모래알만큼의 길이

놀이73 2학년
누가 더 기나, cm 길이 게임

cm 알기

mm 알기

놀이 72

우리가 만들어 보는 '자'

 학년 2-1(4. 길이 재기)

 준비물
8가베, 10가베, 자, 색종이, 연필, 유성펜, 스카치테이프

 학습 목표
cm 감 잡기

 이 놀이를 할 때는요
측정에 관련된 모든 내용은 실제로 재보기 전에 크기를 미루어 짐작할 수 있어야 해요. 아이에게 10가베의 크기를 짐작해 보게 하세요. 그런 다음 자를 만들면 10가베 점과 길이가 같은 '1cm(센티미터)'에 대해 잘 알 수 있게 돼요. 자를 올바르게 사용하는 방법도 같이 알아봐요.

○ **교과서 문제**

다음 물건의 길이를 자로 재어 보시오.

(   )cm

1

10가베 점 길이는 1cm예요.

단위길이를 10가베 점으로 하여 1cm를 알아보세요.

2

○ 색연필 길이 재기 : 17cm

10가베 점을 사용하여 다양한 물건들의 길이를 cm로 알아보세요. 길이를 잴 때마다 이렇게 점을 꺼내서 잴 수는 없겠죠? 그래서 '자'가 필요합니다.

226

3

지금부터 가베로 자를 만들어 볼게요. 10가베가 움직이지 않도록 8가베 선을 꺼내어 아래쪽에 놓습니다.

4

점 하나가 1cm이니, 점이 만나는 곳마다 8가베에 표시합니다.

5

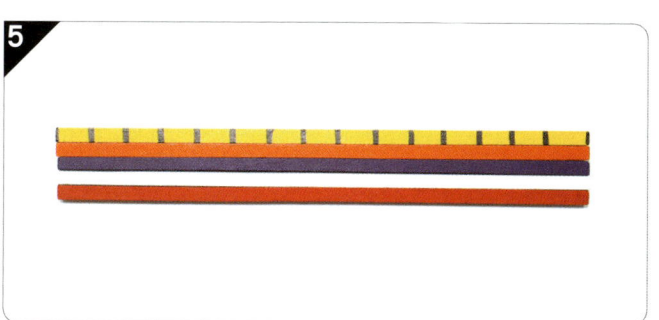

8가베에 점을 모두 찍었으면 8가베를 더 붙여서 잡기 편하도록 사각형을 만듭니다.

6

뒤집어서 스카치테이프로 고정시키면 흐트러지지 않고, 진짜 자처럼 쓸 수 있어요.

가는 유성펜으로 1부터 15cm까지 써 넣습니다.

7

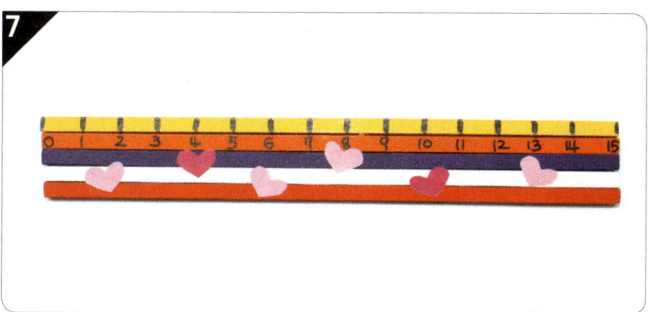

자, 세상에 하나밖에 없는 자가 완성되었습니다. 아이와 함께 예쁘게 꾸며 보세요.

8

재려는 물건에 자를 똑바로 대고 물건 맨 끝을 0에 맞춘 다음 다른 쪽 끝에 있는 숫자를 읽으면 돼요. 이 연필의 길이는 8cm!

아이와 만든 자로 위의 문제에 있는 색연필을 재어 보세요. 이때 정확한 자 사용법을 가르쳐 주세요.

놀이 73

누가 더 기나, cm 길이 게임

 학년 2-1(4. 길이 재기)

 준비물
8가베

 학습 목표
cm 알기

 이 놀이를 할 때는요
놀이 중 계산할 때는 표를 만들어 차근차근 쓰게 하고, 이 때 길이의 단위인 cm를 쓰는 습관을 길러주세요. cm 끼리의 계산은 그냥 '더하기'이기 때문에 2학년 아이들에게는 비교적 쉽지만, '단위'를 잊지 않고 쓰는 것이 중요하답니다.

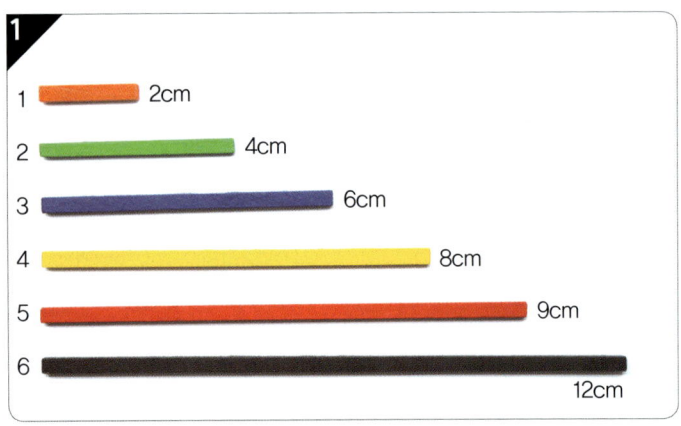

8가베 막대마다 길이를 정하고 스케치북에 써 보세요. 놀이를 위해 대충 길이를 약속하는 것입니다.

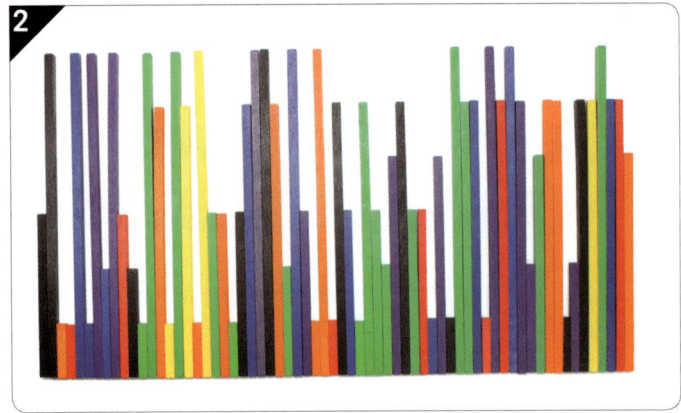

8가베를 많이 꺼내서 섞어 놓고 아래를 나란히 일렬로 맞춥니다.

3

가베 아래가 1cm 정도만 보이도록 도화지나 책을 올려놓습니다.

4 이제 다음과 같은 표를 그린 후 아이와 엄마가 5번 번갈아가며 막대를 꺼내 막대번호와 cm를 표에 씁니다. 약속한 길이에 따라 계산해서 더 길게 꺼낸 사람이 이기게 됩니다.

누가	1	2	3	4	5	계
아이	(2)번 막대	(3)번 막대	(1)번 막대	(6)번 막대	(4)번 막대	
	(4)cm	(6)cm	(2)cm	(12)cm	(8)cm	(32) cm
엄마	(2)번 막대	(2)번 막대	(1)번 막대	(3)번 막대	(6)번 막대	
	(4)cm	(4)cm	(2)cm	(6)cm	(12)cm	(28) cm

아이가 4cm 더 길어서 이겼습니다.

TIP 작은 생수병에 8가베 막대를 섞어 넣고 번갈아가며 흔들어 튕겨 나오게 해요. 나온 막대의 길이를 위의 게임표처럼 적으며 비교해 봅니다.

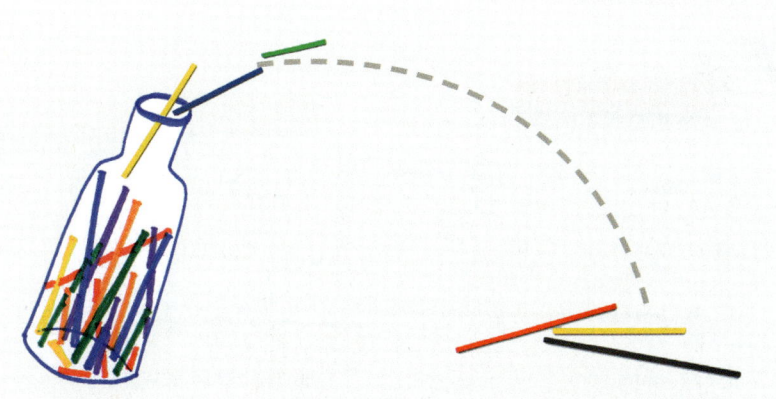

놀이 74

mm는 모래알만큼의 길이

 학년 3-1(5. 시간과 길이)

 준비물

8가베, 자

학습 목표

mm 알기

이 놀이를 할 때는요

mm(밀리미터)의 정확한 정의도 중요하지만 대충 감을 잡기 위해서 '1cm 안에 있는 좁쌀만큼의 길이'라고 먼저 이야기해 주세요. 모래알만큼 작다니 얼마나 작은 길이일지 금방 알 수 있겠지요? mm의 크기를 알고 단위를 익히는 것이 목적이니, 여기서는 자를 가지고 정확한 mm를 재어 볼게요.

1

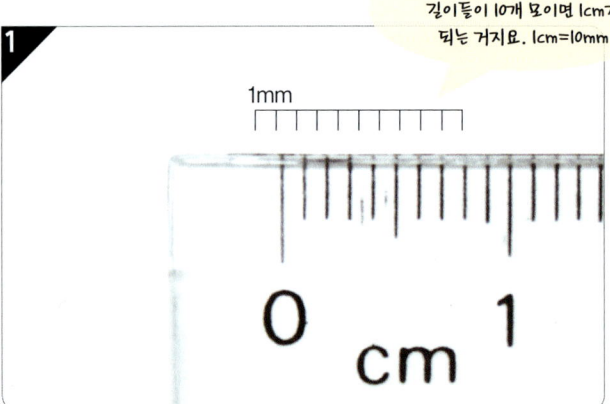

이 모래알만큼 아주 조그마한 길이들이 10개 모이면 1cm가 되는 거지요. 1cm=10mm

1mm를 알아보세요.

2

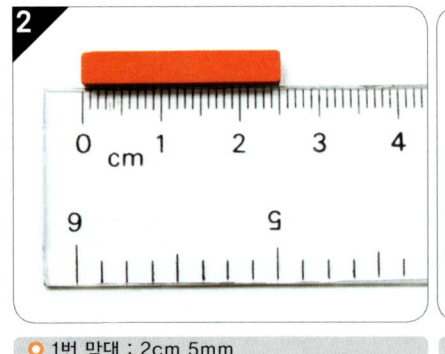　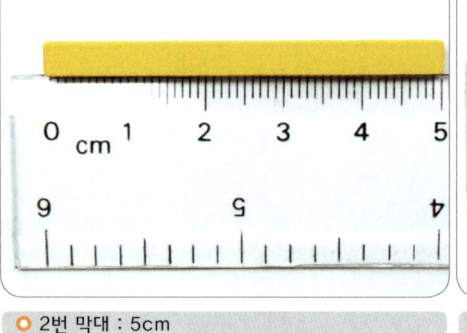　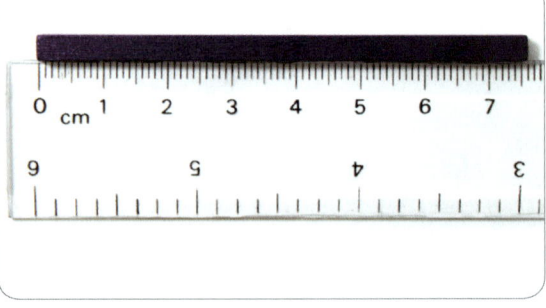

○ 1번 막대 : 2cm 5mm　　○ 2번 막대 : 5cm　　○ 3번 막대 : 7cm 5mm

8가베에는 여러 길이의 선들이 들어 있습니다. 자로 모두 길이를 재고, 쓰게 해 보세요.

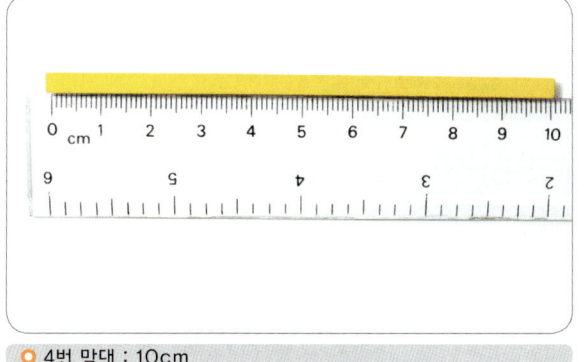

○ 4번 막대 : 10cm

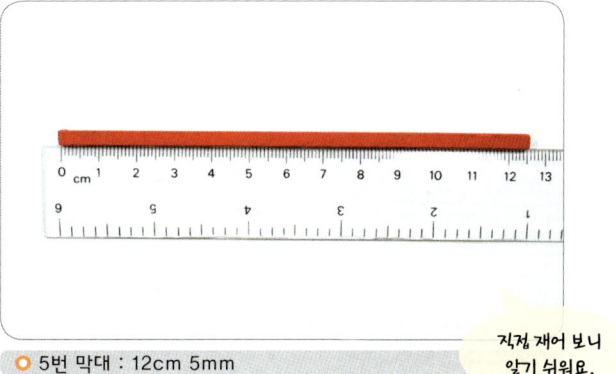

○ 5번 막대 : 12cm 5mm

직접 재어 보니 알기 쉬워요.

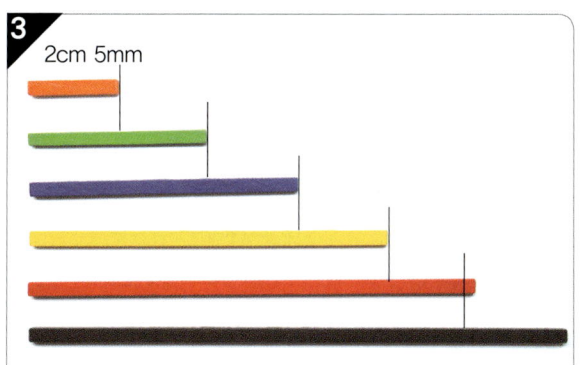

○ 6번 막대 : 15cm

3

2cm 5mm

8가베의 막대 길이가 얼마큼씩 커졌는지 알 수 있죠?
모두 1번 막대 길이인 2cm 5mm만큼씩 커졌습니다.

4

TIP 이 책은 2.5cm 가베로 만들어졌습니다. 3cm 가베를 가지고 있다면 주변의 물건을 재어 보면서 mm를 알아보면 됩니다.

2cm 5mm씩 커진 막대들을 가지고 마음대로 조합하여 길이를 예측하고 직접 재어 보세요. 만약 아래의 그림처럼 1번 막대와 3번, 2번 막대를 모아 더 길게 만들었다면 막대의 총 길이는 얼마일까요?

PART 8 길이 재기

길이 재기 03   아주 많이 길어지면 m와 km

큰 것을 큰 그릇에 담아야 하듯이 길이가 아주 많이 길어지면 cm 자로 길이를 재는 것은 무리입니다. 그래서 더 큰 단위의 자가 필요하게 되지요.

> 더 큰 단위길이에는 m(미터)와 km(킬로미터)가 있습니다.
> 1m는 100cm를 다르게 부르는 단위이고, 1km는 1000m를 간추려 만든 단위길이입니다.

이 길이의 감이 오나요? 아이들에게 중요한 것은 1m와 1km의 크기가 어느 정도인지 아는 것입니다. 전혀 어느 정도 크기인지 모르는데 크기를 말하기는 어렵겠지요.

1m는 놀이로 그 크기를 짐작할 수 있지만, 1km를 방 안에 펼쳐 볼 수는 없어요. 그래서 아이와 자동차를 타고 갈 때 표지판에 '1km' 지점을 보면서 감으로 느끼게 하거나 100m 달리기를 10번 계속 뛰면, 혹은 운동장을 몇 바퀴 돌면 1km를 달린 것이라고 이야기해 주세요. 가까운 산에 가서 그냥 바로 등산하지 말고 안내도에 쓰여 있는 거리를 알아본 후 그 길이를 걸으며 직접 체험해 보는 것도 좋답니다.

m 알기

놀이75 **2학년**
내 키를 재 보자

놀이76 **3학년**
걸을 수 있는 거리, 차를 타야 하는 거리

km 알기

놀이 75

내 키를 재 보자

 학년 2-2(3. 길이 재기)

 준비물
8가베, 줄자

 학습 목표
m 알기

 이 놀이를 할 때는요
이 놀이를 통해 100cm가 1m라는 것과 1m가 어느 정도 되는지 알아보겠습니다. 10cm인 8가베 4번 막대를 이용하여 내 키를 재어 보고, 줄자로 정확하게 확인해 보세요. 아이와 직접 해 보는 것이 중요합니다.

먼저 아이의 키를 벽에 표시합니다.

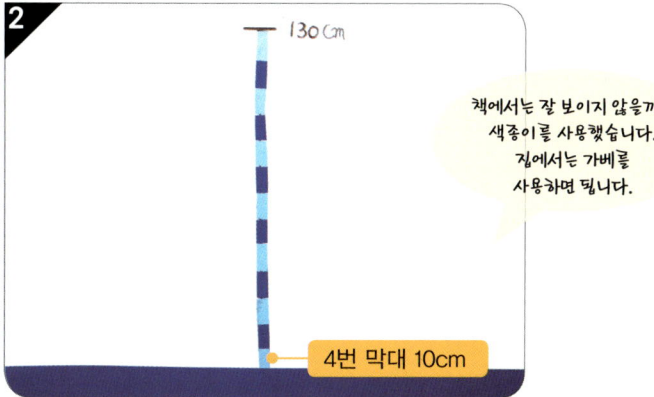

키가 표시된 곳까지 벽에 8가베 4번 막대를 이어 붙입니다. 부족하면 나머지는 다른 막대로 이어 주세요.

책에서는 잘 보이지 않을까봐 색종이를 사용했습니다. 집에서는 가베를 사용하면 됩니다.

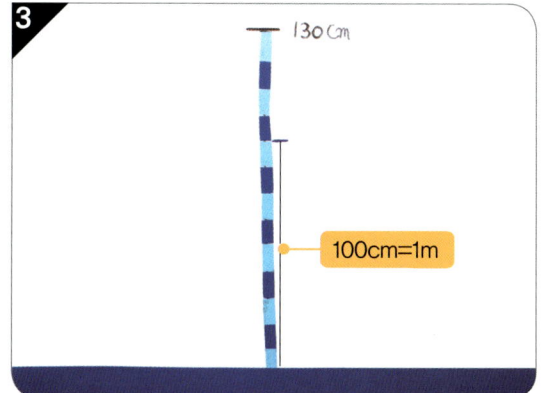

키를 알아보고 100cm인 곳에 '1m'라고 씁니다.

1m 막대를 만들어서 냉장고, 장롱, 책상, 식탁 등 집에서 1m 넘는 물건을 찾아 길이를 재어 보세요.

4번 막대 10개를 스카치테이프로 붙여 고정하세요.

놀이 76

걸을 수 있는 거리, 차를 타야 하는 거리

 학년 3-1(5. 시간과 길이)

 준비물
5가베, 6가베, 10가베

 학습 목표
km 알기

이 놀이를 할 때는요

길이의 가장 큰 단위인 km를 알아보고, 계산하는 놀이입니다. 이쯤 되면 가장 짧은 길이인 mm에서 km까지 한 번 정리해 봐야겠죠? 측정과 관련된 모든 내용은 실제로 재어 보기 전에 대충 그 길이를 감으로 짐작할 수 있어야 해요. 그래서 다음과 같이 써 봤습니다. 아이에게 가장 쉬운 내용으로 바꿔서 이야기해 주세요.

(10개 모이면)

1mm ×10→ 1cm ×10→ 10cm ×10→ 100cm=1m ×10→ 10m ×10→ 100m ×10→ 1000m=1km

- 1mm (좁쌀 만큼 작은 길이)
- 1cm (자에서 봤죠?)
- 10cm (손바닥 길이, 휴대폰 길이)
- 100cm=1m (내키를 재면서 봤어요.)
- 10m (아파트 4~5층 높이 정도)
- 100m (100m 달리기 해봤죠?)
- 1000m=1km (100m 달리기를 10번해요. 우리집에서 지하철역까지의 거리.)

1

5가베와 6가베로 우리 집과 우리 동네의 여러 건물들을 만들어 보세요.

2

10m   100m   1000m=1km

다음 길이처럼 10가베 점의 색깔별로 길이를 약속합니다.

만든 건물들을 적당히 배치하고, 엄마가 10가베로 임의로 거리를 정합니다.

> 아이가 10가베로 직접 거리를 정해도 되겠죠?

이야기를 나누며 거리를 알아보세요.

길이 재기 04 — 얼마나 먼지 거리 계산!

길이에 대해 배웠으니, 실제로 어떻게 사용하는지도 알아야 하겠죠? 여기서는 각 길이를 더하거나 빼는 여러 가지 계산 방법을 알아보겠습니다. 앞에서 만들었던 것을 그대로 사용하여 점 색깔로 m와 km를 구분하니 책을 보고 천천히 따라해 보세요.

처음에는 간단히 같은 단위(m와 m) 계산부터 시작하여, 다른 단위(Km와 m)를 같게 만드는 법을 배우고, 맨 나중에 실제 학교 교과과정에 나오는 문제를 풀어 보겠습니다. 가베로 놀이하는 것이 처음에는 노트에 연필로 숫자를 써서 하는 것보다 복잡한 것 같고 헷갈릴 수도 있어요. 또 귀찮기도 하지요. 하지만 직접 해 보면 보기보다 쉽다는 것도 알게 되고, 무엇보다 단위를 받아 올리거나 내릴 때 각 숫자의 개념을 더 잘 이해할 수 있어요. 또 아이들이 손으로 직접 만들면서 하기 때문에 한 번 배운 개념을 잘 잊지도 않으니 꼭 직접 해 봐야 합니다.

m끼리 더하기 — 놀이77 2학년 떡볶이 사러 출발!

km와 m의 빼기 — 놀이78 3학년 어느 쪽이 더 멀지?

단위가 서로 다른 거리 계산하기 — 놀이79 3학년 단위가 같아야 계산을 하지!

놀이80 3학년 경훈이와 형이 자전거를 탄 총 거리는? — 거리 계산하기

놀이81 3학년 음료수병의 크기는 어떻게 읽을 수 있을까? — 들이 알기

놀이82 가벼운 것과 무거운 것 — 무게 알기

놀이 77

떡볶이 사러 출발!

 학년 2-2(3. 길이 재기)

 준비물
5가베, 6가베, 10가베

 학습 목표
m끼리 더하기

 이 놀이를 할 때는요
우리 동네를 열심히 만들었으니 잘 활용해 봐야죠? 다양한 질문으로 이야기를 나누며 거리를 계산해 보세요. 먼저 가장 간단한 m끼리 더하기를 해 보겠습니다.

10m   100m   1000m=1km

우리 집에서 공원을 지나 떡볶이 집까지 가는 거리는 얼마일까요? 길을 모아 계산해 보세요.

○ 우리 집~공원~떡볶이 집?

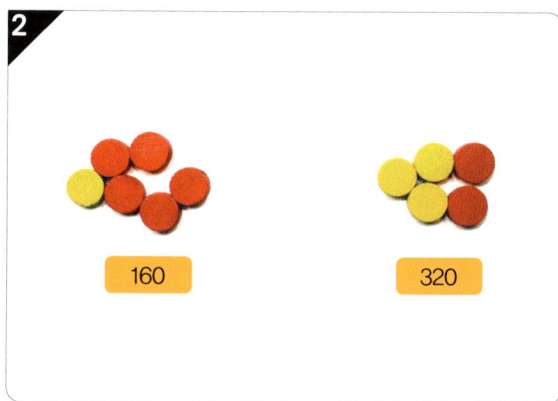

○ 160m+320m=?
길을 모아 보면 노랑점이 4개, 빨강점이 8개입니다. (노랑점 100m, 빨강점 10m)

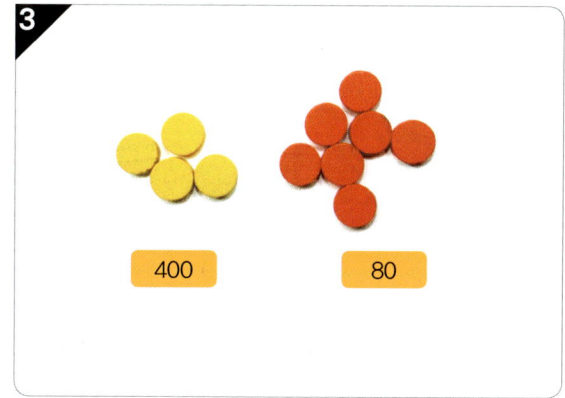

○ 480m
색깔별로 모아 보면 금방 계산이 되죠? 모두 480m입니다.

놀이 78

어느 쪽이 더 멀지?

 학년   3-1(5. 시간과 길이)

 준비물
5가베, 6가베, 10가베

 학습 목표
km와 m의 빼기

 이 놀이를 할 때는요
이번에는 각각 다른 단위인 km와 m를 모두 사용해 계산해 볼까요? 각 단위별로 빼거나 더하는 것이기 때문에 어려운 것은 없습니다.

1

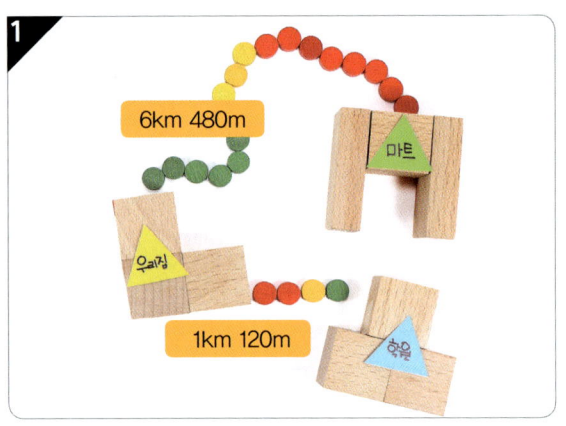

6km 480m
마트
우리집
1km 120m
학원

10m   100m   1000m=1km

우리 집에서 마트와 학원 중 어느 쪽이 얼마나 더 멀까요? 계산해 보세요.

2

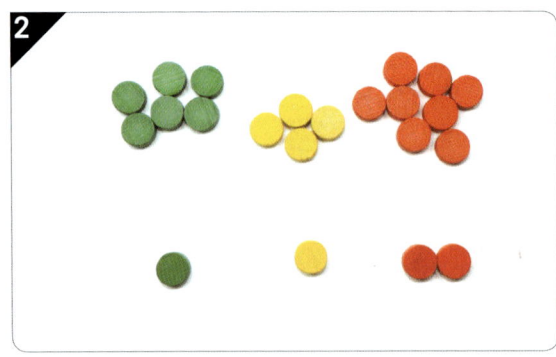

○ 6km 480m-1km 120m=5360m

거리별로 점을 모은 후 색깔별로 빼면 됩니다.

3

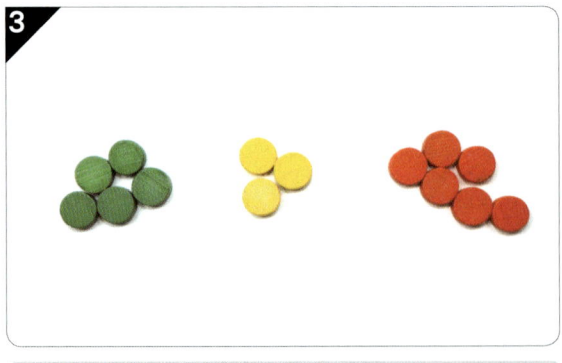

○ 5km 360m=5000m 360m=5360m

단위를 m로 바꿔 정리해 볼까요? 5km는 5000m이니까 5360m입니다.

238

놀이 79

단위가 같아야 계산을 하지!

 학년 3-1(5. 시간과 길이)

 준비물
5가베, 6가베, 10가베

 학습 목표
단위가 서로 다른 거리 계산하기

 이 놀이를 할 때는요
이번에는 서로 다른 단위를 받아 올리거나 내려서 계산하는 방법을 알아볼게요. 1km=1000m라는 것만 잘 기억하고, 천천히 따라해 보세요.

1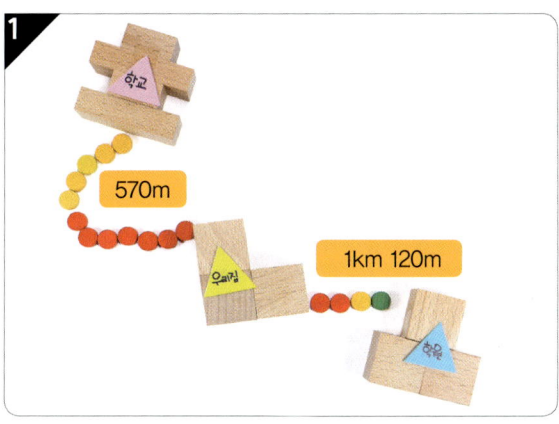

○ 우리 집~공원~떡볶이 집?

우리 집에서 학원은, 우리 집에서 학교까지 보다 얼마나 더 멀까요? 계산해 보세요.

2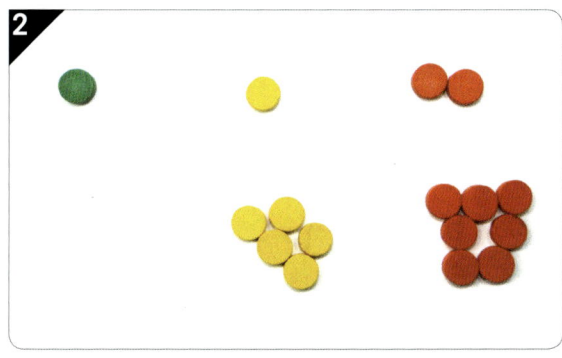

○ 1km 120m-570m=?

얼마나 더 멀지 물었기 때문에 같은 단위끼리 빼면 됩니다. 그런데 120m에서 570m를 뺄 수는 없죠?

3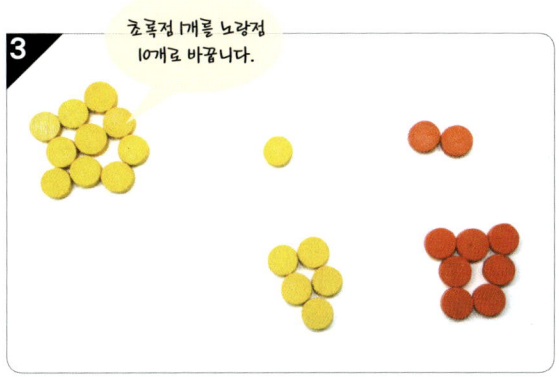

초록점 1개를 노랑점 10개로 바꿉니다.

○ 1120m-570m=?

이럴 때는 둘 다 똑같이 m로 바꿔 주면 계산이 쉬워집니다.

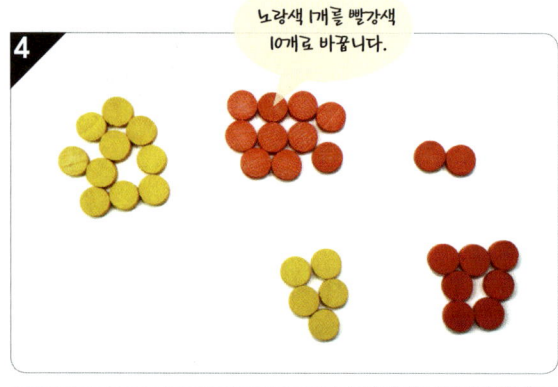

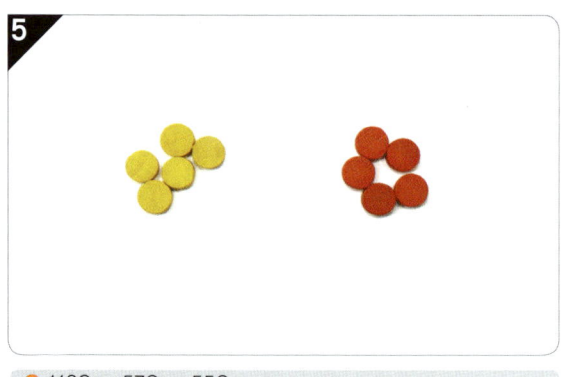

노랑색 1개를 빨강색 10개로 바꿉니다.

○ 1000m 120m-570m=?

이제 단위가 같아졌으니 뺄셈이 됩니다.

○ 1120m-570m=550m

학원은 친구네 집보다 550m 더 멀리 있습니다.

TIP 거리에 대한 감 익히기

일상에서도 거리에 대한 감을 익혀 볼 수 있어요.

방법1 집에서 가까운 지하철역이나 버스 정류장까지의 거리를 알아보면서 걸어보세요. 그러면 100m, 200m 등의 근거리감을 알 수 있지요.

방법2 우리는 많은 여행을 해요. 그럴 때 보통 오고가는 시간으로 얼마나 먼지 이야기하죠? 이걸 km로 먼저 이야기하면 멀리 이동하는 거리감을 자연스럽게 이해할 수 있게 된답니다.

방법3 지도를 보면서도 거리감을 이야기해 보세요. 우리나라 지도도 좋고, 세계지도도 좋아요.

방법4 스마트폰에 지도 앱 한두 개쯤은 깔아두죠? 지도앱은 가까운 거리부터 원거리까지 간편하게 거리를 측정해 주니 간편하고 빠르게 아이들과 알아볼 수 있어요.

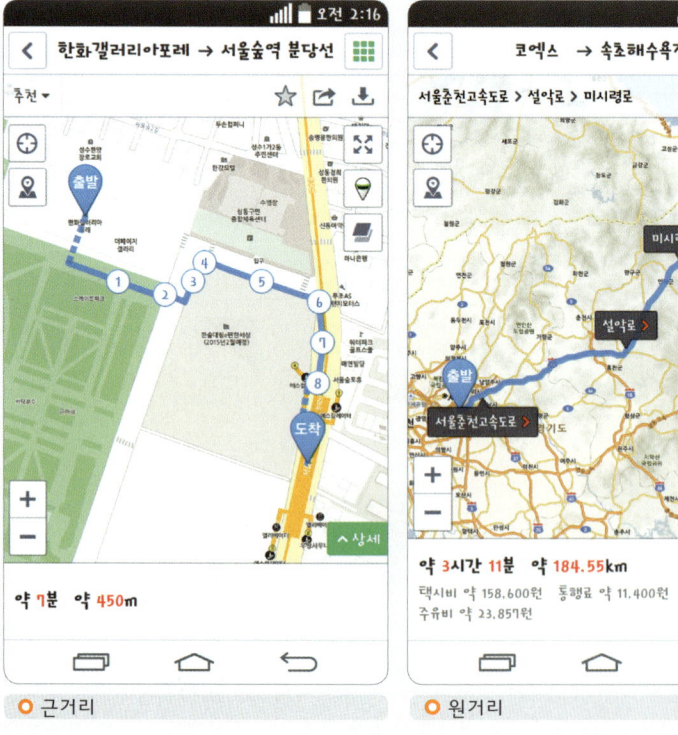

○ 근거리   ○ 원거리

놀이 80

경훈이와 형이 자전거를 탄 총 거리는?

 학년 3-1(5. 시간과 길이)

 준비물 5가베, 6가베, 10가베

 학습 목표 거리 계산하기

 이 놀이를 할 때는요

지금까지 놀이한 것을 잘 이해했다면 이 교과서 문제를 풀 수 있습니다. 앞에서 한 것처럼 거리를 점으로 약속 하세요.

○ **교과서 문제**

다음을 계산하시오.

경훈이는 형과 자전거를 탔어요. 집에서 공원까지 360m를 타고 공원에서 도서관까지 620m를 더 탔지요. 다시 도서관에서 공원을 지나 집으로 돌아오면 경훈이와 형이 자전거를 탄 거리는 모두 얼마입니까?

(km m)

1

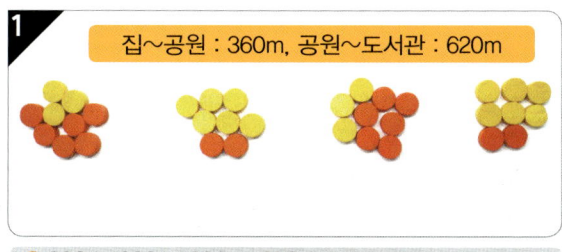

집~공원 : 360m, 공원~도서관 : 620m

○ 360m+620m+360m+620m

산에 올라갔다가 내려왔으니 다음 거리를 두 번씩 더하면 되겠죠?

2

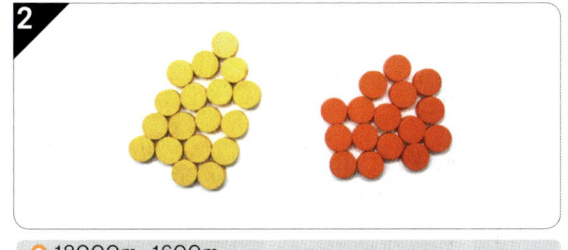

○ 18000m 1600m

이제 색깔별로 모두 더합니다.

3

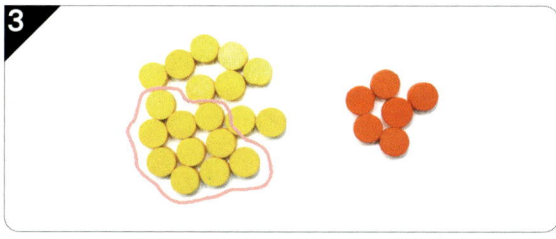

○ 100m 10개 = 1000m

답은 1960m입니다. 간단하죠? 1000m를 넘었으니 단위를 km로 제대로 바꿔 주세요.

4

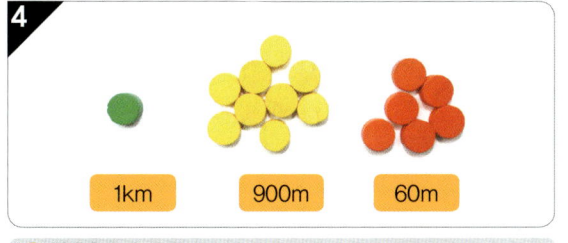

1km   900m   60m

○ 1000m = 1km

1km 960m이 됩니다.

PART 8 길이 재기

놀이 81

음료수병의 크기는 어떻게 읽을 수 있을까?

 학년 3-2(5. 들이와 무게)

 준비물
두꺼운 도화지, 자, 랩, 스카치테이프

 학습 목표
들이 알기

 이 놀이를 할 때는요

'들이란 통 안에 들어간 크기'를 말합니다. 주로 물이나 우유 같은 액체의 양을 잴 때 사용하는데, 보통 ml(밀리리터)와 l(리터)를 단위로 합니다.
아이들이 좋아하는 1.5리터 콜라로 얘기하면 금방 알지요. 콜라의 '리터'가 들이의 단위라고 설명하세요. 이제 정확한 들이의 단위도 배워야죠? 이번 놀이에서는 1㎤와 1000㎤의 정육면체를 만들어 그 안에 채워지는 물의 양인 1ml와 1l를 알아보겠습니다.

$$1000ml = 1l$$

1

두꺼운 도화지를 가로세로 1cm 정사각형과 10cm 정사각형으로 잘라 각각 5개씩 준비합니다

2

다음 그림처럼 2개 모두 뚜껑이 없는 정육면체 전개도로 만듭니다.

1000ml=1l

1ml 상자에 물을 담아 1000번을 부으면 1l 상자가 꽉 차게 돼요. 그래서 1000ml는 1l랍니다.

1l
1ml

이제 테이프를 붙여 정육면체를 만듭니다. 상자 크기에 따라 담을 수 있는 물의 양을 알려주고, 1cm 정사각형으로 만든 정육면체에 '1ml', 10cm 정사각형으로 만든 정육면체에는 '1l'라고 씁니다.

아이와 집에 있는 여러 용기들에서 ml와 l를 찾아 그 양을 알아보세요. 500ml 용기와 2l 용기를 찾았다면, 500ml 용기로 2l 용기를 물로 가득 채워 보세요. 몇 번 채우면 될까요?

 TIP 부피와 들이가 같은 건가요?

부피는 입체면의 크기를 재는 것이니 그 안에 들어가는 양을 알아보는 들이와 같겠죠? 그래서 1cm³ 크기 안에 딱 맞게 들어가는 양이 1ml이고, 1000cm³ 크기 안에 들어가는 양이 1l가 됩니다.
1cm³의 크기는 1cm 정사각형으로 만든 정육면체의 부피이고,
1000cm³의 크기는 10cm 정사각형으로 만든 정육면체의 부피입니다.

놀이 82

가벼운 것과 무거운 것

 학년 3-2(5. 들이와 무게)

 준비물
5가베, 10가베, 1가베, 색종이, Y핀, 스카치테이프

 학습 목표
무게 알기

 이 놀이를 할 때는요

무게는 무게를 재기 위한 저울이 필요하겠지요? 저울을 만들어 물건을 올려놓고, 무게 재기 놀이를 해 보세요. 놀이를 하는 동안 무게의 단위인 g(그램)과 kg(킬로그램)의 관계도 알 수 있습니다.
저울이 집에 있다면 저울을 이용하여 직접 재어 보는 것도 좋습니다.

1g×10개=10g
1g×100개=100g
1g×1000개=100g×10개=1000g=1kg

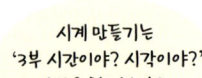
시계 만들기는 '3부 시각이야? 시간이야?' 단원을 참고하세요.

3부 시계 만드는 방법을 참고하여 다음과 같이 만들어 보세요. 지름은 8cm로 만들면 됩니다.

1번을 5가베 상자에 붙이고 10가베 상자 뚜껑을 올려놓으면 저울이 됩니다.

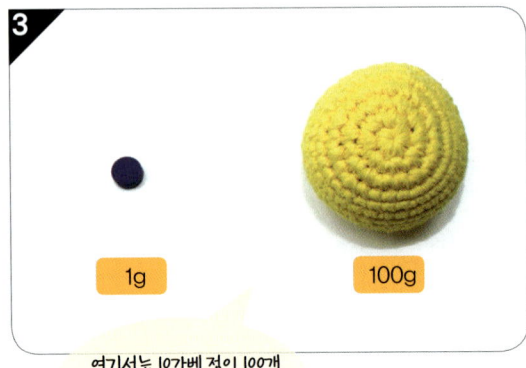

저울 위에 올릴 물건들을 임의로 무게를 적어 만들어 봅니다.

1g=10가베 점 1개
100g=1가베 공 1개

여기서는 10가베 점이 100개 있으면 1가베 공 1개의 무게가 같다고 약속합니다.

4 다음과 같이 만들어 보면서 이야기하고, 이야기한 만큼 저울 눈금의 위치를 옮겨요. 같은 방법으로 여러 개를 올려놓으면서 무게 재기 놀이를 해 보세요.

1g×10개=10g

🧑 무게가 10g이 되도록 만들어 보자.

😊 점 10개를 올려놓으면 돼요. (저울의 눈금을 10g 위치로 옮깁니다.)

1g×100개=100g

🧑 이번에는 무게가 100g이 되도록 만들어 볼까?

😊 공 1개를 올리니 100g이에요. (저울의 눈금을 100g 위치로 옮깁니다.)

1g×1000개=100g×10개=1000g=1kg

🧑 무게 1000g을 만들려면?

😊 공 10개를 올리면 1000g이 되네요. (저울의 눈금을 1000g 위치로 옮깁니다.)

PART 9

나눗셈과 친한 분수

더하기 빼기 곱하기 나누기를 겨우 지나가나 싶었더니,
우리 앞에 턱 하니 나타난 분수!
통분, 약분, 최소공배수, 최대공약수, 소수…….
머릿속을 스치는 기억들에 엄마가 먼저 겁을 먹는 단원이기도 합니다.
아이와 함께 놀이하면서 그 기억을 바꿔 보세요. 이걸 왜 그때는 몰랐을까?
이게 이렇게 쉬운 거였나? 싶어질 거예요.

1. 분수가 뭐지? 왜 필요할까?
2. 헉, 사과 6개의 $\frac{1}{2}$?
3. 헷갈려! 분수의 크기
4. 가분수를 대분수로 바꾸기
5. 더하고 뺄 수 있는 분수
6. 분수와 소수는 친구

분수와 소수 01 · 분수가 뭐지? 왜 필요할까?

분수는 우리 생활에서 자주 접하지만 제대로 사용하지 않아 어렵다고 생각하는 단원입니다. 예를 들어 사과 한 개를 똑같이 네 등분하여 나눠 먹어도 '$\frac{1}{4}$' 또는 '1조각 먹었다'라고 하지 않고 각자 '1개 먹었다'라고 하지요? 정확히 말하자면 사과를 '1개 먹었다'라고 하는 건, 자르지 않은 상태로 모두 먹었을 때만 맞는 표현입니다. 우리가 생활에서 잘 표현하지 않았던 이 '조각'이 '분수'의 개념이죠. 이 단원에서는 가베를 통해 직접 전체를 부분으로 나누며 조각을 알아보겠습니다.

먼저, 분수의 정확한 정의부터 알아볼까요? '분수란 전체를 똑같이 나누기 위해 만들어진 수'입니다. 그래서 분수는 잘라진 전체의 양을 알 수 있는 수(분모)와 나누어진 부분의 양을 알 수 있는 수(분자)로 이루어져 있어요. 다음을 잘 기억해 두세요.

'2조각으로 나눈 것 중 1조각'을 분수로는 '2분의 1'이라고 읽습니다. 여기에서 '~분의'라고 읽는 이유는 이 '분'이라는 글자가 分(나누다 분)을 사용하여 말 그대로 '나누어진 수'를 얘기하기 때문입니다.

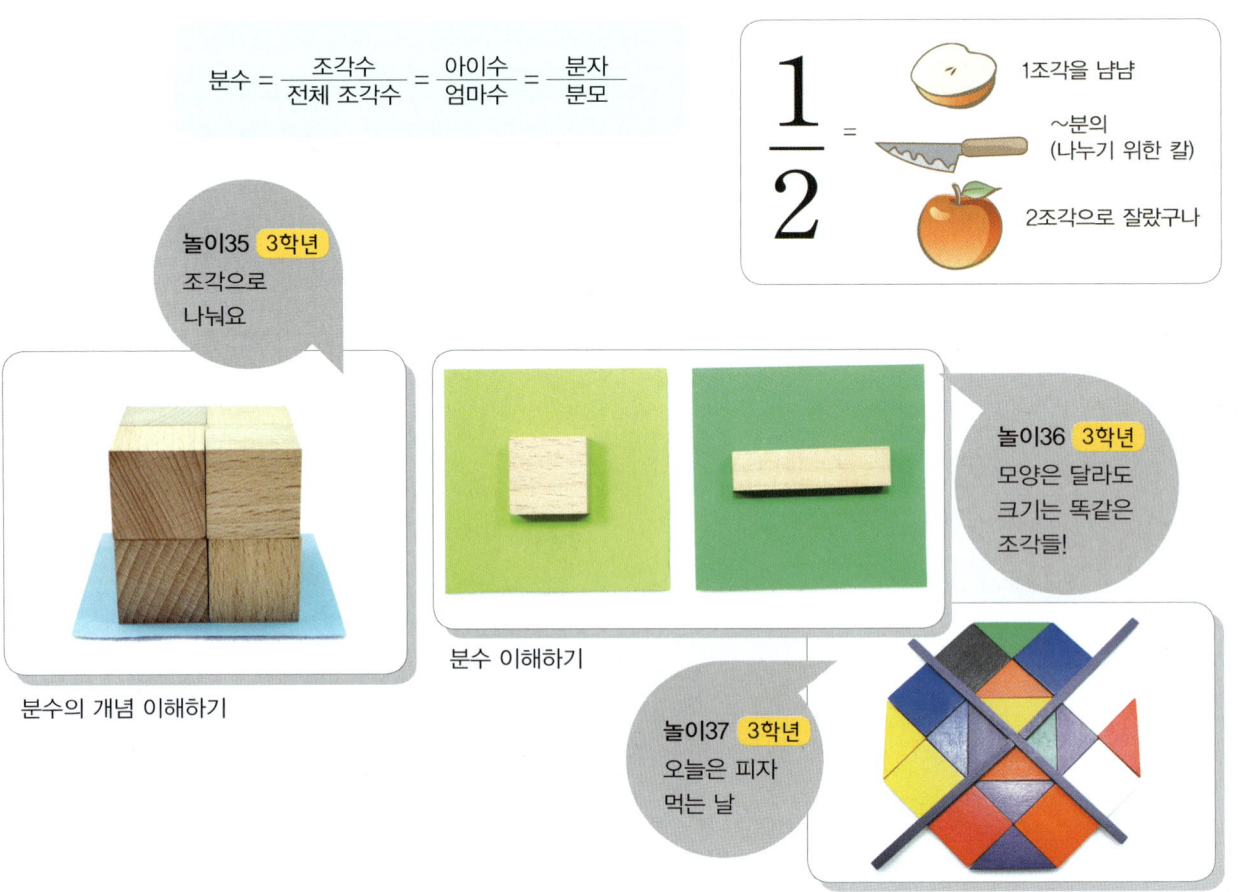

놀이35 3학년
조각으로 나눠요
분수의 개념 이해하기

분수 이해하기

놀이36 3학년
모양은 달라도 크기는 똑같은 조각들!

놀이37 3학년
오늘은 피자 먹는 날
똑같이 나누었을 때 전체와 부분의 크기 비교하기

놀이 83

조각으로 나눠요

 학년 3-1(6. 분수와 소수)

 준비물
2가베 정육면체, 3가베 정육면체, 색종이

 학습 목표
분수의 개념 이해하기

 이 놀이를 할 때는요
이 놀이에서는 2가베 정육면체와 3가베 정육면체를 비교하며 분수의 등분할 개념을 알아봅니다. '등분할 개념이란 전체를 똑같은 부분으로 나누는 것'입니다.

1. 2가베 정육면체 – 잘라지지 않아 나눌 수 없어요!
3가베 정육면체 – 쓱싹 쓱싹 잘라져요! 친구랑 나눠 가질 수 있어요.

같은 크기인 2가베 정육면체와 3가베 정육면체를 두고, 같은 점과 다른 점을 찾아보세요.

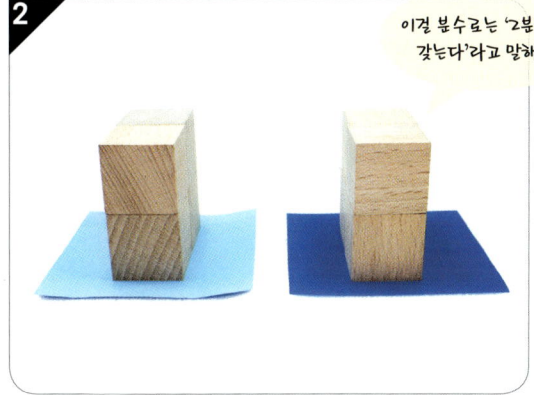

2. 이걸 분수로는 '2분의 1을 갖는다'라고 말해요.

잘라지는 3가베는 나눌 수 있어요. 엄마와 아이가 똑같이 나누어 가지려면 2조각으로 나누어 1조각씩 나눠야 해요.

3. 부분들이 모여서 다시 전체가 된다는 분수의 덧셈을 자연스럽게 경험할 수 있습니다.

이번엔 나누었던 정육면체 조각들을 다시 원래대로 합쳐 보세요. 처음처럼 한 개가 되었죠?

TIP '몇 조각으로 잘라야 할까?'라고 질문할 때 꼭 '조각'으로 질문하세요. '몇 개일까?'로 질문하면 분수를 이해하는데 혼동을 준답니다.

놀이 84

모양은 달라도 크기는 똑같은 조각들!

 학년   3-1(6. 분수와 소수)

 준비물
6가베 직육면체, 기둥, 받침, 8가베 2번 막대

 학습 목표
분수 이해하기

 이 놀이를 할 때는요
분수는 똑같이 나누기 위해 만들어진 수인데, 나누는 방법도 여러 가지가 있다는 것을 알아봅니다. '잘라진 모양은 달라도 전체의 크기가 같고, 그 잘라진 분수의 크기가 같다면 양의 크기도 같다'는 것을 알게 됩니다.

직육면체의 $\frac{1}{2}$ =받침=기둥

○ **교과서 문제**

커다란 카스텔라를 지환이와 규리가 나눠 먹으려고 합니다. 어떻게 나누어야 할까요? 그리고 나눈 부분은 전체의 얼마인지 알아보세요.

커다란 카스텔라 맛있겠다. 냠냠.

6가베 직육면체를 '카스테라'라고 해요.

길쭉한 카스텔라가 되었어요.

● 가로로 자르기

네모반듯한 카스텔라가 되었어요.

● 세로로 자르기

세모난 카스텔라가 되었어요.

● 대각선 자르기

8가베 막대를 이용하여 아이에게 똑같이 자를 수 있는 곳에 올려놓으라고 합니다. 여러 가지 방법으로 시도해 보세요.

직육면체를 $\frac{1}{2}$ 가로 자르기하여 만들어진 기둥, $\frac{1}{2}$ 세로 자르기하여 만들어진 받침을 비교해 보세요.

둘 다 직육면체를 똑같이 $\frac{1}{2}$로 나누었기 때문에 똑같아요.

○ 기둥=받침

기둥과 받침이 정말 같은지 직접 알아볼까요? 실제로 가베를 자를 순 없으니까 색종이를 이용해요. 색종이에 올려놓고 가베 모양을 따라 연필로 그린 다음 가위로 오려요.

오린 색종이 받침과 기둥을 $\frac{1}{2}$로 잘라 보세요. 그러면 모두 같은 크기가 된답니다. 세로로 놓으면 받침이 되고, 가로로 놓으면 기둥이 된다는 것을 알 수 있어요. 모양만 다를 뿐 전체 크기는 같다는 것을 알겠죠?

놀이 85

오늘은 피자 먹는 날

 학년   3-1(6. 분수와 소수)

 준비물
7가베, 8가베, 스카치테이프

 학습 목표
똑같이 나누었을 때 전체와 부분의 크기 비교하기

 이 놀이를 할 때는요
피자 전체를 2명, 3명, 4명이 먹으려면 어떻게 해야 할까요? 분수는 $\frac{1}{2}$ 뿐만 아니라 여러 조각으로도 자를 수 있고, 자르는 조각에 따라 분모가 변한다는 것을 알게 됩니다.

7가베의 다양한 조각을 규칙적으로 조합하여 피자를 만듭니다.

8가베 막대를 이용하여 4명이 똑같이 나눌 수 있는 방법을 생각해 보세요. 아이에게 똑같이 나누어 자를 곳에 올려놓으라고 해 보세요.

4조각으로 잘라서 1조각씩 가졌으니까 $\frac{1}{4}$ 이지요.

똑같이 나누어졌다면 직접 잘라 보세요. 검산하는 과정입니다. 모두 크기가 같은지 확인해 보세요.

엄마=아빠=나=동생=$\frac{1}{4}$

분수와 소수 02

헉! 사과 6개의 $\frac{1}{2}$

사과 6개를 둘이서 나눠 먹으려면 어떻게 해야 할까요? 사과 6개를 반으로 즉, $\frac{1}{2}$로 나눠야 합니다. 여러 개를 똑같이 반으로 나누는 것이지요. 이번에는 한 덩어리가 아니라 여러 개가 모인 전체에서 각 개체들이 분수만큼으로 나누어지는 것을 알아보겠습니다. '1개가 아니라 여러 개를 분수만큼으로 똑같이 나누는 놀이'입니다.

놀이86 3학년
여러 개를 나눠요

자연수에 대한 분수만큼을 알아보기

놀이87 3학년
피자 많이 가져가기 게임

자연수에 대한 분수만큼을 알아보기

놀이 86

여러 개를 나눠요

1가베 공 모양 6개를 준비하여 '빵'이라고 해 볼까요?

○ 6개를 $\frac{1}{3}$로 나누기

세 사람이 나눌 수 있도록 접시를 세 개 놓고 빵을 똑같이 나누어 주세요.

○ 6개를 $\frac{1}{2}$로 나누기

6개의 빵을 다른 기준으로 나누게 된다면 어떻게 될지 생각해 보세요.

학년 3-2(4. 분수)

준비물
1가베, 종이 접시

학습 목표
자연수에 대한 분수만큼을 알아보기

이 놀이를 할 때는요
이 문제는 '나누는 기준이 분수'이기 때문에 나누는 기준이 정확해야 합니다. 3명이 나누어 먹어야 하므로 한 사람이 먹는 양은 분수로는 $\frac{1}{3}$이 되겠죠? 접시를 이용하여 정확하게 개수만큼 사용하세요.

○ **교과서 문제**

빵이 6개 있습니다. 친구 세 명이 이 빵을 똑같이 나누어 먹으려 합니다. 한 사람이 빵을 몇 개씩 먹을 수 있을까요?

 빵 6개의 $\frac{1}{3}$은 몇 개일까? 2개예요.

 빵을 두 명이서 나누면 몇 개씩 먹을 수 있을까?

 3개씩 먹을 수 있어요.

놀이 87

피자 많이 가져가기 게임

 학년 3-2(4. 분수)

 준비물
7가베, 정육면체, 스카치테이프, 원 스티커

 학습 목표
자연수에 대한 분수만큼을 알아보기

 이 놀이를 할 때는요

주사위를 던져 분수가 나오면 나온 만큼 피자를 가져가고, 더 많이 가져가는 사람이 이기는 놀이입니다. 다양한 분수의 기준으로 자연수를 나누어 가지는 거지요. 정육면체 주사위에 분수를 $\frac{1}{2}, \frac{1}{3}, \frac{1}{6}, \frac{1}{7}, \frac{1}{18}$, 꽝이라고 쓰세요. '꽝'은 놀이를 재미있게 만들기 위한 것입니다. 엉덩이로 이름 쓰기, 노래 부르기 등 놀이를 하다가 꽝이 나왔을 때의 규칙은 아이들과 함께 정하세요.

> **자연수란?** 우리에게 가장 친근한 수예요. 보통 하나, 둘, 셋 할 때 흔히 쓰는 '0보다 큰 1, 2, 3, 4, …와 같은 모든 수'를 말합니다.

1

7가베 정사각형 18개를 가지고 직사각형 피자를 만듭니다. 각 조각이 피자 조각이 되는 것입니다.

TIP 난이도 조절하기

이 놀이를 조금 어려워 하면 조각의 수를 줄여 주고, 계산을 수월하게 잘하는 아이는 정사각형의 수를 더 많이 늘려서 놀이하면 됩니다. 아이가 잘 하지 못할 때는 익숙해질 시간을 주고 기다려 주는 것, 잊지 마세요.

2 놀이를 시작하기 전에 분수만큼 가져가려면 몇 조각이 되는지 이야기해 보세요. 18개의 $\frac{1}{2}$은 9개가 되고, $\frac{1}{3}$은 6개, $\frac{1}{6}$은 3개, $\frac{1}{9}$은 2개, $\frac{1}{18}$은 1개가 되겠지요? 주사위를 던져 나온 수만큼 가져가세요.

○ 18의 $\frac{1}{2}$=9

○ 18의 $\frac{1}{3}$=6

○ 18의 $\frac{1}{6}$=3

○ 18의 $\frac{1}{9}$=2

○ 18의 $\frac{1}{18}$=1

○ 꽝=벌칙을 수행하고 피자는 가져갈 수 없어요.

분수와 소수 03 — 헷갈려! 분수의 크기

2보다 3이 크다는 것을 모르는 사람은 없죠? 분수도 각각 크기가 있는데, 여기서는 분모가 같다면 분자의 수가 클수록 크기가 크다는 것을 놀이를 통해 알아보겠습니다. 조각을 많이 가질수록 더 커진다는 것을 알면 됩니다.

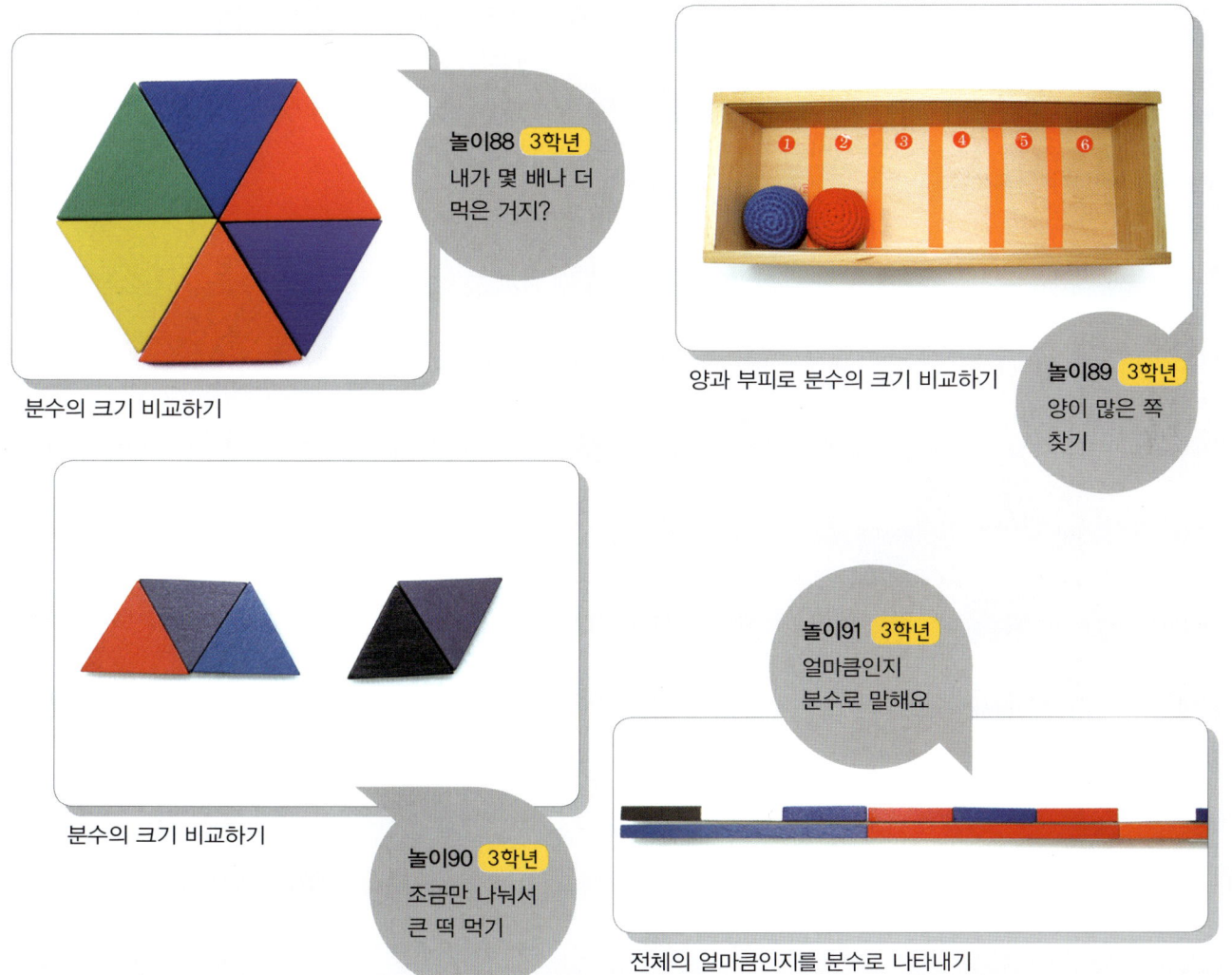

놀이88 3학년
내가 몇 배나 더 먹은 거지?

분수의 크기 비교하기

놀이89 3학년
양이 많은 쪽 찾기

양과 부피로 분수의 크기 비교하기

분수의 크기 비교하기

놀이90 3학년
조금만 나눠서 큰 떡 먹기

놀이91 3학년
얼마큼인지 분수로 말해요

전체의 얼마큼인지를 분수로 나타내기

놀이 88

내가 몇 배나 더 먹은 거지?

- **학년** 3-1(6. 분수와 소수)
- **준비물** 7가베
- **학습 목표** 분수의 크기 비교하기
- **이 놀이를 할 때는요** 똑같은 크기로 잘라진 팬케이크 조각을 사용하여 분수의 크기를 알아볼까요? 어느 쪽이 더 큰 분수인지, 그리고 얼마나 더 많은지 비교해 보세요.

○ **교과서 문제**

커다란 팬케이크를 만들었어요. 지민이는 팬케이크의 $\frac{1}{4}$을 먹었고, 승훈이는 $\frac{3}{4}$을 먹었어요.

승훈이는 지민이보다 팬케이크를 몇 배 더 먹었나요?

여기서는 4×6 크기로 만들었습니다.

1 7가베 정사각형을 4등분으로 나누기 좋은 수로 조합하여 커다란 직사각형을 만들어 보세요.

2 똑같이 4조각($\frac{1}{4}$)으로 나누어 보세요.

3

승훈이 것 $\frac{3}{4}$ 만큼, 지민이 것은 $\frac{1}{4}$ 만큼 나누어 줍니다. 몇 배 더 많은지 실제로 보면서 비교해 보세요.

> $\frac{1}{4}$ 이 3개 모이면 $\frac{3}{4}$ 이 돼요.
> 3배 더 많이 먹었어요.

4

간단히 한 번 더 해 볼까요? 동그란 사과를 나눠 먹어요.

5

6조각으로 나눠 $\frac{2}{6}$ 는 아빠가 $\frac{4}{6}$ 는 아이가 먹기로 해요.

> $\frac{2}{6}$ 가 2개 모이면 $\frac{4}{6}$ 가 돼요.
> 내가 아빠보다 2배 더 많이 먹었어요.

$$\frac{2}{6} < \frac{4}{6}$$

놀이 89

양이 많은 쪽 찾기

 학년 3-1(6. 분수와 소수)

 준비물
1가베 상자, 2가베 상자, 1가베 공, 색종이, 숫자 스티커

학습 목표
양과 부피로 분수의 크기 비교하기

이 놀이를 할 때는요
부피나 양도 분수로 표현하여 크기를 비교할 수 있어요. "엄마, 우유 $\frac{3}{4}$만큼만 따라주세요."라고 말할 수 있겠죠? 여기서는 가베 상자를 똑같은 크기로 나누어 공이 들어가는 양으로 분수의 크기를 비교하겠습니다.

○ **교과서 문제**

같은 크기의 컵이 2개 있습니다. 한 컵에는 $\frac{2}{6}$ 만큼 주스가 담겨 있고, 또 다른 한 컵에는 $\frac{5}{6}$ 만큼 주스가 담겨 있습니다. 어느 쪽의 컵에 주스가 더 많이 담겨 있나요?

1

크기가 같은 1가베 상자와 2가베 상자를 $\frac{1}{6}$ 로 똑같이 나누어 준비합니다.

2

1가베 상자에는 $\frac{2}{6}$ 만큼 공을 넣고, 2가베 상자에는 $\frac{5}{6}$ 만큼 공을 넣어 보세요.

$$\frac{2}{6} < \frac{5}{6}$$

3 비교하며 이야기한 후 부등호로 크기를 비교해 보세요.

놀이 90

조금만 나눠서 큰 떡 먹기

 학년   3-1(6. 분수와 소수)

 준비물
7가베, 스카치테이프

 학습 목표
분수의 크기 비교하기

 이 놀이를 할 때는요
많이 자르면 자를수록 크기가 작아진다는 것을 알아보는 것이므로, 다양한 크기의 한 조각을 비교해 주세요. 분모가 크면 클수록 조각의 크기가 작아집니다. 당연하죠? 그만큼 많이 나눈다는 뜻이니까요.

○ **교과서 문제**

주원이는 떡의 $\frac{1}{2}$을 먹었고, 무현이는 똑같은 크기의 떡을 $\frac{1}{3}$ 먹었습니다. 누가 떡을 더 많이 먹었을까요?

$\frac{1}{5} < \frac{1}{7}$ $\frac{1}{8} < \frac{1}{3}$ $\frac{1}{11} > \frac{1}{13}$

1

7가베 정삼각형 6개를 이용하여 정육각형 두 개를 만듭니다.

2

주원의 $\frac{1}{2}$ 무현의 $\frac{1}{3}$

주원이가 먹은 떡만큼 나누고, 무현이 역시 먹은 떡 만큼을 나누세요.

주원이는 떡의 $\frac{1}{2}$이니 정삼각형 3조각이고, 무현이는 떡의 $\frac{1}{3}$이니 2조각이죠? 양의 크기를 정확하게 비교할 수 있습니다.

$\frac{1}{2} > \frac{1}{3}$

3

조각을 많이 자르면 자를수록 크기가 작아지기 때문에 주원이의 떡이 커요.

놀이 91

얼마큼인지 분수로 말해요

 학년 3-2(4. 분수)

 준비물
8가베

 학습 목표
전체의 얼마큼인지를 분수로 나타내기

 이 놀이를 할 때는요
이 놀이는 전체를 몇으로 묶느냐에 따라 다양한 답이 나올 수 있어요. 따라서 다양한 수를 여러 가지 방법으로 나누어 묶어 보면서 전체의 부분을 이야기해 보세요.

○ **교과서 문제**

부분은 전체의 얼마인지 분수로 나타내는 방법을 알아보시오.

테이프 15cm를 똑같이 5칸으로 나누면 한 칸은 3cm가 됩니다.

3cm는 15cm의 몇입니까? 또 6cm는 15cm의 몇이 됩니까?

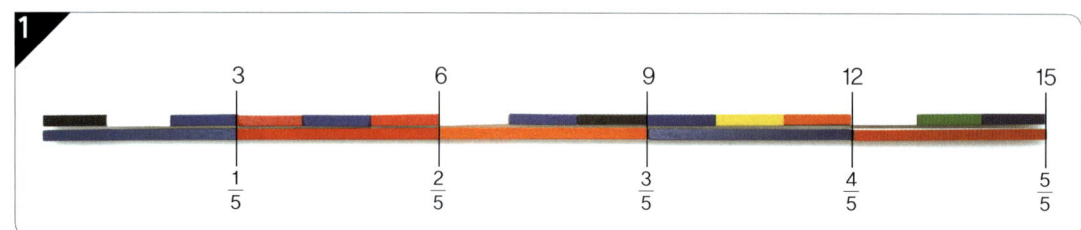

8가베 1번 막대를 단위길이로 하여 15개를 나열합니다. 그 아래에 3번 막대를 똑같이 나열하여 5등분 해 보세요. 3은 15의 $\frac{1}{5}$ 이 됩니다.

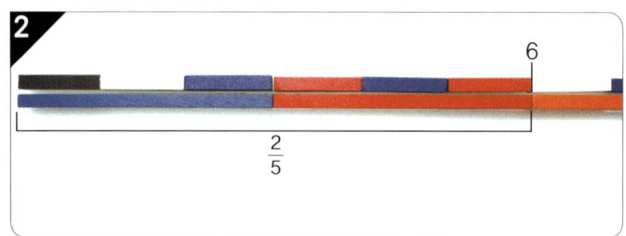

1번 막대가 6개 있는 곳에, 3번 막대는 2개가 있지요? 그래서 6은 15의 $\frac{2}{5}$ 가 되는 것입니다.

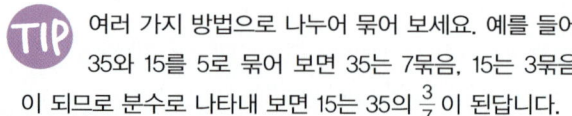 여러 가지 방법으로 나누어 묶어 보세요. 예를 들어 35와 15를 5로 묶어 보면 35는 7묶음, 15는 3묶음이 되므로 분수로 나타내 보면 15는 35의 $\frac{3}{7}$ 이 된답니다.

분수와 소수 04 — 가분수를 대분수로 바꾸기

진분수 지금까지 보았던 분수들은 대부분 $\frac{1}{2}$처럼 분자보다 분모가 큰 '진분수'입니다. 분수는 엄마 수(분모)와 아이 수(분자)로 이루어져 있다고 했지요?

가분수 그런데 아이 수가 점점 늘어나서 $\frac{3}{2}$처럼 엄마 수보다 더 커지면 분수는 무거워집니다. 이런 것을 '가분수'라고 하지요.

대분수 이때 엄마 수와 아이 수가 같아지면 그걸 1개, 2개로 자립시켜 앞에 쓸 수 있습니다. $1\frac{1}{2}$(1과 2분의 1)처럼 쓰는 것이지요. 이걸 '대분수'라고 합니다. 예를 들면 $\frac{3}{2}$은 $\frac{2}{2}$와 $\frac{1}{2}$을 더한 것이죠? 여기서 분모와 분자가 같은 수인 $\frac{2}{2}$는 1이 되니까 앞에 따로 1로 써 넣고, 남은 $\frac{1}{2}$은 옆에 붙이면 됩니다.

$\frac{2}{2}$가 왜 1인지? 헷갈리는 아이들이 꽤 있는데, 쉽게 말해서 사과를 2조각으로 잘라서 2조각 다 먹으면 혼자서 1개를 다 먹은 것과 같다는 얘기입니다. 7조각으로 잘라서 7조각 다 먹으면 역시 1개를 다 먹은 것과 같고요. 그래서 1입니다. 몇 조각으로 잘랐든 자른 개수만큼 다 가지고 있으면 1인 것이죠.

$$1 = \frac{2}{2} = \frac{3}{3} = \frac{4}{4} = \frac{5}{5} = \frac{100}{100} = \frac{1000}{1000}$$

분수의 크기 분수의 크기는 분자가 작은 것보다 분자가 큰 것이 큽니다. 그러다가 분자가 분모보다 커지면 내려서 자립해 쓸 수 있는 것으로 바뀔 수 있답니다. 분자의 개수가 많아질수록 진분수 → 가분수 → 대분수 순서로 바뀌게 됩니다.

> **TIP 대분수 게임하기**
>
> 엄마가 만든 가분수를 아이가 대분수로, 아이가 만든 대분수는 엄마가 가분수로 서로 바꿔 보는 놀이를 해도 아주 재미있습니다. 놀이를 할 때는 주사위 2개를 사용해서 나오는 두 수로 분수를 만듭니다. 2와 5가 나왔다면 가분수는 분자가 커야 하니까 로 만들어야겠지요? 그러면 그걸 대분수로 바꿔 보세요.

놀이92 3학년
무겁고 큰 분수, 바꿔 줘요!

가분수를 대분수로 바꾸기

놀이 92

무겁고 큰 분수, 바꿔 줘요!

 학년 3-2(4. 분수)

 준비물
8가베, 분수판

 학습 목표
가분수를 대분수로 바꾸기

 이 놀이를 할 때는요
분수판을 이용하여 정확한 수의 위치를 알아보고, 가분수에서 대분수로 만들어 보세요. 아이들이 자주 틀리는 문제니 놀이를 통해 익숙하게 만들고, 잘 되면 거꾸로 대분수를 가분수로도 만들어 보세요.

○ 분수판

다음과 같은 분수판을 만듭니다. 도화지에 대충 그리거나 색종이를 사용해도 됩니다.

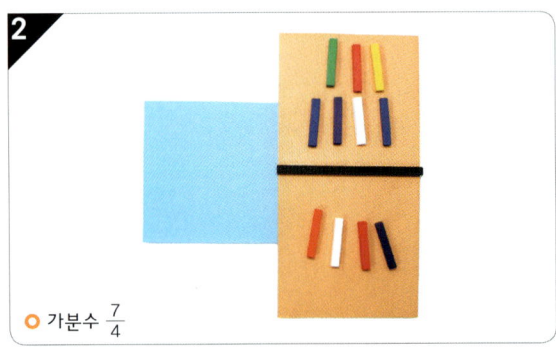
○ 가분수 $\frac{7}{4}$

분모에 막대를 4개 넣고, 분자에 7개 넣어 $\frac{7}{4}$이라는 가분수를 만드세요.

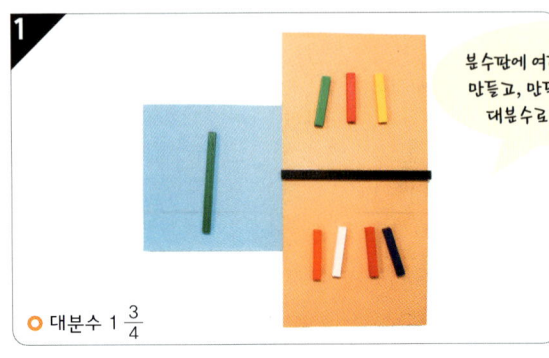
○ 대분수 $1\frac{3}{4}$

분수판에 여러 가지 가분수를 만들고, 만든 가분수를 모두 대분수로 바꿔 보세요.

$\frac{7}{4}$이란 수에는 4조각으로 잘랐을 때 전체가 모두 들어 있는 $\frac{4}{4}$ 즉, 1개와 $\frac{3}{4}$이 들어 있어요. 이것을 $1\frac{3}{4}$이라 쓰고, '1과 4분의 3'이라고 읽습니다. 이렇게 대분수로 바꿔 주세요.

분수와 소수 05   더하고 뺄 수 있는 분수

분수도 더하고 뺄 수 있어요. 분모가 같은 수의 덧셈과 뺄셈은 아주 쉬워요. 나누는 기준이 같으니 분모는 그대로 두고 분자끼리 더하거나 빼면 되지요. 분자끼리 더해서 분모보다 커지면? 대분수로 바꿔야 합니다. 문제는 조각을 다르게 자른, 즉 분모가 서로 다른 분수의 계산인데요. 이럴 때는 분모를 같게 만들어 주는 '통분' 과정이 추가됩니다. 앞으로 놀이를 통해 자세히 알아보겠습니다.

TIP 분수를 이용하여 실생활에서 쓰이도록 이야기하면 문제 풀이가 쉬워집니다. 이제는 집에서 피자나 케이크 같은 음식을 잘라서 먹을 때 분수로 말해 보세요. 그러면 분수에 익숙해지고, 분수의 덧셈과 뺄셈을 완전 정복할 수 있답니다.

놀이93 3학년   똑같이 나누어 더하고 빼기
분모가 같은 분수의 덧셈과 뺄셈

놀이94 5학년   엄마 수를 똑같게 만들어요
분모가 다른 분수의 덧셈, 통분

놀이95 5학년   엄마 수가 같으면 빼기도 쉬워요
분모가 다른 분수의 뺄셈, 통분

놀이 93

똑같이 나누어 더하고 빼기

- **학년** 3-2(4. 분수)

- **준비물**
  4가베, 색종이

- **학습 목표**
  분모가 같은 분수의 덧셈과 뺄셈

- **이 놀이를 할 때는요**
  분모가 같다는 것은 '자른 기준이 같다'라는 것이므로, 잘라진 기준이 같은 분수는 분자만 계산하면 됩니다.

○ **교과서 문제**

다음을 계산하시오.

❶ $\frac{2}{8} + \frac{4}{8} =$ ❷ $\frac{8}{8} - \frac{6}{8} =$

1

직육면체 사과를 만듭니다. 4가베 직육면체를 작은 면이 보이도록 세워서 잘라 보세요.

2

$\frac{1}{8}$ 크기로 직육면체들이 잘라집니다. 8조각으로 자르기만 했을 뿐 아직 아무도 먹지 않았으니 사과는 1개 그대로 $\frac{8}{8}$ 상태입니다.

$$\frac{8}{8} = 1$$

3

○ 엄마 것 $\frac{2}{8}$ ○ + 내 것 $\frac{4}{8}$ ○ = $\frac{6}{8}$

이제 사과를 엄마는 $\frac{2}{8}$ 만큼, 아이는 $\frac{4}{8}$ 만큼 먹기로 해요. 우리가 먹은 사과는 모두 얼마큼일까?

식으로 나타내기

$$\frac{2}{8} + \frac{4}{8} = \frac{6}{8}$$

4

사과가 얼마큼 남았을까 엄마와 아이가 먹은 수만큼을 전체에서 빼면 됩니다.

식으로 나타내기

$$1 - \frac{6}{8} = \frac{8}{8} - \frac{6}{8} = \frac{2}{8} \text{ (남은 사과의 양)}$$

놀이 94

엄마 수를 똑같게 만들어요

 학년 5-1(3. 약분과 통분/4. 분수의 덧셈과 뺄셈)

 준비물
4가베 또는 6가베

 학습 목표
분모가 다른 분수의 덧셈, 통분

 이 놀이를 할 때는요

분모가 다른 분수의 계산은 계산 과정이 하나 추가됩니다. 그 과정이 '분모를 같게 만들어 주는 통분'인데, 분모의 크기를 같게 만들려면 두 분모가 같아질 때까지 더 작게 잘라 공통된 수를 찾아야 합니다. 그래서 분모끼리 곱하게 되는 것이지요. 분모가 커지면 당연히 분자도 늘어나야 해요. 그래야 개수만 늘어날 뿐 처음과 같은 분수가 되니까요. 그래서 분모에 곱했던 수를 똑같이 분자에도 곱한다는 것이 중요합니다.

○ **교과서 문제**

다음을 계산하시오.

❶ $\frac{1}{2} + \frac{1}{3} =$ ❷ $\frac{2}{3} - \frac{1}{2} =$

1

$\frac{1}{3} + \frac{1}{2}$ 을 계산합니다. 조각의 수를 같게 만들려면, 즉 통분하려면 두 조각의 수를 곱하면 됩니다. 3×2=6이 되죠? 직육면체 6개를 놓으세요.

2

6개의 직육면체에서 $\frac{1}{3}$ 만큼을 알아보세요. 그러면 $\frac{2}{6}$ 가 됩니다.

6개의 직육면체에서 $\frac{1}{2}$만큼을 알아보세요. 그러면 $\frac{3}{6}$이 됩니다.

 6개의 $\frac{1}{2}$만큼을 어떻게 계산하는지 모르겠다면? 차례를 보고 '2. 헉, 사과 6개의 $\frac{1}{2}$' 단원을 다시 한 번 공부하고 해 보세요.

이젠 두 수의 분모가 같아졌으니 분자끼리면 더하면 됩니다.

식으로 나타내기

$$\frac{1}{3} + \frac{1}{2} = \frac{2}{6} + \frac{3}{6} = \frac{5}{6}$$

 정리하기

분모가 다른 분수의 더하기? 통분 정리!

1. 분모끼리 곱하여 나누어지는 조각 크기를 맞추세요.
2. 분모에 곱한 수만큼 분자도 늘어나야 합니다. 그러므로 분자에도 같은 수를 곱합니다.
3. 분모가 같은 분수가 되면 더하기를 합니다.
4. 분수의 모양이 가분수가 되었을 경우에는, 대분수로 바꿉니다.

$$\frac{2}{3} + \frac{3}{4} = \frac{2 \times 4}{3 \times 4} + \frac{3 \times 3}{4 \times 3}$$
$$= \frac{8}{12} + \frac{9}{12}$$
$$= \frac{17}{12} = 1\frac{5}{12}$$

놀이 95

엄마 수가 같으면 빼기도 쉬워요

 학년 5-1(3. 약분과 통분/4. 분수의 덧셈과 뺄셈)

 준비물
4가베 또는 6가베

 학습 목표
분모가 다른 분수의 뺄셈(통분)

 이 놀이를 할 때는요
이번에는 통분하여 분수의 뺄셈을 해 보겠습니다. 통분이 뭔지 모르겠다면 바로 앞에 있는 놀이 46을 참고하세요.

1

이번에는 $\frac{2}{3} - \frac{1}{2}$ 을 해봅시다. 먼저 통분하여 조각의 크기를 같게 만들어야죠? 분모끼리 곱하면 3×2=6이므로 6이 됩니다. 직육면체 6개를 나열하세요.

2

6개에서 $\frac{2}{3}$ 만큼을 알아보세요. $\frac{4}{6}$ 가 됩니다.

3

6개에서 $\frac{1}{2}$ 만큼을 알아보세요. $\frac{3}{6}$ 이 됩니다.

4

이제 분모가 같으므로 쉽게 계산이 되죠? $\frac{4}{6} - \frac{3}{6} = \frac{1}{6}$ 입니다.

분수와 소수 06
분수와 소수는 친구

교과서에서는 소수가 무엇인지만을 간단히 알려주기 때문에 아이들이 분수와의 관계를 자꾸 잊게 됩니다. 소수는 분수를 간단히 표현한 것뿐인데 말이죠. 수학은 점점 학문의 깊이가 깊어질수록 수를 좀 더 편하고 간단하게 표현합니다. 일정한 수를 반복하여 끝없이 더해야 하는 것을 간단히 곱하기로 해결하는 것처럼요. 더하기가 좀 더 편하고 세련된 곱하기로 바뀌는 거예요. 이처럼 분수를 세련되고 편하게 쓰기 위해 만든 것이 소수라고 생각하면 쉽습니다. 어떻게 편한지 볼까요?

> **[교과서에서는요]**
> 전체를 10으로 똑같이 나눈 것 중 하나는 $\frac{1}{10}$ 입니다. 이 분수 $\frac{1}{10}$ 을 0.1이라 쓰고, '영점 일'이라고 읽습니다. 0.1에서 '.'을 '소수점'이라고 합니다. 0.1, 0.2, 0.3, …와 같은 수를 '소수'라고 합니다.
>
> $$\frac{1}{10} = 0.1$$

"$\frac{1}{2}$과 $\frac{2}{5}$ 중 어느 쪽이 더 크지요?"라고 물으면 바로 대답할 수 없죠? 하지만 이 분수들을 소수로 바꾸어 '0.5와 0.4 중 어느 쪽이 더 크지요?'라고 물으면 '0.5입니다' 라고 바로 대답할 수 있어요. 이것이 분수의 편하고 간단한 표기법, 소수입니다.

소수 알기

놀이96 3학년
1cm보다 더 작은 수가 있다고?

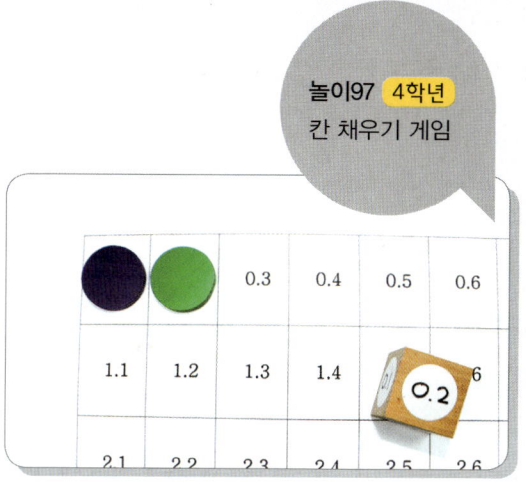

소수의 덧셈과 뺄셈

놀이97 4학년
칸 채우기 게임

놀이 96

1cm보다 더 작은 수가 있다고?

 학년   3-1(6. 분수와 소수)

 준비물
8가베

 학습 목표
소수 알기

 이 놀이를 할 때는요

아이들이 자주 사용하는 물건인 자를 만들어 소수를 알아보겠습니다. 자에서 cm와 mm의 관계를 소수로 만드는데, 1mm는 1cm를 $\frac{1}{10}$로 나눈 것입니다. 소수로는 0.1cm가 됩니다.

8가베의 1번 막대를 세로로 이어서 자를 만들어 보세요. 1번 막대 하나가 1mm이니, 막대 10개가 모인 곳마다 1cm, 2cm, 3cm라고 숫자를 써 넣습니다.

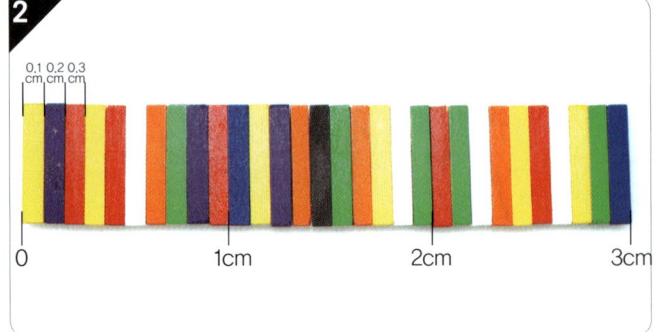

1mm는 1cm를 10개로 나눈 것입니다. 1mm로 분수로 나타내 보세요. 그리고 소수로 바꿔보세요.

$$1mm = \frac{1}{10}cm = 0.1cm$$

놀이 97

칸 채우기 게임

 학년 4-2(1. 소수의 덧셈과 뺄셈)

 준비물
7가베, 게임판, 정육면체 2개

 학습 목표
소수의 덧셈과 뺄셈

 이 놀이를 할 때는요
소수의 덧셈과 뺄셈에서는 '소수점 앞자리와 뒷자리의 위치끼리' 계산해야 한다는 것이 중요해요. 여기서는 소수 0.1들이 10개 모이면 1이 될 수 있고, 1.1, 1.2, 1.3처럼 자연수와 조합된 소수도 있다는 것을 알 수 있어요. '소수 주사위'를 만들어 나오는 수만큼 7가베로 채워나가는 놀이를 하는데, 7가베로 자연수 5까지 모두 먼저 채우는 사람이 이기는 거예요.

○ **교과서 문제**

다음을 계산하시오.

❶ 0.2+0.5=   ❷ 0.8-0.4=

❸ 0.8+0.1=   ❹ 0.7-0.5=

주사위 1 : 덧셈과 뺄셈을 할 수 있도록 첫 번째 주사위에는 +와 −만 쓰기
주사위 2 : 0.1~0.6까지 쓰기

1

0.1	0.2	0.3	0.4	0.5	0.6	0.7	0.8	0.9	1
1.1	1.2	1.3	1.4	1.5	1.6	1.7	1.8	1.9	2
2.1	2.2	2.3	2.4	2.5	2.6	2.7	2.8	2.9	3
3.1	3.2	3.3	3.4	3.5	3.6	3.7	3.8	3.9	4
4.1	4.2	4.3	4.4	4.5	4.6	4.7	4.8	4.9	5

○ 소수표

도화지에 쓱쓱 대충 손으로 그려도 됩니다.

소수표를 2장 만들어 아이와 나누어 가집니다. 각자의 소수표에 말을 따로 오려 놓으세요.

2

주사위 두 개를 준비합니다. 보통 주사위는 자연수로만 만드는데, 우리는 소수로 주사위를 만들어 볼게요.

주사위 두 개를 한꺼번에 던져서 나온 것을 계산하여 소수표에 7가베를 올려놓으면 됩니다. 0.2가 나왔으니 0.2 칸까지 7가베를 올려놓습니다.

맨 처음에는 뺄 것이 없으므로 숫자 주사위만 던져 보세요.

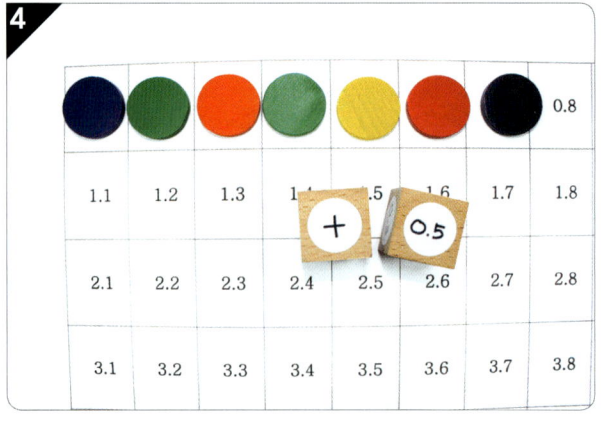

이번엔 +와 0.5가 나왔어요. 0.2+0.5=0.7이니까 0.7까지 올려놓습니다.

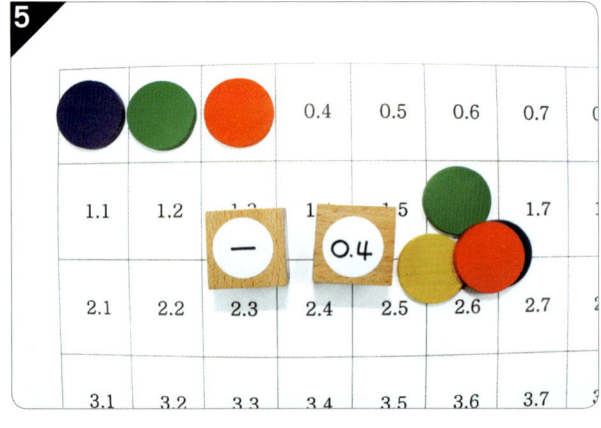

−와 0.4가 나왔습니다. 0.7−0.4=0.3이므로 0.3까지 두고 나머지 가베는 빼야겠죠? 이렇게 주사위를 던져 나온 수를 +, − 기호로 계산해서 5까지 먼저 채우면 승리!

TIP 저학년이라면 3가베 상자로 분수의 개념을 알 수 있어요.

1. 3가베 상자의 손잡이용 홈을 잡고 1cm 정도만 열어요.

2. 열린 뚜껑을 잡은 상태에서 뚜껑이 아래로 가도록 뒤집어요.

3. 뚜껑을 빼서 완전히 열어요.

4. 상자를 위로 빼서 옆에 두세요. 뚜껑은 상자 안에 대각선으로 넣어 두세요.

5. 손바닥으로 '손칼'을 만들어요.

6. 손칼로 2조각으로 잘라요.

속싹속싹, 우와 2조각이 되었어요.

7. 4조각이 되도록 잘라요.

8. 8조각이 되도록 나눠요.

모두 몇 조각일까? 세어보자. 하나, 둘, 셋. 많은 친구들과 나눠 먹을 수 있겠다.

PART 9 나눗셈과 친한 분수

PART 10

통계는 정말 편리해!

그래프, 통계, 확률, 경우의 수. 생각만 해도 머리가 지끈!
엄마들도 어렵게 배웠던 개념들이죠? 문제지나 교과서가 아니라
놀이로 먼저 다가가면 생각보다 쉽다는 걸 알 수 있어요.
이 단원에서 배울 개념들은 이 책에 소개된 여러 가지 놀이를 응용해서
할 수 있으니, 아이와 함께 어떤 놀이를 할 수 있을지 찾아서 해 보세요.

1. 우리 편끼리 모여라
2. 여러 가지 그래프
3. 평균이란 중간이라는 뜻!
4. 내가 칭찬받을 경우의 수와 확률은?

그래프와 통계 01
우리 편끼리 모여라

가족들을 위해 엄마가 일주일 식단을 짠다고 생각해 보세요. 이때 엄마는 가족마다 좋아하는 것들이나 필요한 것들을 나눠서 생각하게 됩니다. 그래야 그 기준에 맞춰 식단을 짜임새 있게 짤 수 있으니까요. 이렇게 '분류하기'는 일상생활에서 흔하게 쓰입니다. 장난감 정리나 책 정리도 분류라고 할 수 있죠.

분류한 것들을 표와 그래프로 나타내면 정확한 통계를 구해서 편리하게 사용할 수 있습니다. 재미있는 예를 하나 들어 볼까요? 한 달 동안 남편이 술 먹고 들어온 날을 표나 그래프로 나타내면 먹은 날이 많은지 안 먹은 날이 많은지도 알 수 있고, 어느 요일이 가장 많은지도 알 수 있게 돼서 북엇국 끓이는 날을 대충 정해 놓을 수도 있다는 말이지요. 분류와 통계를 쉽게 말하면 이런 식으로 활용할 수도 있다는 얘기입니다. 아이에게 설명할 때는 아이가 좋아하거나 관심 있는 일을 예로 들어 설명하세요.

내게 필요한 통계를 얻으려면 분류하기의 기준부터 세울 수 있어야 합니다. 이 단원에서는 같은 것을 가지고 여러 가지 기준에 따른 다양한 분류 방법을 알아보고, 그 기준에 맞는 표와 그래프를 만들어 보겠습니다.

놀이98 **2학년**
기준대로 버스 타기

기준에 따라 분류하기

놀이99 **2학년**
복잡한 5가베 차곡차곡 정리하기

표와 그래프로 나타내기

놀이 98

기준대로 버스 타기

 학년 2-1(5. 분류하기)

 준비물
3, 4, 7, 10가베, 1가베 상자, 2가베 상자

 학습 목표
기준에 따라 분류하기

 이 놀이를 할 때는요
한 가지 기준에서 시작하여 두세 가지 기준으로 분류하는 방법을 알아보겠습니다. 아이와 기준을 정하고, 그 기준에 맞춰 분류를 잘 할 수 있도록 도와주세요. 놀이 과정 중 아이 스스로 생각하면서 분류 기준을 정해 보게 하는 것도 중요합니다.

1가베 버스는 1번 버스, 2가베 버스는 2번 버스라고 이름을 붙여 주세요.

1가베 상자와 2가베 상자를 가지고 예쁜 버스를 만듭니다.

○ 정육면체 8, 직육면체 8, 7가베 6, 10가베 10개=모두 32개

준비한 여러 가베들을 꺼내 바닥에 모두 펼쳐 놓고 몇 개인지 세어 봅니다.

색깔이 칠해져 있는 친구들과 그렇지 않은 친구들로 나눠요.

나눌 기준을 생각하여 버스에 써 붙이고 분류합니다. 태운 가베들의 개수를 세면서 빠진 가베는 없는지 확인하세요.

버스에 태운 가베들이 엉망이네요. 정리할 기준을 생각하여 버스에 써 붙이고 분류합니다.

나누어진 모습을 보고 수를 세어 봅니다. 가장 많은 가베와 가장 적은 가베를 알아보세요.

버스에 태우면서 차근차근 분류해 보니 무엇이 몇 개 있는지, 뭐가 제일 많은지 적은지도 쉽게 알 수 있습니다.

 빼놓지 않고 세는 분류 잘하기 노하우!

분류하기가 쉬운 것 같지만 실제로 학교에서 해 보면 아이들이 틀릴 때가 많아요. 여러 가지 그림이 섞여 있을 때는, 각각 다른 도형 모양으로 체크하면서 세어 보게 하세요. 놓치지 않고 잘 셀 수 있는 방법이랍니다.

❶ 첫 번째로 고양이부터 세어 볼까요? 동그라미 하면서 세어 보니 고양이는 3마리가 되지요.
❷ 두 번째는 세모를 그리면서 세어 보세요.
  – 풍선 5개
❸ 세 번째는 네모를 그리면서 세어 보세요.
  – 자동차 4대
❹ 도형으로 체크하지 않은 것이 아무것도 없지요? 이렇게 하면 빼놓지 않고 셀 수 있어요.

놀이 99

복잡한 5가베 차곡차곡 정리하기

 학년 2-2(5. 표와 그래프)

 준비물
5가베, 스티커, 스케치북

 학습 목표
표와 그래프로 나타내기

 이 놀이를 할 때는요

놀이 50에서 분류의 기준은 한 가지가 아니라 여러 가지가 될 수 있다는 것을 알아보았습니다. 이번에는 기준을 정하여 분류하는 것뿐만 아니라 표와 그래프로 나타내어 볼게요. 그래야 뭐가 어떤 상태인지 분류한 결과를 한눈에 알 수 있으니까요.

○ 교과서 문제

1. 지유네 반 학생들이 가장 좋아하는 과일을 조사하여 표를 만들었습니다.

과일	포도	수박	귤	딸기	사과	계
학생 수(명)	5	3	4	7	1	20

❶ 포도를 좋아하는 학생은 (5)명입니다.
❷ 지유네 반 학생은 모두 (20)명입니다.
❸ 가장 많은 학생이 좋아하는 과일은 (딸기)입니다.
❹ 가장 적은 학생이 좋아하는 과일은 (사과)입니다.

2. 과일별로 좋아하는 학생 수만큼 아래부터 ○표를 하여 그래프로 나타내시오.

7				○	
6				○	
5	○			○	
4	○		○	○	
3	○	○	○	○	
2	○	○	○	○	
1	○	○	○	○	○
과일	포도	수박	귤	딸기	사과

1. 5가베를 준비한 후 5가베의 내용물들을 쏟아 꺼냅니다.

2. 먼저 뭐가 있는지를 알아봐야 하겠죠? 표를 그린 후 각 모양의 이름을 알아보고 표에 기록합니다.

가베 이름	정육면체	큰 삼각기둥	작은 삼각기둥	모두 몇 개?(합계)
개수				

○ 5가베의 구성과 개수 표

각 모양의 개수를 세어 표에 적고, 그림처럼 알아보기 쉽게 간단한 그래프를 만듭니다.

가베 이름	정육면체	큰 삼각기둥	작은 삼각기둥	모두 몇 개?(합계)
개수	21	6	12	39

3

표를 사용하면 조사한 자료의 각 개수를 알아보기 편하고, 전체의 개수도 쉽게 알 수 있어요.

그래프는 가장 많은 것과 가장 적은 것이 무엇인지 한눈에 비교할 수 있어 편리합니다.

4

만든 표는 버리지 말고 오려서 5가베 상자에 붙여 보세요. 그럼 뭐가 얼마나 있는지 알 수 있기 때문에 정리할 때도 편리하답니다.

PART 10 통계는 정말 편리해! 283

그래프와 통계 02

여러 가지 그래프

많은 양의 자료를 수집하고 정리할 때 그래프를 사용하면 간단하게 전체 상태를 바로 알 수 있어 편해요. 그래프를 그릴 줄 아는 것도 중요하지만, 여러 그래프 중에서 자료의 종류나 그래프의 특징에 따라 사용할 그래프를 선택할 줄 아는 것도 중요합니다. 이 단원에서는 놀이를 통해 자료를 수집하고 정리한 표를 그래프로 나타내어, 그래프의 편리함과 그래프마다의 특징을 알아보겠습니다.

> **그래프의 종류**
> - 통계 자료를 서로 비교하는 데 쓰이는 것은 막대그래프이고,
> - 시간이 흘러가면서 연속적인 변화를 기록하고자 할 때는 꺾은선그래프를 사용하지요.
> - 띠그래프와 원그래프는 전체의 양을 100으로 하여 측정하고자 하는 것들이 전체의 어느 정도를 차지하고 있는지 양을 비교할 때 쓰입니다. 그래서 각 비율을 나타내는 비율그래프라 하지요.

놀이100 4학년
일주일 동안의 날씨는?

막대그래프 알기

놀이101 4학년
일 년 동안 쑥~쑥 자란 내 키

꺾은선그래프 알기

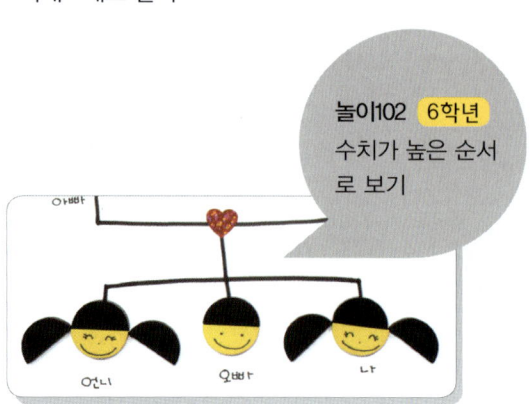

놀이102 6학년
수치가 높은 순서로 보기

띠그래프와 백분율 알기

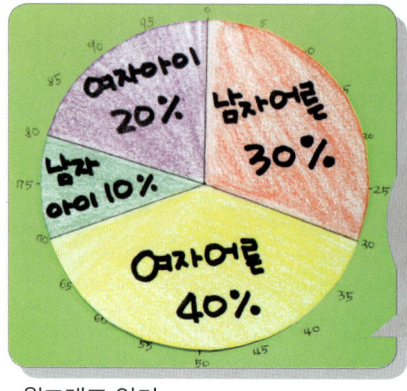

놀이103 6학년
양이 많은 순서로 보기

원그래프 알기

놀이 100

일주일 동안의 날씨는?

 학년 4-1(6. 막대그래프)

 준비물
7가베, 9가베

 학습 목표
막대그래프 알기

 이 놀이를 할 때는요
날씨에 대해 알아보고 일주일간의 날씨를 막대그래프로 나타내어 보세요. 가베로 날씨 모양을 만들 때는 계절을 생각하며 만들면 더 재미있어요.

○ **교과서 문제**

다음은 호정이네 반 학생들의 장래 희망을 조사하여 나타낸 것입니다. 물음에 답하시오.

❶ 위와 같은 그래프를 무슨 그래프라고 합니까?
❷ 가장 적은 수의 학생들이 되고 싶어 하는 것은 무엇입니까?
❸ 호정이네 반 학생은 모두 몇 명입니까?

1

맑음

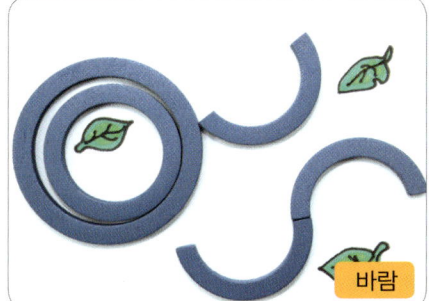
바람

비

눈

흐림

날씨에 대해 이야기하고 7가베로 날씨 모양을 만들어 보세요.

PART 10 통계는 정말 편리해!

2

일수\날씨	☀️	🌬️	☔	⛄	☁️
7					
6					
5					
4					
3					
2					
1					

막대그래프를 만들 표를 그리고 7가베로 만든 날씨 모양을 붙입니다.

3

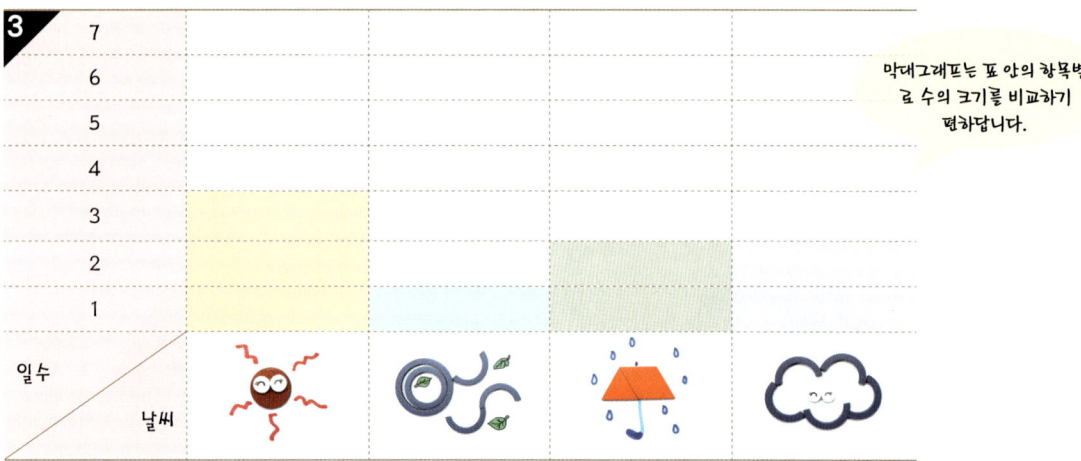

💬 막대그래프는 표 안의 항목별 로 수의 크기를 비교하기 편하답니다.

만든 그래프를 벽에 붙이고 일주일 동안의 날씨를 관찰해 보세요. 여기서는 눈 오는 날은 빼고 관찰했어요.

4

○ 3일. 맑은 날이 가장 많았어요.

○ 바람 부는 날과 흐린 날이 제일 적었어요.

완성된 막대그래프를 보고 가장 많았던 날씨와 적었던 날씨에 대해 이야기해 보세요.

놀이 101

일 년 동안 쑥~쑥 자란 내 키

 학년 4-2(5. 꺾은선그래프)

 준비물
A4 용지와 펜

 학습 목표
꺾은선그래프 알기

 이 놀이를 할 때는요
꺾은선그래프는 꾸준히 연속되는 변화를 쉽게 알아볼 수 있는 그래프입니다. 아이의 키를 잴 때 옆에 꺾은선그래프를 하나 만들어 붙여 보세요. 1년 동안 시간이 지나면서 꺾은선그래프에 대해 잘 알게 될 뿐만 아니라 소중한 추억도 될 수 있답니다. 생활 속에서 조금만 세심하게 수학을 찾아보세요.

○ **교과서 문제**

다음 그래프는 정기가 키우는 식물의 키를 일주일 동안 조사하여 나타낸 것입니다. 물음에 답하시오.
(식물의 키는 매일 오후 1시에 조사했습니다.)

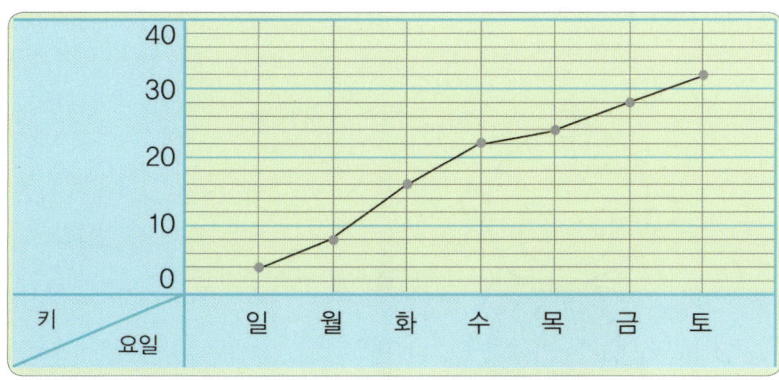

❶ 식물이 가장 많이 자란 때는 무슨 요일과 무슨 요일 사이입니까?
(　　)요일과 (　　)요일 사이

❷ 식물이 가장 적게 자란 때는 무슨 요일과 무슨 요일 사이입니까?
(　　)요일과 (　　)요일 사이

❸ 식물은 일주일 동안 얼마나 자랐습니까?
(　　)
일 월 화 수 목 금 토

PART 10 통계는 정말 편리해!

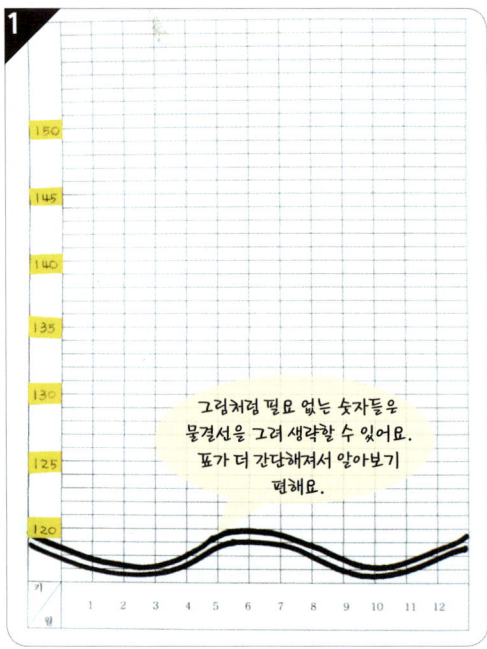
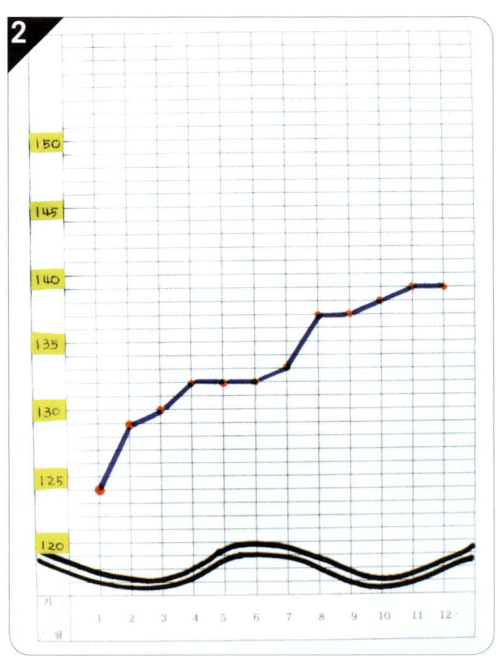

아이의 키를 알아볼 그래프 모양을 만듭니다.

매월 같은 날 키를 측정하고 점을 찍어 표시한 다음 선으로 이어 줍니다.

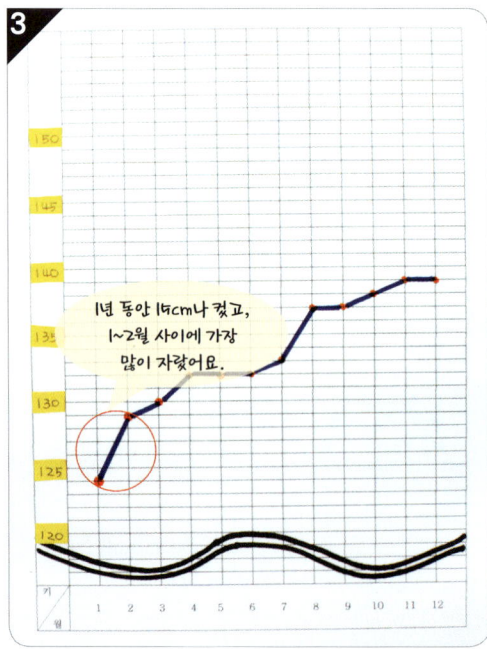

1년 동안 자란 아이의 키도 알 수 있고 언제 가장 많이 컸는지도 알 수 있습니다. 이렇게 꺾은선그래프는 일정 기간 동안 연속적으로 변화하는 정도를 알아보기 쉽고, 점들 사이의 중간 값을 짐작할 수 있어 편리합니다.

놀이 102

수치가 높은 순서로 보기

 학년 6-1(4. 비와 비율)

 준비물
7가베

 학습 목표
띠그래프와 백분율 알기

 이 놀이를 할 때는요

띠그래프는 전체의 양을 100으로 하여 그 안에 구성된 것들이 얼마나 있는지 알아보기 편하게 만든 띠 모양의 그래프입니다. 여기서 모든 수치가 100에 딱 맞을 수는 없으므로, 100으로 만드는 '백분율'이라는 것을 배우게 됩니다. 백분율을 구하는 방법은 다음과 같고, 단위는 %(퍼센트)를 씁니다.

> **백분율 구하기 공식**
> 전체에서 부분이 얼마나 되는지 알 수 있도록 부분/전체인 분수로 나타내고 100을 곱합니다.
>
> 부분/전체×100=( )%

○ 교과서 문제

채윤이네 반 학생들의 취미를 조사한 표입니다. 물음에 답하시오.

취미	운동	독서	음악 듣기	영화 보기	기타	계
학생수(명)	12	10	4	8	6	40

○ 학생들의 취미

❶ 취미별로 백분율을 구하여 표에 나타내시오.

취미	운동	독서	음악 듣기	영화 보기	기타	계
학생수(명)	30					100

○ 학생들의 취미

❷ 위의 표를 보고, 띠그래프로 나타내시오.

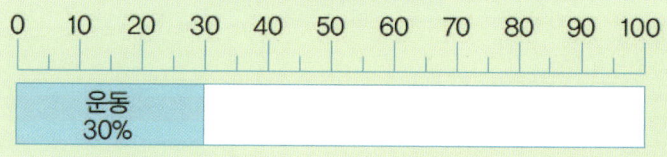

1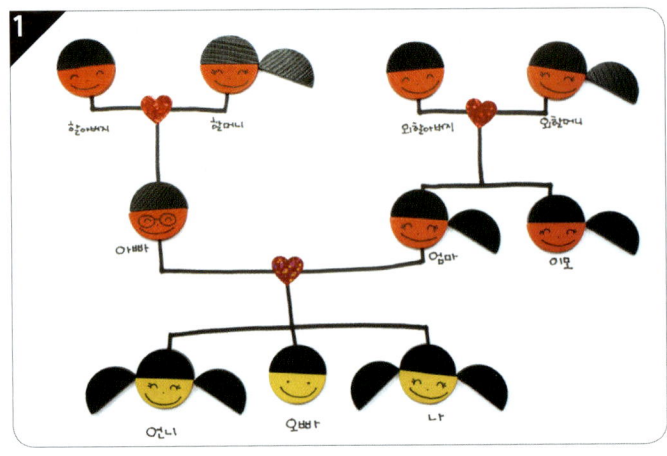

7가베를 이용하여 우리 가족의 가계도를 만들어 보세요. 백분율을 쉽게 알 수 있도록 전체의 수를 10명으로 만들면 좋아요.

2 가계도를 보고 표로 만드세요.

사람	남자 어른	여자 어른	남자 아이	여자 아이	합계
명 수	3(할아버지, 외할아버지, 아빠)	4(할머니, 외할머니, 엄마, 이모)	1(오빠)	2(언니, 나)	10

○ 우리 가족 구성원과 가족 수

3 띠그래프를 만들어 보세요. 100을 똑같은 크기로 나눠서 띠그래프를 만들어야 합니다. 그래야 비교하기 편하니까요. 남자 어른을 백분율로 계산하여 알아보세요.

남자 어른 $\frac{3명}{10명} \times 100$ = 전체의 30%

이 놀이에서는 전체가 10이어서 10칸으로 나누었지만, 상황에 따라 100칸으로 나눌 수도 있어요.

4 다른 수치들도 이렇게 백분율로 계산하여 띠그래프를 완성합니다.

| 남자어른 30% | 여자어른 40% | 남자아이 10% | 여자아이 20% | 100%

놀이 103

양이 많은 순서로 보기

 학년 6-1(4. 비와 비율)

 준비물 종이, 색연필

 학습 목표 원그래프 알기

이 놀이를 할 때는요

원그래프는 백분율을 이용하여 원 안에 그래프를 만드는 것입니다. 원그래프는 하나의 원 안에 모든 양을 나타내므로, 띠그래프보다 각 양의 크기를 비교하여 보기 편합니다.

○ **교과서 문제**

다음은 태영이네 반 아이들이 좋아하는 운동경기를 조사하여 나타낸 원그래프입니다.

이 그래프에 대한 설명 중 틀린 것을 모두 찾아 그 기호를 쓰시오. (   )

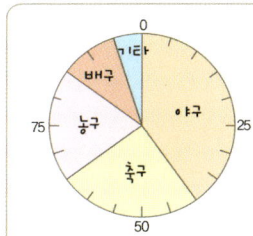

㉠ 야구를 좋아하는 학생은 전체의 40%이다.
㉡ 농구를 좋아하는 학생은 배구를 좋아하는 학생의 2배이다.
㉢ 태영이네 반 학생들은 야구를 가장 좋아한다.
㉣ 야구를 좋아하는 학생은 농구를 좋아하는 학생의 4배이다.

1 놀이 54에서 만든 가계도 표를 가지고 원그래프를 만들어 봅니다.

사람	남자 어른	여자 어른	남자 아이	여자 아이	합계
명 수	3	4	1	2	10

○ 가계도 표

사람	남자 어른	여자 어른	남자 아이	여자 아이	합계
명 수	30	40	10	20	100

○ 백분율로 바꾼 표

2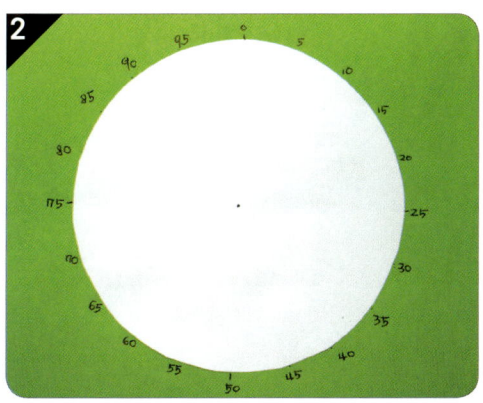

원을 그린 후 이 그림처럼 100으로 나누어지도록 눈금으로 표시합니다.

3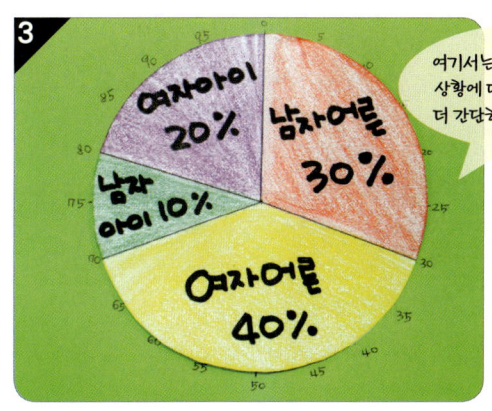

여기서는 5단위로 만들었지만, 상황에 따라서는 더 자세히도, 더 간단하게도 만들 수 있어요.

표를 보면서 백분율로 계산하여 원 안에 그린 후 그래프를 완성합니다.

그래프와 통계 03

평균이란 중간이라는 뜻!

내 몸무게나 전화 통화량 등 매일매일 똑같지는 않지만 일정 기간 동안 큰 변화 없이 비슷하게 지속되는 것들이 있죠? 물론 크게 차이가 나는 것들도 있고요. 이렇게 어떤 하나의 항목에 여러 숫자가 있을 경우 그것들을 모두 합쳐 중간이 되는 수치를 '평균'이라고 합니다. 아이들도 배우기 전부터 이미 생활 속에서 직관적으로 평균의 개념을 알고 있는 경우가 많습니다.

평균은 여러 수들을 따로 알아보는 것이 아니라 측정된 모든 수의 중간 값으로 이야기하기 때문에 대략 감으로 그 내용을 미루어 짐작하기 쉽습니다. 평균이 실생활에서 사용되는 예를 들고 평균에 대해 알아보겠습니다.

평균 구하기

$$\text{평균} = \frac{\text{전체를 더한 합계}}{\text{전체의 개수}}$$

놀이104 **5학년**
패턴 만들기
왕 게임

평균 구하기

놀이 104

패턴 만들기 왕 게임

 학년 5-2(6. 자료의 표현)

 준비물
8가베, 스톱워치(휴대폰에 있는 스톱워치 기능을 사용하세요.)

학습 목표
평균 구하기

 이 놀이를 할 때는요
8가베의 4번 막대와 2번 막대를 색깔별로 두 개씩 준비하세요. 빨, 주, 노, 초, 파, 보, 검 14개씩 총 28개가 됩니다. 무지개 색 순서대로 길게-짧게 또는 짧게-길게 순으로 누가 더 빨리 놓는지 게임을 합니다. 게임을 하면서 각자의 기록을 재고 표에 적어 평균을 알아보는 놀이입니다.

○ **교과서 문제**

재민이네 반 친구들의 키를 조사한 표입니다. 재민이네 반의 평균 키는 몇 cm이고, 평균보다 큰 학생은 모두 몇 명입니까?

(,   )

번호	키	번호	키	번호	키
1	140	6	160	11	148
2	158	7	155	12	144
3	164	8	161	13	159
4	157	9	156	14	157
5	142	10	158	15	151

1

준비한 8가베 막대를 책상 위에 흩트려 놓고 게임에 쓰일 표를 먼저 만듭니다.

사람	1회	2회	3회	평균
아이				
엄마				

○ 평균 구하기 표

PART 10 통계는 정말 편리해!

2

> 짧게-길게, 무지개 색 순서대로 놓으세요. 시~작!

엄마가 먼저 도전해 보세요. 아이는 어떤 순서로 놓을지 지시한 후 스톱워치로 기록을 재기 시작합니다.

3

기록은 소수점 뒷자리는 포함하지 않은 상태로 적습니다. 엄마의 첫 시도는 13초 나왔네요.

사람	1회	2회	3회	평균
아이				
엄마	13초			

4

> 길게-짧게, 무지개 색 순서대로 놓는 거다. 시작!

이제 아이가 도전할 차례죠? 엄마가 길게-짧게(또는 짧게-길게)로 지시하고 기록을 잽니다.

5

이렇게 3회씩 기록을 잽니다. 속도가 매회 다르게 측정되었기 때문에 정확한 승패를 알려면 평균을 내보면 됩니다. 이때 평균은 소수점 첫 자리까지만 써 주세요.

사람	1회	2회	3회	평균
아이	10초	9초	12초	10.3초
엄마	13초	8초	15초	12초

$$\text{아이의 평균기록} = \frac{10+9+12}{3} = 10.3초$$

$$\text{엄마의 평균기록} = \frac{13+8+15}{3} = 12초$$

■ 쉽고 간단한 게임으로 평균을 즐겨 보세요!

꼭 5학년이 아닌 연령이 어린 친구들과도 평균에 대한 이해를 즐기며 알아볼 수 있어요. 이럴 땐 쉽고 간단한 게임이 좋지요. 각 놀이마다 놀이 1처럼 간단한 승률표를 만들어 사용하세요.

놀이 1 높이높이 쌓기

누가 높이높이 쌓는지 평균을 계산해 승패를 정해요.

	1회	2회	평균
후니	18	15	16.5
엄마	15	13	14

후니 승!

놀이 2 도미노 놀이

도미노 놀이를 즐겨요. 더 많은 조각들을 넘어뜨릴 수 있도록 도미노를 만드는 것도 전략이 필요합니다.

놀이 3 젓가락으로 10가베 쌓기

10가베를 젓가락으로 쌓아 올려요.
작은 10가베 점을 젓가락으로 집는 것도 어려운데 쌓기까지 하려면 아슬아슬~ 재밌겠죠? 이건 엄마도 쌓기 어렵답니다.

그래프와 통계 04
내가 칭찬받을 경우의 수와 확률은?

바둑에서는 다른 사람이 놓을 다음 수를 여러 가지로 생각하면서 내가 두는 수가 유리하도록 둡니다. 이때 나올 수 있는 여러 가지의 상황이 '경우의 수'가 되고, 내가 그중 하나를 선택함으로써 이길 확률을 높여가는 것이죠. 아이 입장에서 보자면 내가 시험 성적이 잘 나왔을 때 칭찬을 받을지, 선물을 받을지, 용돈이 많아질 것인지, 컴퓨터를 할 수 있는 시간이 늘어날지 등 여러 가지 엄마의 반응을 '경우의 수'로 볼 수 있겠죠.

이처럼 어떠한 상황에 있어 일어날 수 있는 여러 가지 방법을 가늠하여 수학적으로 나타내는 것이 '경우의 수'입니다. 그리고 그런 경우의 수를 가지고 내가 만들고자 하는 상황을 수치로 나타내는 것이 '확률'이지요.

경우의 수와 확률을 알아보는 것은 생활 속에서 일어날 수 있는 여러 가지 상황에서 적절한 방법으로 대처하는 능력을 키워줍니다. 구체적인 상황을 이해해야 하므로 이 단원에서는 8가베 막대들을 가지고 같은 길이를 만들 수 있는 경우의 수를 알아보겠습니다.

경우의 수 이해하기

놀이105 5학년
모든 방법을 동원해 봐!

놀이106 5학년
경우의 수와 확률

경우의 수와 확률 알아보기

놀이 105

모든 방법을 동원해 봐!

 학년 5-2(6. 자료의 표현)

 준비물
7가베, 8가베, 스케치북

 학습 목표
경우의 수 이해하기

 이 놀이를 할 때는요
다양한 길이의 8가베 막대를 가지고 경우의 수를 알아봐요. 1번 막대를 단위길이로 하여 1배씩 늘어나므로 긴 막대를 만들 수 있는 여러 가지 방법들을 찾아보세요.

○ **교과서 문제**

주머니 속에 서로 다른 흰 바둑돌 3개와 검은 바둑돌 4개가 섞여 있습니다. 이 중에서 바둑돌 한 개를 꺼낼 때, 물음에 답하시오.

❶ 주머니 속에서 바둑돌 한 개를 꺼낼 때, 일어날 수 있는 모든 경우의 수는 얼마입니까?
(   )가지

❷ 이때 흰 바둑돌이 나올 경우의 수는 (   )가지입니다.

❸ 바둑돌 한 개를 꺼낼 때, 흰 바둑돌일 확률은 (   )가지입니다.

1~4번 막대를 사용하면 다리가 만들어지는데, 막대의 길이가 길어질수록 가까워지는 지름길이 되네요.

1 스케치북에 다음과 같이 강물을 그리고 양쪽 땅에 7가베로 집을 만듭니다.

2 유리네 집에서 나영이네 집까지 가려는 다리를 만들어 봅니다.

PART 10 통계는 정말 편리해!

3

○ 1번 막대+1번 막대

이제 경우의 수를 알아봅니다. 2번 막대가 없을 경우, 1번 막대로 2번 막대 길이만큼 다리를 만드는 방법을 알아보세요. 그림처럼 2번 막대를 만들 수 있는 경우의 수는 1가지입니다.

4

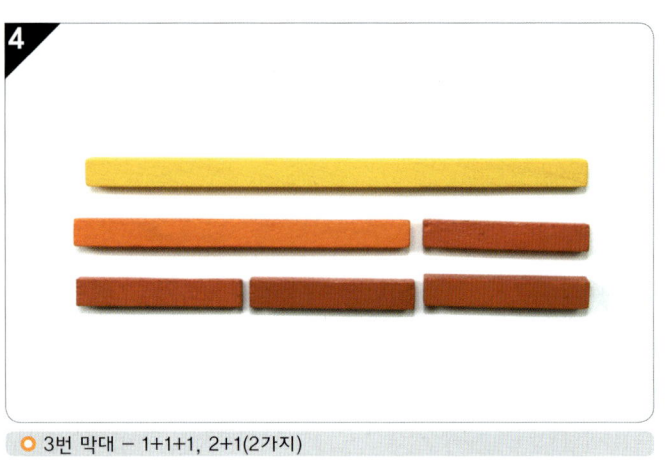

○ 3번 막대 - 1+1+1, 2+1(2가지)

○ 4번 막대 - 1+1+1+1, 2+1, 2+2, 3+1(4가지)

아이와 함께 다른 모든 막대 크기를 만들 수 있는 경우의 수를 알아보세요.

5번 막대를 만드는 방법은 6가지나 되네요. 이때 경우의 수는 6이라고 할 수 있습니다.

○ 5번 막대 - 1+1+1+1+1, 2+1+1+1, 2+2+1, 2+3, 3+1+1, 4+1(6가지)

놀이 106

경우의 수와 확률

 학년 5-2(6.자료의 표현)

 준비물
10가베, 5가베

 학습 목표
경우의 수와 확률 알아보기

 이 놀이를 할 때는요
확률이란 어떤 상황에서 나올 수 있는 모든 경우의 수 중 필요한 것이 나올 경우의 수를 비율로 알아보는 것입니다. 이 책에서 소개한 여러 가지 게임들을 하면서도 확률을 알아볼 수 있어요. 아이와 주사위를 던졌을 때 나올 수 있는 전체 경우의 수와 원하는 숫자가 나올 경우의 수를 확률로 얘기해 볼 수 있겠죠?

확률 놀이 1 주머니에 파란 원 10개와 주황 원 2개, 노란 원 3개를 넣습니다. 손을 넣어 하나를 꺼낼 때 노란 원이 나올 확률은 얼마일까요?

풀이 이때 원이 모두 15개니까 원이 나올 모든 경우의 수는 15이고, 노란 원은 3개가 있기 때문에 확률은 3/15이 됩니다. 3/15은 약분하여 1/5가 되기 때문에 노란 원이 나올 확률은 1/5입니다.

확률 놀이 2 1~6까지 번호를 붙인 노란 주사위와 주황색 주사위가 있습니다. 두 주사위를 던져서 나올 수 있는 눈의 수는 무엇인지 모두 알아봅니다. 모든 경우의 수는 얼마입니까? 그리고 두 주사위를 던져서 두 눈의 합이 4가 될 확률을 구하시오.

풀이 모든 경우의 수는 36이 되고, 더해서 4가 나올 확률은 전체 중 3가지이므로 3/36이 됩니다. 약분하면 답은 1/12!

6	1, 6	2, 6	3, 6	4, 6	5, 6	6, 6
5	1, 5	2, 5	3, 5	4, 5	5, 5	6, 5
4	1, 4	2, 4	3, 4	4, 4	5, 4	6, 4
3	1, 3	2, 3	3, 3	4, 3	5, 3	6, 3
2	1, 2	2, 2	3, 2	4, 2	5, 2	6, 2
1	1, 1	2, 1	3, 1	4, 1	5, 1	6, 1
주황주사위 / 노랑주사위	1	2	3	4	5	6

2017년 1월 11일 초판 1쇄 발행
2019년 3월 6일 초판 2쇄 발행

지은이 | 박현이
펴낸이 | 이종춘
펴낸곳 | ㈜첨단

주소 | 서울시 마포구 양화로 127 (서교동) 첨단빌딩 5층
전화 | 02-338-9151
팩스 | 02-338-9155
인터넷 홈페이지 | www.goldenowl.co.kr
출판등록 | 2000년 2월 15일 제 2000-000035호

본부장 | 홍종훈
편집 | 주경숙, 조연곤, 김윤지
본문 디자인 | 조서봉
전략마케팅 | 구본철, 차정욱, 나진호, 이동후, 강호묵
제작 | 김유석

ISBN 978-89-6030-478-9 13590

황금부엉이는 ㈜첨단의 단행본 출판 브랜드입니다.

- 값은 뒤표지에 있습니다.
- 잘못된 책은 구입하신 서점에서 바꾸어 드립니다.
- 이 책은 신저작권법에 의거해 한국 내에서 보호를 받는 저작물이므로 무단 전재 및 복제를 금합니다.

황금부엉이에서 출간하고 싶은 원고가 있으신가요? 생각해보신 책의 제목(가제), 내용에 대한 소개, 간단한 자기소개, 연락처를 book@goldenowl.co.kr 메일로 보내주세요. 집필하신 원고가 있다면 원고의 일부 또는 전체를 함께 보내주시면 더욱 좋습니다.
책의 집필이 아닌 기획안을 제안해주셔도 좋습니다. 보내주신 분이 저 자신이라는 마음으로 정성을 다해 검토하겠습니다.